Frauen bei Hof

Stuttgarter Symposion
Schriftenreihe
Band 6

In Verbindung mit der Landeshauptstadt Stuttgart
herausgegeben vom
Haus der Geschichte Baden-Württemberg

Frauen bei Hof

Herausgegeben
vom Haus der Geschichte Baden-Württemberg
in Verbindung mit der Landeshauptstadt Stuttgart
durch Otto Borst

Mit Beiträgen von
Susanne Asche, Otto Borst, Christa Diemel,
Ulrich Fellmeth, Martin Furtwängler, Elke Goez,
Gisela Hengstenberg, Albrecht Krause,
Sybille Oßwald-Bargende, Sigrun Paas,
Sylvia Schraut und Alexander Schweickert

1 2 3 4 5 02 01 00 99 98

Druck: Freiburger Graphische Betriebe, Freiburg im Breisgau.
Printed in Germany.

ISBN 3-87407-286-X

Inhalt

Vorwort

»Frauenleben am Hof«, davon hört man schon einmal. Sieht der solchermaßen flüchtig informierte Zeitgenosse genauer hin, steht er vor einem Berg von Büchern, Briefen und Privatrechnungen, vor steinerweichenden Romanen und zartduftenden Tagebüchern, aber nicht vor ernsthafter historischer Thematik.

Dem will dieser Band abhelfen. Nicht daß man hier im Gegenzug nur dürres, nur lexigraphisch aufbereitetes Material vorgesetzt bekäme. Aber alle zwölf Beiträge dieses dem Mittelalter und der Neuzeit, dem Adel und dem Bürgertum gewidmeten Bandes geben doch nur das, was zu belegen war und ist. Die Quellenarbeit hat von vornherein davor behütet, alsbald die Theorie, die Systematik, die Statistik, die Soziologie usw. zu bemühen und aus den »Frauen bei Hof« eine Spezialdisziplin aufzumachen. Das Buch hat keine unablässig verwandte »Fachsprache«, sehen wir einmal ab vom naheliegenden »Handlungsspielraum«.

Wissen wollen wir, wie es war, und warum es so war. Daß in dieser Quellennähe dann doch Partien von echter, fast komponierter Spannung auftreten, zeugt vom Reichtum unseres Sujets. Der Band »Frauen bei Hof« will anregen und zur Weiter-

arbeit aufmuntern. Belohnt wird weitere Forschung durch die Begegnung mit einem der farbigsten, reizvollsten Kapitel südwestdeutscher Gesellschaftsgeschichte.
Ich habe zu danken, zunächst den Autorinnen und Autoren für sorgfältige und einläßliche Arbeit, dem Verlag, im besonderen seinem Inhaber Titus Häussermann und Christel Werner, und nicht zuletzt Wolfram Schneider, der auch diesen Band betreut und besorgt hat.

O. B.

Frauen an den Höfen der Neuzeit. Handlungsspielräume und Gestaltungsmöglichkeiten

Von Sylvia Schraut

»Hof wird genennet, wo sich der Fürst aufhält.«[1] Solchermaßen lapidar definierte um 1735 das Große vollständige Universal-Lexicon des Johann Heinrich Zedler, *das* Zentrum politischer und gesellschaftlicher Macht seiner eigenen Epoche. Wir erfahren trotz aller Kürze dreierlei:
Erstens wird von Höfen nur gesprochen, wenn es sich um fürstliche Haushaltungen handelt, andere, rangniedrigere Adelige mögen sich im Hofhalten versuchen, einem Hof im eigentlichen Sinn des Wortes stehen sie dennoch nicht vor. Zweitens konstituieren nicht das Schloß, nicht die Räumlichkeiten des Fürstensitzes einen Hof, es ist vielmehr die Person des Fürsten, um die sich Hofstaat und Hofgesellschaft gruppieren und von der höfischer Glanz ausgeht. Wie der Ort genannt werde, wo die *Fürstin* sich aufhält, scheint Zedler drittens nicht weiter interessiert zu haben. Dieses Desinteresse teilt Zedler mit vielen anderen Autoren, die sich in der Vergangenheit mit Hof und höfischer Gesellschaft auseinander-

setzten oder es heute noch tun.[2] Wir sind, wie so häufig, darauf angewiesen, Literatur und Quellen gegen den Strich zu lesen, um Informationen über Frauen aus »allgemeinen«, an männlichen Bezugssystemen orientierten Texten hervorzuholen.

Hof, so läßt sich Zedler zweifellos unterstellen, wird genennet, wo sich der Fürst *und* die Fürstin aufhalten. Fürsten und Fürstinnen gab es im Alten Reich dank seiner territorialen Zersplitterung bekanntermaßen viele. Neben den Kurfürsten besaßen beispielsweise Ende des 18. Jahrhunderts allein 59 weltliche und 37 geistliche Fürsten Sitz und Stimme auf der Fürstenbank des Reichstags, und selbstverständlich hielten sie Hof. Der mögliche frühe Tod des Herrschers und das jugendliche Alter des männlichen Nachfolgers bescherten auch mancher Fürstin die Chance zur Regentschaft und zum Aufbau eines »Frauenhofes«.[3] Daß viele Familienmitglieder der weltlichen Fürstenhäuser separaten Höfen oder Teilhöfen vorstanden, sich zum Sitz des Regenten möglicherweise der seiner verwitweten Mutter, seiner Brüder oder seiner Frau gesellten und viele Angehörige der Reichsgrafenbank ihre eigenen kleinen Höfe unterhielten, macht die Zahl der Hofhaltungen des Deutschen Reiches gänzlich unübersichtlich.[4]

Die Verhältnisse in Frankreich waren dagegen vergleichsweise überschaubar. Kein europäischer Hof kam im 17. Jahrhundert und wohl noch zu Beginn des 18. Jahrhunderts in seiner Ausstrahlungskraft an Versailles heran. Hier zentralisierte sich Macht und fand im höfischen Leben symbolischen Ausdruck. Am französischen Hof orientierte sich lange Zeit Architektur und Gartengestaltung, Festkultur und Zeremoniell. Und die gesellschaftliche Nähe oder Ferne zum Hof des Königs markierte, wer in Frankreich »in« oder »out« war.[5] Im Deutschen Reich mit seinen konkurrierenden Machtzentren, mit weltlichen und geistlichen, protestantischen und katholischen, größeren und kleineren Höfen gestalteten sich die Verhältnisse ungleich differenzierter. Hier gab es nicht nur zahlreiche unterschiedlich große, in kultureller und politischer Ausrichtung, in Zeremoniell,[6] Festkultur[7] und Organisation des Hofstaates variierende Hofgesellschaften, auch die soziale Zusammensetzung der geistlichen, der Beamten- und Musenhöfe wies eine beträchtliche Variationsbreite auf. Und mancher Hof übertraf in seiner kulturellen Wirkung seine politische Bedeutung bei weitem.[8] Grundsätzlich hatte es mit dem »sich Aufhalten« an Höfen so mancherlei *Diffikultäten*, das wußte auch Zedler. »Durch sich alleine kann der Landesfürst den Staatskörper nicht bestreiten, er sei auch so klein als er wolle,« so Zedler.[9] Der Fürst braucht Bediente, »die dem Land vorstehen«, also Regierungs- oder Verwaltungsbeamte nach heutigem Sprachgebrauch. Noch, zu Zeiten Zedlers, sind Staatsverwaltung und fürstlich höfischer Haushalt nur schwer voneinander zu trennen. Doch die eigentlichen Regierungsbeamten sind Personen und Amtsinhaber, für die sich Zedler im Grunde nicht weiter interessiert. Dies verweist darauf, daß im frühen 18. Jahrhundert staatliche Verwaltungen noch nicht so ausgeprägt waren, wie bereits etliche Jahrzehnte später, und daß sich ihre oft unüberschaubare, noch wenig formalisierte Organisation dem um Verallgemeinerung bemühten Lexikonschreiber entzog. Der Fürst braucht nach Zedler vor allem Bediente, »die ihm zum äußerlichen Staate und eigener Bedienung nötig sind«. »Diese letztern sind die eigentlichen sogenannten Hofämter, und die, so selbige bedienen, heißen Hofleute, und machen zusammen des Fürsten Hofstaat aus.«

Damit sind wir mitten im eigentlichen höfischen Geschehen. Ein Hof bestand selbstverständlich nicht aus der fürstlichen Familie allein. Sein Glanz und seine Ausstrahlungskraft beruhten nicht unwesentlich auf der Anzahl, auf adeligem Rang und gesellschaftlicher Bedeutung der Mitglieder der höfischen Gesellschaft. Denn »der Fürst muß«, so Zedler, »bei Fremden sowohl als Einheimischen Ansehen haben«. »Fehlt dieses, wer wird seinen Befehlen gehorchen? Wären alle Untertanen von der tiefen Einsicht, daß sie den Fürsten wegen innerlichen Vorzuges verehrten, so brauchte es keines äußerlichen Gepränges; so aber bleibet der größte Theil derer Gehorchenden an dem Äußerlichen hängen. Ein Fürst bleibt derselbe, er gehe alleine oder habe einen großen Comitat bei sich. Gleichwohl fehlet es nicht an Exempeln, da der Fürst, wenn er allein unter seinen Unterthanen herumgegangen, wenig oder gar kein Ansehen gehabt.«

Zeremoniell hieß das Zauberwort, welches das höfische Reglement dirigierte, mit dessen Hilfe die gesellschaftliche Stellung eines Angehörigen des Hofstaats für die Mitglieder desselben wie für das ehrfürchtige nichtadelige Publikum sinnhaft ins Bild gesetzt wurde. Nicht zuletzt regelte es, wer überhaupt hoffähig war und damit Zugang zum Hof hatte. »Die meisten Menschen«, so der Autor des Standardwerks zum Zeremoniell, Johann Christoph Lünig 1718, »vernehmlich aber der Pöbel, sind von solcher Beschaffenheit, daß bey ihnen die sinnliche Empfind- und Einbildung mehr, als Witz und Verstand vermögen, und sie daher durch solche Dinge, welche die Sinne kitzeln und in die Augen fallen, mehr, als durch die bündig- und deutlichsten Motiven commovieret werden. Wenn man dem gemeinen Volk hundert und aber hundert mal mit auserlesensten Worten und Gründen vorstellte, daß es seinem Regenten deswegen gehorchen sollte, weil es dem göttlichen Befehl und der gesunden Vernunft gemäß wäre, dieser aber sich in Kleidung und sonsten in allem so schlecht, als ein gemeiner Bürger aufführete, so würde man wenig damit ausrichten. Allein man stelle demselben einen Fürsten vor, der prächtig gekleidet, mit vielen Hofleuten umgeben, von verschiedenen auswärtigen Prinzen und Gesandtschaften verehret, auch von einer ansehnlichen Garde bedecket ist, so wird es anfangen, sich über dessen Hoheit zu verwundern, diese Verwunderung aber bringet Hochachtung und Ehrfurcht zuwege, von welcher Untertänigkeit und Gehorsam herkommen.«[10]

Zedler wie Lünig begründen in ihren Ausführungen Christian Wolff folgend die vernunftgemäße Notwendigkeit höfischer Prachtentfaltung und zeremoniell abgesicherter fürstlicher Macht.[11] Wollte ein barocker Fürst der eigenen gesellschaftlichen Stellung angemessen Ausdruck verleihen, so bot sich der mit großer Energie und entsprechendem materiellen Aufwand betriebene Hof als Bühne für höfisches Ensemble und staunende Zuschauerschaft geradezu an. Umfangreiche Zeremoniellbücher des 17. und 18. Jahrhunderts, wie das eben zitierte Theatrum ceremoniale, die nach spanischem oder französischem Vorbild bis ins Kleinste das öffentliche Auftreten des Fürsten und seines Hofstaats regelten, belegen vor allem eines: die große Bedeutung höfischer Herrschaftssymbole in einer Zeit, in der viele der Untertanen des Lesens nicht kundig waren und Macht bildhaft in Szene gesetzt werden mußte.

Zeremonielle Reglements verdeutlichen aber auch die freiwillige oder unfreiwillige Einordnung der Angehörigen des Hofes in die am Hof herrschende Hierarchie. Als Zuschauer und gleichzeitig Akteure des höfischen Theaters spielten sie ihre Rollen in einem exklusiven Gesellschaftsspiel mit Wirkung nach innen und außen. Natürlich waren männlichen Haupt- und Nebenrollen am Hof weibliche Akteurinnen mit entsprechenden Partien zugeordnet. Dem Hofstaat des Fürsten entsprach der Hofstaat der Fürstin, mit dem Anspruch des männlichen Herrschers auf zeremonielle höfische Bedienung durch den männlichen rangniedrigeren Adel seines Einflußgebiets korrespondierte das Recht der weiblichen Mitglieder der Fürstenfamilie auf entsprechende zeremonielle Hofhaltung in ihrem weiblich geprägten Hofstaat. Dem Privileg des männlichen Adelsangehörigen, eine seinem Rang gemäße Rolle und Stellung am Hof einzunehmen, stand das Recht der adeligen Frau auf die ihrer Familie angemessene Einordnung im weiblichen Ranggefüge gegenüber.

Zwei wesentliche Merkmale jedoch begrenzten Handlungsspielräume und Gestaltungsmöglichkeiten von Frauen im höfischen Zeremoniell des 17. und 18. Jahrhunderts: Bei mehr als einem Drittel der Höfe, bei den fürstbischöflichen geistlichen Höfen, blieb die Rolle des weiblichen Geschlechts im allgemeinen auf die des Gesindes in Küche und Wäschekammer beschränkt. Kam der bischöfliche Fürst in die Verlegenheit, einen weiblichen Gast zu empfangen und zu bewirten, so halfen seine Schwestern und Nichten als Gastgeberinnen und Gesellschafterinnen auf Zeit zwar aus, doch nahmen Frauen an geistlichen Höfen im allgemeinen bessere Statistinnenrollen ein, auch wenn die eine oder andere Ehefrau eines Hofbediensteten »ungebührlich« an Einfluß gewinnen konnte.[12]

Auch an weltlichen Höfen blieb die Bedeutung der Frauen, zumindest in der äußerlichen Machtdemonstration des Zeremoniells, hinter der zur Schau gestellten Machtposition der im Adelsrang gleichstehenden Männer zurück. Damit entsprach die höfische Geschlechterhierarchie der üblichen Rangfolge in Staat und Gesellschaft. Nicht nur am Hof verständigten sich gemeinhin Angehörige des männlichen Geschlechts über gesellschaftliche Hierarchien, für Frauen blieb da nur die zweite Hauptrolle übrig. Die Aussagen der Zeremoniellanleitungen sind in dieser Frage überdeutlich: was dem adeligen Mann an Privilegien gebührte, stand einer Frau mit gleicher Rangposition häufig nur zur Hälfte zu. Begleiteten ihn zehn Hofleute,

so bestand ihr Gefolge aus vieren, fuhr er mit sechs Pferden vor, so mußte sie sich mit vieren behelfen.
Reduziert und häufig marginalisiert war die Größe ihres Hofstaats wie die Höhe ihrer finanziellen Mittel. Schon anläßlich der ersten zeremoniellen Begrüßung neuer fürstlicher Erdenbürger hatte sich gemeinhin eine fürstliche Tochter mit der Hälfte der Böllerschüsse zu begnügen, die für Fürstensöhne reserviert waren. Die sichtbare Unterordnung des weiblichen unter das männliche Geschlecht half manches verzwickte Zeremoniellproblem lösen. Wenn sich keine Einigkeit über die Positionierung von Gastgeber und Gast erzielen ließ, so bestand beispielsweise die Möglichkeit, in die weiblichen Gemächer auszuweichen - denn auf die inferiore Stellung der Fürstin konnte man sich schließlich einigen. Dieser Verweis auf praktische Nutzanwendungen geschlechtsspezifischer Rangfolgen eröffnet den Ausblick auf strategische Spielräume im höfischen Geschehen, die freilich an der grundsätzlichen höfischen Geschlechterhierarchie nicht rüttelten.
Weitere weiblich konnotierte höfische Aktionsräume mag ein anderer Hinweis des nun schon häufig zitierten Zedlers erschließen. Wie zahlreiche andere bürgerliche Beobachter adeliger »Umtriebe« beschäftigte den protestantischen Lexikonautor in seinem Artikel eine Überlegung ganz besonders: die Frage nämlich, wie man Hofdienst versehen könne, ohne zu sündigen. »Es ist [...] an dem, daß die Gelegenheit zu sündigen nirgends leichter als bei Hofe. Augenlust, Fleisches Lust und hoffärtiges Leben finden daselbst nach dem gemeinen Laufe ihre beste Versorgung, und wer dazu nur etwas hat, der wird gar leichte dazu Gelegenheit finden.«
Hier scheint nicht nur bürgerliche frühaufklärerisch anmutende Luxus- und Müßiggangkritik die Feder des Autoren zu führen. Im Hintergrund schwingt vermutlich auch Wissen um

die dem Hof eigentümlichen Bewegungsgesetze mit: Höfische Hierarchien waren zwar primär durch die gesellschaftliche Rangposition der Akteure im höfischen »Theater« bestimmt. Aber die höfische Adelsgesellschaft drehte sich eben nicht um sich selbst, sondern um den Fürsten. Mit der geburtsständisch definierten Hierarchie konkurrierte ein anderes Ordnungssystem, eine Rangfolge, die durch die persönliche Nähe oder Ferne zum Herrscher bestimmt wurde. Wer sich in der Gunst des Hausherren oder der Hausherrin sonnen konnte, der stieg an Einfluß, Ansehen und informeller Macht häufig über seine geburtsständische Rangposition hinaus. Auf dem Schlachtfeld der um die Huld der Mächtigen konkurrierenden Günstlinge entschieden nicht selten unterhalterische Qualitäten und sexuelle Attraktivität über Sieg und Niederlage.
Es waren extrem krisenanfällige Positionen, um die sich die Hofgesellschaft bemühte. »Gemeiniglich«, so Zedler, haben dergleichen Hofleute »vor sich genug zu tun«, »ihres Herren Gunst zu erhalten«, und sie müssen sich in Acht nehmen, »damit sie nicht [..] sich selbst um ihr Glück bringen.« Informelle Macht war und blieb stets vom fürstlichen Wetterwechsel bedroht. Da die Mehrzahl der Höfe sich um einen männlichen Fürsten gruppierte, nahmen Frauen in der Konkurrenz um die Fürstennähe eine besonders gewichtige Position ein. Das von einem männlichen »Regisseur« aufgeführte Spiel um Liebe und amouröse Abenteuer wies Frauen gemeinhin »Startvorteile« zu. Die viel gerühmte und viel beschimpfte Liaison zwischen dem Herrscher und seiner Mätresse kann als symptomatisch für das beschriebene Ordnungssystem gelten.[13] In den Berichten zeitgenössischer Hofbeobachter ist häufig von Intrigen und Konkurrenzkampf mit unlauteren Mitteln unter den Günstlingen männlichen und weiblichen Geschlechts die Rede. Im Grunde waren und sind es genau die Kampfmittel,

die einer faktisch machtlosen, in der sozialen Hierarchie unten angesiedelten Gruppierung zur Verfügung standen und stehen, seien es Sklaven im alten Rom, Günstlinge in Hofgesellschaften oder Frauen in Männerwelten.[14]
Beschäftigt man sich mit Handlungsspielräumen und Gestaltungsmöglichkeiten von Frauen im informellen Machtfeld bei Hof, so sollte die Diskrepanz zwischen beanspruchbaren Rechten und rechtlich ungesicherten Privilegien nicht aus dem Auge verloren werden. Die etwaigen Konsequenzen des Günstlingsdaseins für das Seelenheil ließen Zedler keine Ruhe. »Lang zu hofe, lang zu helle« hatte der spätere Berliner Hofprediger Johann Agricola bereits 1534 festgestellt.[15] Mit »zu Hoff, zu Höll« geißelte Hans Michael Moscherosch 1642 die Sitten seiner Zeit.[16] »Gleichwohl wird nicht vergeblich gesagt, daß nahe bey Hofe, sey nahe bey der Hölle« schloß sich noch 1735 Zedler an die Vorzitierten an.[17]
Rund 100 Jahre später war die vermutete enge Verbindung von Hof und Hölle zeitgenössischen Lexikonautoren keiner näheren Betrachtung mehr wert. Nach der intensiven Beschäftigung mit der architektonischen Bedeutung eines Hofes vorzüglich für einen Bauernhof, bemerkte mit ungnädigem Unterton beispielsweise die von liberalem Zeitgeist geprägte allgemeine Encyklopädie der Wissenschaft und Kunst der Herren Ersch und Gruber 1832: »Hierbei blieb man aber nicht stehen, sondern wendete das Wort auch auf die Familie an, welche eines solchen großen Wohngebäudes (Schlosses, Palastes) bedarf, vorzüglich aber auf den Landesherrn und seine Angehörigen. An Zusammensetzungen mit Hof in diesem Sinne ist unsere Sprache überreich; die meisten derselben sind, als an sich verständlich, in der Encyklopädie nicht besonders aufgeführt. Vorzüglich gehören dahin diejenigen Bezeichnungen, welchen das Wort Hof, ohne reelle Bedeutung und nur als

leerer Titel vorgefügt worden ist, zum Beispiel Hofadvokat, Hofbuchhandlung u.s.w.«[18] Die zweifellos nicht in erster Linie aus religiöser Quelle gespeiste Distanz des Autors zur höfischen Gesellschaft ist offensichtlich. Tatsächlich hatten die deutschen und europäischen Höfe seit der Mitte des 18. Jahrhunderts beträchtlich an Ausstrahlungskraft und Akzeptanz eingebüßt.[19] Dem mit absoluter Machtbefugnis ausgestatteten Fürsten, bzw. dem zumindest mit absoluter Macht kokettierenden Fürsten und seinem zeremonielle Pracht entfaltenden Hof, folgte als Vorbild im aufgeklärten Absolutismus der arbeitende Musenhof. Die französische Revolution machte schließlich deutlich, daß göttlich legitimierte fürstliche Macht durch menschlichen Widerstand und Bürgerrechte sehr wohl eingeschränkt werden konnte, und höfische Prachtentfaltung hatte sich zunehmend vor bürgerlichem Wirtschaftssinn zu legitimieren.

Den Wirren der Napoleonischen Kriege und der nachfolgenden Neuordnung der europäischen Welt nach tradiertem monarchistischen Muster im Wiener Kongreß fiel schließlich ein Großteil der Fürstentümer und Höfe des Deutschen Reichs zum Opfer. Von den ehemals durch 9 Kurfürsten, 37 geistliche und 59 weltliche Fürsten auf dem Reichstag repräsentierten Fürstentümern des Deutschen Reichs waren sämtliche geistlichen Fürstentümer von der Landkarte verschwunden. Höfe nach innen souveräner Fürsten gab es im 1815 gegründeten Deutschen Bund gerade noch 35, vier von ihnen waren neuerdings zwar zum Königshof aufgestiegen, doch auf einen deutschen Kaiserhof mußte das Publikum vorerst ganz verzichten. Das Haus Habsburg, das mit einer einzigen Unterbrechung seit dem Westfälischen Frieden die deutsche Kaiserkrone in der eigenen Familie halten konnte, hatte sich nunmehr mit dem österreichisch-ungarischen Kaisertitel zu bescheiden. Über die genannten Fürsten des Deutschen Bundes und deren Familienangehörigen hinaus mag manch weiteres standesherrliche Geschlecht noch Hof gehalten haben, die Bundesakte erklärte sie schließlich für ebenbürtig mit den Nebenlinien der Regenten. Aber mit realer politischer Macht waren solche »Hofversuche« nicht mehr verbunden. Die zahlenmäßig geschrumpften fürstlichen Machtzentren des Deutschen Bundes unterschieden sich hinsichtlich der den zugehörigen Territorien gegebenen Verfassungen (sofern es überhaupt eine solche gab), hinsichtlich des Herrschaftsverständnisses ihrer Dynasten wie in der sozialen Zusammensetzung des jeweiligen Hofstaats beträchtlich. Doch das Gewicht des Fürsten in den gemeinhin konstitutionellen Herrschaftssystemen des 19. Jahrhunderts sicherte auch weiterhin den gesellschaftlichen Einfluß der traditionellen Führungsschicht.[20] Kennzeichnend für die meisten Höfe war ihre bleibend hohe kulturelle Ausstrahlungskraft und die sehnsuchtsvolle Bewunderung des fernen bürgerlichen Publikums.[21] Zwar hatte die höfische Gesellschaft das Schauspiel der höfischen Selbstdarstellung seit dem Paukenschlag des ausgehenden 18. Jahrhunderts einzuschränken gewußt. Im Mittelpunkt stand nun eher der Unterhalt eines professionell besetzten Theaters als das eigene Rollenspiel,[22] doch über die Frage des Zugangs zum Hof und über die dortige Positionierung regulierte sich noch immer die Zugehörigkeit zur gesellschaftlichen Elite. Es mag gerade die beschriebene Exklusivität gewesen sein, die das Geschehen bei Hof mit einem leichten Nebelschleier umwob und es für bürgerliche Betrachter in märchenhafte, und damit um so »betrachtenswertere« Ferne entrückte.

Nicht nur das höfische Theater professionalisierte sich, auch die professionelle Hofverwaltung zog mit Hofhaltung im engeren Sinn und zeremonieller Prachtentfaltung gleich und

überflügelte sie schließlich sogar. Immer mehr fachlich versierte Bürgerliche drängten sich in die ehemals exklusive Domäne des Adels. Dem Hofadel erwuchs im Amtsadel Konkurrenz. Doch noch wirkte das Recht des Monarchen, Neunobilitierungen vorzunehmen, beruhigend auf den sich anbahnenden sozialen Zündstoff. Zum typischen Hofstaat eines regierenden Fürsten zählten nunmehr unter dem Hofkanzler, die Kronämter als Ehrenämter der vornehmen Familien des Landes, die Angehörigen der Ritterorden, die Oberhofchargen als Vorsteher der Hofverwaltung im engeren Sinn, die Hofchargen als Ehrengesellschafter der Herrschaft, der Militärhofstaat, die Hofstaate der Damen und Verwandten des Fürsten, die Hofgeistlichkeit und die Verwaltung der Hofbibliotheken, Kunst- und anderen Sammlungen, schließlich die Angehörigen der Hoftheater und Hofkapellen, die Jagd- und Stallverwaltung, Ausbildungsinstitute für Pagen, Leibärzte, Cabinetsecretaire, Kammerdiener, Hofbauamt, Hofgärtnerei, Hofkünstler und Hofhandwerker, die Beamten des Hofkassenwesens und viele andere mehr. Das niedere Gesinde nicht mitgerechnet, brachten es die Hofstaate der deutschen Könige im ersten Drittel des 19. Jahrhunderts auf bis zu 1000 Angehörige.[23] Über 4000 Personen zählten zum Hofstaat des österreichisch-ungarischen Kaisers, über 1100 Mitglieder zum Hofstaat der Kaiserin.[24]
Viele der professionell ausgebildeten Hofbeamten waren bürgerlicher Herkunft. Frauen lassen sich unter den gehobenen Hofbediensteten in aller Regel nur im kulturellen oder erzieherischen Ressort nachweisen.[25] Schenkt man beispielsweise den Aufzeichnungen Eveline von Massenbachs, Hofdame der Königin Olga von Württemberg, aus der Mitte des 19. Jahrhunderts Glauben, dann erwartete man von den wenigen höfischen Amtsinhaberinnen in erster Linie nicht Sachverstand, sondern »willenloses Pflichtgefühl«.[26] Man muß nicht nur das

zeitgenössische Frauenbild als Erklärung bemühen. Die gemeinhin dem männlichen Geschlecht vorbehaltene höhere universitäre Ausbildung ließ eine Sekretärin, eine juristisch gebildete Kammerherrin oder Finanzbeamtin ohnehin undenkbar erscheinen. Es verhielt sich mit der Professionalisierung bei Hof wie mit der Entwicklung der sonstigen Berufsbilder: während sich die männliche Arbeitswelt ausdifferenzierte, immer höhere Ausbildungsstandards für die gehobenen Berufe entwickelt und gefordert wurden, stagnierten oder verringerten sich die Chancen des weiblichen Geschlechts in der gehobenen Berufswelt. Nicht nur bei Hofe engte sich der Handlungsspielraum der Frauen ein, zumindest relativ gesehen.

Zum schon erwähnten weiblich geprägten Hofstaat der österreichischen Kaiserin gehörten keineswegs überraschend in erster Linie lediglich durch Ehrenbezeichnungen hervorgehobene weibliche Angehörige des Adels, allein 855 Ordensdamen des Sternkreuzordens, immerhin drei Viertel ihres Gefolges, waren hierzu zu zählen.[27] Von ihnen wurde die Anwesenheit bei Hof nur bei höchsten Festen erwartet. 34 Fürstinnen durften sich als Palastdamen bezeichnen. Ob sich hinter diesem Titel tatsächliche Tätigkeit am Hofe verbarg, mag dahingestellt bleiben. Ferner stellte für Damen von geringerem gesellschaftlichen Rang die »richtige« Heirat anscheinend eine günstige Möglichkeit dar, Zugehörigkeit zum Hofstaat der Kaiserin zu erwirken, denn zu den Palastdamen zählten weiterhin 82 Ehefrauen oder Witwen von Geheimräten und 89 Ehefrauen oder Witwen von Kammerherren. Neben dem selbstverständlich männlichen Obersthofmeister, dem Schatzmeister, dem Leibarzt, dem Adelsprobenexaminator und zwei Sekretären der Kaiserin lassen sich nur wenige Damen nachweisen, die in ihrem Hofstaat wohl einer tatsächlichen Beschäftigung nachgingen: die Oberhofmeisterin, zwei Ordensassistentinnen,

zwei Hofdamen, 14 Damen, die den großen, und 18, die den kleinen Kammerzutritt hatten, zwei Kammerfrauen, drei Kammerdienerinnen und sicherlich zahlreiche ungenannte weibliche Dienstboten in Küche und Wäschekammer. Anspruch auf Zugang und Zugehörigkeit zum Hof, sie blieben für Frauen während des 19. Jahrhunderts gemeinhin abhängig von familialer Herkunft, abhängig von »richtiger« Geburt und Heirat oder von der Gunst des Regenten oder der weiblichen Angehörigen der Fürstenfamilie. Wie das Hoftheater die fürstliche Jagd als Symbol herrschaftlicher höfischer Kultur ablöste, so folgte der Liebesverbindung zwischen dem Herrscher und seiner Mätresse das Paarmodell: »der König und die Schauspielerin«. Doch daß sich solche Überbleibsel, von willkürlicher Herrschergunst abhängiger, gesellschaftlicher Hierarchien zunehmend der bürgerlichen Kritik stellen mußten, zeigt der Skandal um den bayerischen König und die Tänzerin Lola Montez 1847/48.[28]
Im Konkurrenzkampf auf der gesellschaftlichen Stufenleiter zwischen bürgerlicher Professionalität und geburtsständisch legitimierter Exklusivität geriet ohnehin die höfische Gesellschaft der »Günstlinge« immer stärker ins Zentrum bürgerlicher Kritik. »So verschieden auch die Fürsten von einander sind, so sind doch die Höfe sich überall ähnlich, und die Hofleute überall einander gleich«, so die allgemeine Encyklopädie der Wissenschaft und Kunst 1832 Jean Paul zitierend. »Ihr Amt ist: Unterhaltung des Herrn, der Endzweck ihres Thuns und Treibens die Erlangung und Erhaltung seiner Gunst und aus diesen beiden Momenten erklären sich so ziemlich ihre so zu sagen stereotypischen Charakterzüge, nämlich: Ausbildung des sogenannten höhern Tons, der feinern Geselligkeit, stete Aufmerksamkeit in Vermeidung alles Störenden, unangenehm Verrührenden, größte Höflichkeit (die ihren Namen eben von den Höfen hat) im äußern Benehmen, Schmei-

Lola Montez, jetzt Gräfin von Landsfeld, und König Ludwig I. von Bayern bei einem Schäferstündchen. Anonyme Karikatur ohne Druck- und Verlagsangabe, erschienen in den Revolutionsjahren 1848/49.

chelei, Unterwürfigkeit, oft bis zur Kriecherei und bis zur Bereitwilligkeit zur Begehung der schändlichsten Handlungen, Verstellung und Versterktheit in Hinsicht der Pläne, beständiges Intriguiren und Manövrieren gegen einander, Frivolität u.s.w.«.[29] Die harsche Kritik des gebildeten selbstbewußten Bürgers tat freilich der bürgerlichen Sehnsucht nach dem Dazugehören nur selten Abbruch. Auch wenn der grollende Lexikonautor nicht die Stimmungslage der Mehrheit beschrieb, das höfische Leben geriet zunehmend unter Legitimationsdruck. Mochte sich mancher männliche Adelige der bürgerlichen Kritik entziehen können, in dem er eine Beschäftigung im Rahmen der Staatsverwaltung oder des Militärdienstes nachging, für adelige Frauen blieb der diesbezügliche Handlungsspielraum auf die Ebene der Geselligkeit beschränkt und damit recht begrenzt.

Dies änderte sich in der zweiten Hälfte des 19. Jahrhunderts. Das Scheitern des deutschen Revolutionsversuchs 1848, das Scheitern schließlich auch des Anlaufs der Paulskirche, den Adel abzuschaffen, führte zur Restauration und Stärkung monarchischer Machtverhältnisse.[30] Die bürgerliche Elite fügte sich ins monarchische Modell, und manche Höfe zeigten zarte Spuren einer beginnenden Verbürgerlichung. Für die weiblichen Angehörigen der Höfe eröffnete sich zunehmend ein neues, sich unter ihrer Leitung ausweitendes, professionalisierendes und an gesellschaftlicher Bedeutung gewinnendes Betätigungsfeld: die Sozialfürsorge und Förderung des weiblichen Geschlechts in Bildung und Ausbildung.[31] Der unter der Leitung der Großherzogin stehende Badische Frauenverein beispielsweise, der in bemerkenswertem Maße adelige und bürgerliche Wohltätigkeit mit frauenfördernden Maßnahmen vereinte und ein weitverzweigtes Organisationsnetz in Baden schuf, liefert hierfür ein anschauliches Beispiel.[32]

Im letzten Drittel des 19. Jahrhunderts schließlich, in einer Zeit, in der Urbanisierung und Industrialisierung das bürgerliche Zeitalter längst einläuteten, verhalf die Gründung des Deutschen Kaisereiches dem Publikum noch einmal zu einem deutschen Kaiserhof.[33] Die kriegerisch erzwungene kleindeutsche Reichseinigung reduzierte die Zahl regierender deutscher Fürstenhöfe auf nunmehr 22.[34] In dem Maße, in dem sich deutsche Könige, Großherzöge, Herzöge und Fürsten ihren politischen Einfluß mit mehr oder weniger demokratisch legitimierten Parlamenten teilen lernen mußten, verstärkte sich die Trennung von Regierungsgeschäften, kulturellen Aufgaben im Umfeld der Hofverwaltung und offiziöser Haushaltung der Regenten.

Die Zahl der ihren Hofstaaten zugerechneten Personen begann sich nun beträchtlich zu reduzieren.[35] Und der Hofstaat der Fürstinnen des ausgehenden 19. Jahrhunderts beschränkte sich meist auf ein bis zwei Hofdamen und einige wenige männliche Verwaltungsbeamte.[36] Das politische Gewicht der »männlichen« Höfe reduzierte sich indes nicht. In Preußen, im Deutschen Reich und in Östereich-Ungarn verstärkte sich konträr zum Voranschreiten bürgerlichen Wirtschaftssinns noch einmal die politische Bedeutung der Höfe. Die Regierungskabinette des wilhelminischen Kaisers gewannen geradezu den Charakter einer persönlichen Regierung des Fürsten, die mit den verfaßten Regierungsinstitutionen konkurrierte. Den Höfen als kulturellen Zentren des Reiches indes begann Konkurrenz im bürgerlichen Umfeld zu erwachsen. Die paternalistisch geprägte, häufig von weiblichen Angehörigen des Hofes geleitete Fürsorgetätigkeit mußte sich nun an kommunalen und von der bürgerlichen Frauenbewegung initiierten Modellen weiblicher Partizipation in Bildung, Beruf und Sozialarbeit messen lassen.

Mit dem Untergang des durch den Ersten Weltkrieg endgültig diskreditierten Wilhelminischen Kaiserreichs verschwanden schließlich die fürstlichen Höfe von der historischen Bildfläche. Mochte sich der Adel in Weimar nur sehr zögernd an den Zeitenwandel gewöhnen,[37] manche Angehörige der untergegangenen Elite scheinen sich auch vom Nationalsozialismus die Rückkehr vergangener Herrlichkeit erhofft zu haben,[38] doch spätestens mit der Errichtung der Bundesrepublik, so könnte man eigentlich vermuten, war das Kapitel »Fürstlicher Hof« und damit auch das Kapitel »Frauen bei Hof« abgeschlossen. Was das politische Gewicht der Höfe und die gesellschaftliche Bedeutung ihrer Akteure betrifft, mag dies zutreffen. Die Ausstrahlungskraft des Lebens bei Hof und der zugehörigen Prachtentfaltung scheint jedoch noch immer ungebrochen.[39] Die bundesrepublikanischen Bürger und Bürgerinnen erweisen sich bei näherem Hinsehen nach wie vor als gute Monarchisten und als aufmerksames Publikum höfischen Geschehens. Das belegt nicht nur die viel geschmähte Regenbogenpresse. Kaum ein anderer trivialer Spielfilm überlebte die fünfziger Jahre so erfolgreich wie »Sissi«, die süßliche Verfilmung des Lebens der vor bald 100 Jahren ermordeten österreichischen Kaiserin. Evita Peron eignet sich als Ersatzkaiserin nach wie vor hervorragend für Musicals und Filmdrehbücher, und neuerdings befriedigte Lady Di die Sehnsucht der aufrechten Demokraten nach monarchisch/höfischem Schauspiel. Heute, wo Höfe gemeinhin ohne reale Machtfülle auskommen müssen, sind offenbar Frauen bei Hof sehr viel publikumswirksamer in Szene zu setzen als ihre männlichen entmachteten Partner. Besonders beliebt als Sympathieträgerinnen sind gegenwärtig offenbar schöne, aber tragische Frauen bei Hof. Es ist wie mit den wahrhaft guten Menschen im Trivialroman – die Realität darf sie nicht einholen. Dies ist allerdings nur dann möglich, wenn sie früh sterben oder falls sie überleben, zumindest im Unglück entrückt sind.[40] Ganz ohne Prinzessin aus dem Märchen kommen wir anscheinend auch in bürgerlichen Zeiten nicht aus. Daß es sich trotz aller Faszination des märchenhaften Ambientes denn doch um Märchen mit schlechtem Ausgang handelt, scheint das bürgerliche Leben zu versüßen.

Beatrix von Hohenstaufen. Eine politische Kaiserin?[1]

Von Elke Goez

Politische Königinnen und Kaiserinnen, die mehr oder minder selbständig herrschten, kannte das frühe und hohe Mittelalter lediglich, wenn sie im Fall des frühzeitigen Todes ihrer Ehegatten eine aktive Rolle für ihre minderjährigen Söhne oder Enkel übernehmen mußten. Dies gilt selbst für so starke Persönlichkeiten wie die beiden Ottoninnen Adelheid und Theophanu, die zeitweilig die Interessen Ottos III. wahrnahmen, für die Salierin Agnes, deren Sohn Heinrich IV. beim Tod des Vaters erst sechs Jahre alt war, oder für Richenza, die das Erbe ihres Enkels Heinrich des Löwen verteidigte. Einen Sonderfall stellt Konstanze von Sizilien dar, durch deren Ehe mit Heinrich VI. das unteritalienische Normannenreich an die Staufer kam und die schon zu Lebzeiten des Gatten in ihrem Erbkönigtum selbständig urkundete.

Normalerweise verweigerte man indessen Königinnen und Kaiserinnen eine eigene politisch-rechtliche Entscheidungskompetenz. Zweifellos besaßen manche von ihnen einen beträchtlichen »inoffiziellen«, nämlich lediglich persönlich begründeten Einfluß auf die Herrscher, den indessen die literarischen Quellen – fast ausnahmslos von Geistlichen niedergeschrieben und daher in nicht geringem Maße die kirchlichen Rechtsnormen und Verhaltensusancen im Klerus widerspiegelnd – zumeist kaum thematisierten. So ist der Befund einseitig: einseitig bezüglich der Überlieferung, aber zweifellos auch einseitig bezüglich der damaligen historischen Wirklichkeit.

Als sich Kaiser Friedrich I. im Juni 1156 mit Beatrix vermählte, der Tochter des frühverstorbenen Grafen Reinald III. von Burgund, mochte diese Verbindung manchen Zeitgenossen geradezu wie eine Mesalliance erscheinen, hatte der Staufer doch kurz zuvor noch um eine byzantinische Prinzessin geworben. Das Erbe der wohl erst zwölf Jahre alten Braut war zwar ansehnlich, doch umfaßte es keineswegs ganz Burgund unter Einschluß der Provence, wie dies der Oheim Barbarossas, Bischof Otto von Freising, wenig später seine Leser glauben machen wollte[2]. Es massierte sich vielmehr in zwei relativ geschlossenen Komplexen im Gebiet der späteren Franche-Comté: Zum einen um Besançon, zum andern südlich davon, welche nirgends die Saône überschritten. Nicht unbeträchtliche Teile mußten 1156 allerdings als Entschädigung an Herzog Berthold von Zähringen gegeben werden, dem Barbarossa die Herrschaft in Burgund bereits lehnsweise übertragen hatte, ehe er sich, beraten von Herzog Matthäus von Lothringen und Erzbischof Humbert von Besançon – beide waren Verwandte der Beatrix – im gleichen Raum zu einer Politik entschloß, die nicht zuletzt eigenen Territorialinteressen diente.

Doch so wichtig dem Kaiser die Erblande seiner Braut als Ausgangsbasis für eine angestrebte Rückgewinnung Burgunds gewesen sein mögen, so versprach er sich von der zweiten Vermählung vor allem etwas anderes: Der Staufer wünschte sich einen Erben. Friedrichs erste Ehe mit Adela von Vohburg war kinderlos geblieben und wohl nicht zuletzt auch deshalb getrennt worden. Immerhin zählte der Staufer 34 Jahre, und die Sicherung der Dynastie schien ihm vordringlich. Beatrix hat die in sie gesetzten Hoffnungen voll erfüllt: In den 28 Jahren ihrer Ehe schenkte sie Barbarossa mindestens fünf lebende Söhne und mehrere Töchter. Doch es war nicht nur ihre Rolle als Mutter, welche die Burgunderin nach Meinung der Zeitgenossen vorbildlich erfüllte und wodurch sie in weiten Kreisen hohes Ansehen gewann.

Die historiographischen Nachrichten über die Kaiserin sind allerdings eher spärlich. Die Chronisten erwähnen ihre Anwesenheit bei demonstrativen Anlässen: den Festkrönungen des Herrscherpaares in Pavia (1162)[3], in Aachen (1174)[4] gemeinsam mit dem Thronfolger Heinrich, in Vienne (1178)[5] und Mainz (1182)[6]. Bei mehreren feierlich begangenen Kirchenfesten war sie bezeugtermaßen dabei, und nicht minder 1165 bei der Heiligsprechung Karls des Großen in Aachen[7] und 1184 bei der Schwertleite von zweien ihrer Söhne in Mainz[8].

Bisweilen berichten die Chronisten von Ehrengeschenken, welche Beatrix erhielt, so 1162 kostbare Goldstickereien, die ihr Heinrich II. von England sandte[9]. Doch verkürzten sie damit wohl unbewußt die Rolle, welche die Kaiserin spielte. Zweifellos stellte Repräsentation in der Öffentlichkeit einen nicht geringen Teil ihrer Aufgaben dar, aber diese erschöpften sich keineswegs darin.

Wir besitzen eine detaillierte Schilderung der Kaiserin aus der Feder des Lodesen Acerbus Morena, eines Zeitgenossen, der sie im Alter von etwa 30 Jahren mehrfach selbst gesehen hat. Sie sei sehr schön, mittelgroß, von aufrechter Haltung, habe einen kleinen Mund, helle Augen, ein ebenmäßiges Gesicht, einen grazilen Körperbau und kleine Hände. Außerdem sei sie fromm und literarisch gebildet[10]. Letzteres unterschied die

Burgunderin von ihrem Gatten, der weder lesen noch schreiben konnte. Da Beatrix ihren Gemahl ungeachtet ihrer zahlreichen Schwangerschaften fast ständig begleitete und Barbarossa ihr offensichtlich herzlich zugetan war, witzelten manche Zeitgenossen über den »homo uxorius«[11]. Aber besaß Beatrix tatsächlich soviel Einfluß auf ihren Ehemann, wie dieser Spottname vermuten läßt?

In den Jahrbüchern von Cambrai wird berichtet, daß Theoderich von Flandern einmal wegen einer Bischofsbesetzung Boten und Briefe zu Friedrich I. sandte, vor allem jedoch zu Beatrix, damit sie im Sinne des Grafen bei Barbarossa vorstellig würde[12]. Theoderich war allerdings mit Beatrix verwandt, aber auch einige italienische Städte wählten bezeugtermaßen den Weg über die Burgunderin, um mittels ihrer Fürbitte Barbarossa im gewünschten Sinne zu beeinflussen. Man ging davon aus, daß die Fürsprache der Kaiserin in der Regel nicht ungehört blieb. Um so bemerkenswerter ist es, daß Beatrix, im Gegensatz zu ihren ottonischen Vorgängerinnen Adelheid und Theophanu, relativ selten in Urkunden ihres Gemahls für deutsche Empfänger als Intervenientin genannt wird. Fast ausschließlich galt ihre Fürsprache geistlichen Institutionen in ihren burgundischen Erblanden, wie dem Benediktinerkonvent Lure[13], dem Erzbistum Besançon[14] oder der Zisterze Balerne.[15]

Für weltliche Empfänger intervenierte sie ohnehin nur ausnahmsweise, so für den Markgrafen Wilhelm von Montferrat[16], in dessen Obhut das Kaiserpaar 1164 den wenige Wochen alten, von Geburt an kränklichen Sohn Friedrich zurückließ, da der Knabe den Transport über die Alpen nicht überlebt hätte, oder für Odo von Champagne, einen ihrer Verwandten, an dessen Belehnung 1166 sie geradezu wie gleichberechtigt mit dem Kaiser beteiligt war[17]; Odo seinerseits unterstützte

Beatrix zwischen 1181 und 1183 bei der Wahrnehmung ihrer Erbrechte in Burgund.

Die Fürsprache erfolgte also immer nur sporadisch und keineswegs flächendeckend im ganzen Reich. Sie konzentrierte sich vielmehr auf Burgund, wo Friedrich *sub titulo uxoris sue*[18] (also mit dem Rechtstitel seiner Frau) durch nicht weniger als neun Hoftage seine Herrschaft zu festigen suchte. Auffällig ist, daß sie einmal zugunsten des Chorherren-Stifts Rebdorf[19] (bei Eichstätt), ein anderes Mal für das Prämonstratenserkloster Weißenau[20] (bei Ravensburg) intervenierte. Die Urkunde darüber wurde in Ulm ausgestellt und ist einer der nicht sehr zahlreichen Belege für eine persönliche Anwesenheit der Kaiserin in Schwaben, die indessen in etlichen anderen Fällen vorausgesetzt werden kann. Wiederholt standen die kaiserlichen Gnadenbriefe übrigens im Zusammenhang mit einer Schwangerschaft oder bevorstehenden Niederkunft, so die Schenkungen an Weißenau[21], an Aachen[22] und an die Niederlassungen der Johanniter in der Lombardei[23].

Interessant sind einige Erwähnungen der Burgunderin, die aus Italien stammen. Es heißt, daß ihr die Stadt Lodi zujubelte, als sie *cum omni quasi suppellectili sua* (»mit ihrem gesamten Hausrat«)[24] dort einzog. Monatelang hielt sie sich in Pavia auf, wo sie Mitte Juli 1164 ihrem ersten Sohn Friedrich das Leben schenkte. Der Kaiser wußte sie dort in Sicherheit. Sie verwandte sich bei ihrem Gatten für den Friedensschluß mit Piacenza[25] und Tortona[26]. Um die kaiserliche Huld zurückzugewinnen, mußte Piacenza, ebenso wie bei anderer Gelegenheit Mailand[27], zugleich auch eine Zahlung an Beatrix leisten. 1178 erwarb Barbarossa für sie im Gebiet von Vercelli einträgliche Hafen- und Zollrechte an den Flüssen Sesia und Cervo, und Beatrix kümmerte sich persönlich um die dortigen Fährdienste[28].

Nur anläßlich des zweiten Italienzuges erfährt man, daß Beatrix über eigene Truppen verfügte. Als Friedrich bei der Belagerung von Crema Verstärkungen anforderte, deren Hauptteil damals Heinrich der Löwe stellte, führte die Kaiserin ihrem Gemahl ein Kontingent zu, das sie offenbar in Burgund aufgeboten hatte[29]. Dies ist übrigens der einzige Hinweis dafür, daß Barbarossa bei der Italienpolitik auf militärische Hilfe aus den Erblanden seiner Frau zurückgriff.

Auffällig ist, daß der Staufer um die Zeit seiner zweiten Hochzeit eine Reihe von Privilegien für Zisterzienserklöster ausfertigen ließ, die alle in Burgund lagen. In der Mehrzahl hatten diese zuvor von seinem längst verstorbenen Schwiegervater Förderung erfahren, wie zum Beispiel Clairefontaine. Während Friedrich bis 1156 lediglich für sieben Zisterzen in Deutschland und Oberitalien Privilegien ausstellen ließ: Lützel (bei Basel), Maulbronn, Neuburg (bei Straßburg), Salem, Chiaravalle della Colomba (bei Piacenza), Hardehausen (bei Paderborn) und Sittichenbach (bei Halberstadt), besaßen am Ende seiner Regierungszeit immerhin 60 Zisterzen Diplome von ihm.

Dies läßt sich freilich nicht auf den Einfluß von Beatrix zurückführen; denn sie erwies sich den Zisterziensern nur so lange gewogen, bis sich diese im Papst-Schisma von 1159 für Alexander III. entschieden, den die Staufer 18 Jahre lang nicht anerkannten. Im Gegensatz zu Friedrich, der nach dem Frieden von Venedig die politischen Vorteile der flächendeckenden Organisation des Ordens zu nutzen suchte und nicht zuletzt auch deshalb gern bereit war, Urkunden für Zisterzienserklöster auszustellen, hat Beatrix ihnen die Parteinahme für den Gegner ihres Gemahls niemals verziehen.

Ein echtes Anliegen war ihr das Spitalwesen. Sie gründete 1173 in Franchevelle im Erzbistum Besançon ein Leprosenhospital[30], dessen Fürsorge in erster Linie erkrankten Frauen zugute kommen sollte, was damals sehr ungewöhnlich war; die Stiftungsintention darf wohl auf Beatrix selbst zurückgeführt werden. Im Falle einer Goslarer Bruderschaft zur Pflege Schwerstkranker urkundete sie wie gleichberechtigt zusammen mit dem Kaiser[31]; offenbar lag ihr in besonderem Maße an derartigen sozialen Einrichtungen. Es ist sicher kein Zufall, daß Friedrich Barbarossa erst nach der Heirat mit Beatrix 1156 insgesamt 17 Diplome für Hospize und Hospitäler ausstellen ließ, wobei allerdings in manchem Fall auch die politische Bedeutung für die Sicherung von Paßübergängen nicht vergessen werden darf.

Auf dem Gelnhäuser Stadtsiegel sieht man Friedrich und Beatrix nebeneinander, obwohl über eine Beteiligung der Kaiserin an der Stadtgründung nichts Näheres bekannt ist. Doch ohne konkreten Anlaß dürfte das Doppelsiegel nicht gestaltet worden sein. Auch daß sie zusammen mit ihrem Gemahl im Eingang der Kathedrale zu Freising abgebildet worden ist, wird kein Zufall sein. Das Armreliquiar Karls des Großen, ein Silberkästchen, welches Barbarossa nach dessen Heiligsprechung 1165 in Auftrag gab und das sich heute in Paris befindet, zeigt auf den Seiten neben Christus und der Madonna eine Reihe von sechs Herrscherbilder, darunter als einzige Frau Kaiserin Beatrix. Sie scheint demnach eine wesentlich wichtigere Rolle im öffentlichen Leben gespielt zu haben, als die Schriftquellen dies erkennen lassen.

Denn nur ausnahmsweise wird ihre politische Bedeutung in der literarischen Überlieferung deutlich. In den beiden Urkunden, durch welche das 18-jährige Papstschisma 1176/77 beendet wurde – dem Vorvertrag von Anagni und dem Frieden von Venedig –, heißt es ausdrücklich, daß außer Friedrich Barbarossa und dem Thronfolger Heinrich auch Beatrix Alexan-

Das Gelnhäuser Stadtsiegel aus dem Jahr 1250 zeigt Kaiser Friedrich I. Barbarossa und seine Gemahlin Beatrix von Burgund.

der III. als rechtmäßigen Nachfolger Petri öffentlich anerkennen werde. Sie solle demnächst vom Papst persönlich oder zumindest durch einen Legaten die Krönung zur Kaiserin empfangen.[32] (Anders als Friedrich, der 1155 von dem rechtmäßig erhobenen Hadrian IV. die Krone empfing, war Beatrix 1167 von dem Schismatiker Paschalis III. zur Kaiserin gekrönt worden; deshalb die Bestimmung.) Für den Fall, daß Friedrich, der seit längerem an Malaria litt, sterben würde, werde der Apostolische Stuhl Beatrix, ihrem Sohn Heinrich und dem Reich jede erdenkliche Hilfe zuteil werden lassen. Die besondere Hervorhebung der Burgunderin, die an den Verhandlungen nicht selbst teilnahm, dürfte auf ein persönliches Anliegen Barbarossas zurückzuführen sein.

Schon 1174 hatte Bischof Hermann von Bamberg anläßlich der Belehnung der Kaisersöhne Friedrich und Otto mit dem für die Verkehrsverbindung nach Italien wichtigen Lungau ein Treueversprechen *in manu nostra et domine imperatricis*[33] »in die Hände des Herrscherpaares« abgegeben, wie es in der Urkunde ausdrücklich heißt. Die Nachricht ist singulär; wollte Barbarossa die Gemahlin für den Fall seines vorzeitigen Todes und der Minderjährigkeit des Thronfolgers schrittweise an die Herrschaft heranführen? Nicht Beatrix hat ihn, sondern er hat sie überlebt; sie starb bereits 1184. Sechs Jahre zuvor nannte der Kaiser die Gemahlin in einer Schenkung an die Kartause Durbon ausdrücklich *consors imperii nostri felix augusta*[34] (»die Gefährtin unseres Herrscheramtes, die glückverheißende Kaiserin«). Diese Bezeichnung, die in der Ottonen- und frühen Salierzeit mehrfach zu belegen ist, dann aber nicht mehr verwendet wurde, besaß zwar niemals einen rechtsverbindlichen Charakter, hatte aber dennoch signifikante Bedeutung.

Vor allem überließ es Friedrich seiner Gemahlin namentlich in den Jahren 1181 bis 1183, die Reichs- und staufischen

Familieninteressen in Burgund selbständig zu verfolgen. Der Kaiser befaßte sich damals vordringlich mit der Schadensbegrenzung nach dem Ende des Schismas, dem Reichskrieg gegen Heinrich den Löwen, der Neuregelung der Verhältnisse nach dessen Sturz und dem Frieden nördlich wie südlich der Alpen. Offenbar fand er keine Zeit oder hielt es nicht für nötig, sich persönlich um Burgund zu kümmern; denn er konnte diese Aufgabe seiner Frau überlassen.

Die Quellen zeigen, daß Beatrix in ihren Erblanden mit deutlichem Selbstbewußtsein auftrat. Die Kaiserin bemühte sich einerseits um die Rückgewinnung verlorener Rechtspositionen und Besitzrechte, indem sie eine Gebietsvergabe durch das Kloster Faverney an die Templer anfocht[35], weil ihr Konsens nicht eingeholt worden war, oder als sie im Konflikt mit der Zisterze Rosières den Besitz der einträglichen Salzquellen von Grozon für sich selbst beanspruchte[36].

Andererseits ging es ihr nicht ausschließlich um die eigenen Interessen, sondern stets auch um Frieden und Ordnung im ganzen Land. Bei der Ausstellung von Schutzurkunden für die Klöster Lieucroissant[37] und Vaux-sur-Poligny[38] knüpfte Beatrix an Verfügungen des frühverstorbenen Vaters an. Bewußt stellte sie sich in die Tradition der Ahnen. Aber auch neue politische Zielsetzungen sind festzustellen. Assoziationsverträge mit den Abteien Romainmôtier[39] und Bèze[40] sollten ihrem zukünftigen Nachfolger als Landesherrn – nach menschlichem Ermessen also einem ihrer Söhne, dessen Name zur Zeit der Ausstellung der beiden Dokumente noch nicht feststand – die Möglichkeit eines Ausgriffs in die Grenzregionen Burgunds offenhalten: zum einen in Richtung auf die Gebiete der Zähringer in der heutigen Schweiz, zum anderen gegenüber Frankreich.

In der Umschrift ihres Siegels, wahrscheinlich immer noch des gleichen Typars, welches Barbarossa 1157 bei Wibald von

Stablo für sie in Auftrag gegeben hatte[41], nannte sie sich: *Beatrix dei gratia Romanorum imperatrix augusta*[42] (»Beatrix von Gottes Gnaden römische Kaiserin und Mehrerin des Reiches«). Weder hier noch in den zwölf Urkunden, die sie allein ausstellte, wird ihr Gemahl namentlich erwähnt; niemals stiftete sie zu seinem Seelenheil. In Burgund zählt für Beatrix nur die eigene Familie. Daß ihre Erblande bereits bei den Verhandlungen vor der Hochzeit 1156 als Sondergut für einen zukünftigen Sohn oder einen Seitenverwandten vorgesehen wurden, dürfte feststehen. Die Nichterwähnung Friedrichs sollte die Ausnahmesituation Burgunds hervorheben.

Formal orientierten sich ihre Urkunden an der burgundischen Tradition; sie unterschieden sich deutlich von den Gepflogenheiten der Reichskanzlei. In Burgund verfügte Beatrix über eigenes Verwaltungspersonal, einerseits die in bestimmten Sprengeln tätigen prévôts, andererseits Legaten, Räte und eine Anzahl namentlich nicht genannter *ministri*[43]. Zu ihrem Beraterkreis zählten vor allem die Magister Arnaldus[44], Daniel[45] und Burcardus[46], der in den Urkunden wiederholt als Kapellan der Kaiserin bezeichnet wird. Die Erstgenannten stammten wohl aus Burgund; Daniel war gleichzeitig auch als kaiserlicher Kapellan für Friedrich tätig[47]. Burcardus war dagegen Rheinländer; er hat dem Kaiser 1161/62 als Legat in Italien und dem Ostalpenraum gedient, wurde 1174[48] und 1177[49] für das Kaiserpaar südlich der Alpen tätig und begleitete Friedrich und Beatrix 1178 nach Arles und Vienne[50].

Diese beiden waren die einzigen uns namentlich bekannten Vertrauten der Kaiserin, die gleichzeitig im Dienste ihres Gemahls standen. Von den zahlreichen burgundischen Adligen, die in Beatrix-Urkunden als Zeugen fungierten, begegnen uns lediglich fünf auch in Diplomen des Herrschers. Man verschloß sich in Burgund also nicht grundsätzlich dem Staufer, zog es aber vor, im Lande zu bleiben.

Beatrix verfügte über eigene Einnahmen, und dies nicht nur in ihrem Heimatland. Leider versagt gerade in dieser Hinsicht die Überlieferung weithin. Mehrfach sind zwar Gesamtbeträge bezeugt, die an den Kaiser, die Kaiserin und die Reichsbeamten zu entrichten waren, aber die Quotierung wird nicht mitgeteilt. In dem einzigen Fall, der genauer bekannt ist – der Beleg stammt allerdings aus der Regierungszeit Heinrichs VI. – , betrug der Anteil der Kaiserin 15 Prozent[51]. Vor allem an eingehenden Strafsummen und Friedensgeldern[52] wurde Beatrix beteiligt, ob regelmäßig, ist freilich ungewiß. Wofür die Kaiserin das Geld ausgab und wie frei sie hierbei nach eigenem Gutdünken handeln konnte[53], bleibt unklar.

Wiederholt stiftete sie kirchlichen Institutionen große Summen, so dem Marienstift in Aachen[54], der Domkirche S. Bassiano in Lodi[55], dem Dom zu Speyer[56], der Abtei Baumes-les-Moines[57] und dem Stift Rebdorf[58]. Auch als Mäzenin betätigte sie sich. Walther von Arras widmete ihr und dem kunstsinnigen Grafen Thibaut V. von Blois seinen zwischen 1167 und 1184 entstandenen Roman »Ille et Galeron«[59]. Auch Guiot de Provins zählte zu ihren Protegés[60], ohne daß man Konkreteres wüßte. Allerdings fällt auf: es waren Dichter, die Französisch schrieben. Ob die Gemahlin Barbarossas außerdem auch deutsche Literaten förderte, ist nicht bekannt.

War Beatrix eine politische Kaiserin? Wie der Genuese Caffaro in seinem Geschichtswerk ihren Namen deutet, weist eher in andere Richtung: *Beatrix, quia sua benignitate imperium totum facit beatum*[61]. Das Wortspiel läßt sich im Deutschen nur ungenau wiedergeben: »Zurecht Glücksbringerin geheißen, weil sie in ihrer Güte dem ganzen Reich Glück bringt«.

Die bezeugten Aktivitäten der Kaiserin in Italien, aber auch in Deutschland lassen die Wendung durchaus nicht unsinnig erscheinen; erinnert sei an ihr Engagement für den Frieden, für Reformorden und Hospitäler.

Aber nur in Burgund gewann Beatrix auch politisch schärfere Konturen. Dort trat sie als zielstrebige Verfechterin der öffentlichen Ordnung und ihrer eigenen Rechte auf, und zugleich als eine Herrscherin, welche für eine zukünftige Machterweiterung Voraussetzungen zu schaffen gewillt war. Zweifellos besaß sie hohe Gaben; indessen konnte Beatrix sie nur entfalten, weil und soweit Barbarossa ihr dafür einen Freiraum zugestand.

Mechthild von der Pfalz.
Eine Frau der Tat im 15. Jahrhundert

Von Alexander Schweickert

Mechthild, geboren im März 1419 in Heidelberg, gestorben im August 1482 in Heidelberg, Pfalzgräfin bei Rhein, Gräfin von Württemberg, Erzherzogin von Österreich, war eine Frau der Tat. Ausgestattet mit Intelligenz und Bildung, verwirklichte sie spätestens als Erzherzogin zum Erstaunen ihrer Mitwelt sehr selbst- und zielbewußt ihren Lebensentwurf. Nach ihrer Ehe mit Graf Ludwig I. von Württemberg, der Eberhard im Bart entsproß, schloß sie eine Vernunftehe mit Erzherzog Albrecht VI. von Österreich. Er war der Bruder von Kaiser Friedrich III. und residierte in den Vorderen Landen Habsburgs vom Arlberg bis zum Elsaß. Sie lebte kaum mit ihm zusammen, sie entzog sich ihm und richtete sich in Rottenburg, dem Hauptort der vorderösterreichischen Grafschaft Hohenberg, ihre kleine Residenz ein. Sie wurde das adäquate Ambiente für ihren Musenhof, an den sie – jetzt »Fräulein von Österreich« genannt – Frühhumanisten und »Literatoren« (Goethe) einlud. Eine Humanistin war Mechthild freilich nicht; aber sie pflegte Umgang mit Universitätsmenschen und diese mit ihr.

Gestützt auf ihren Bruder, Kurfürst Friedrich den Siegreichen aus dem Haus Pfalz-Wittelsbach, den überaus erfolgreichen Antipoden Kaiser Friedrichs III., ließ sie in Sachen der Politik nicht wehrlos mit sich handeln. Mit diplomatischem Geschick spielte sie ihre Nebenrolle als Frau im die Geschichte des damaligen Südwestdeutschland prägenden Konflikt zwischen der Kurpfalz und dem Haus Habsburg und damit zwischen propfälzischen und prohabsburgischen bzw. prokaiserlichen Parteiungen. Zudem hatte sie »offenkundig nicht unerheblichen Einfluß auf ihren Sohn Eberhard« (Volker Press), auch wenn sie ihn, als er regierte, nicht in das propfälzische Lager hinüberzuziehen vermochte.
Finanziell war Mechthild unabhängig; sie war reich. Von Haus aus gut ausgesteuert, bezog sie aufgrund ihres ersten Ehevertrages mit dem Württemberger Einkünfte aus den Städten, Schlössern und Ämtern Böblingen und Sindelfingen usf. Aufgrund ihres zweiten Ehevertrages mit dem Habsburger erhielt sie zudem Einnahmen aus der Grafschaft Hohenberg. Sie regierte in württembergischen und in habsburgischen Landen.
Ihrem Musenhof eignete zwar nicht die auserlesene Rolle, die ihm bisweilen zugeschrieben wird. Ihr Rottenburg war kein frühhumanistischer Kristallisationspunkt wie Ulm, Zürich, Konstanz, Basel, Straßburg und Heidelberg, wo Peter Luder erstmals nördlich der Alpen in seiner Antrittsvorlesung 1456 den Begriff »studia humanitatis« verwendete und damit wider die Scholastik und wider die »gotische« Barbarei des Geistes wetterte. Aber Mechthild zählte von Rottenburg aus zum Kreis der Inspiratoren und Mäzene bei den Gründungen der Universitäten in Freiburg 1457 und in Tübingen 1477. Was zu ihrem größten Triumph als Mutter geworden wäre, erlebte sie nicht mehr: die Erhebung ihres Sohnes Eberhard zum Fürsten und

Herzog von Württemberg, die Kaiser Maximilian im Jahre 1495 vollzog.
Schon aus diesen einleitenden Worten ergibt sich: Mechthild war nur in ihrer ersten Lebenshälfte eine Frau bei Hof, danach hielt sie überaus selbständig und intelligent selber Hof. In der Literatur wird sie bisweilen mit Eleonore von Aquitanien verglichen, der Frau des Königs von Frankreich, dann des Königs von England, Mutter von Richard Löwenherz und Mäzenatin des größten Troubadours ihrer Zeit. Wir sehen schon an diesen Namen und Begriffen: unsere Mechthild ist nur eine kleine, sicher aber sehr sympathische Eleonore.
Wir wissen wenig über sie. Die Details ihres Alltags sind uns verschlossen. Sie schrieb keine Briefe wie ihre nachmalige pfälzische Schwester Elisabeth Charlotte, die berühmte Liselotte von der Pfalz. Auch klingen die Urteile über Mechthild in der Literatur ihrer Zeit wie belletristische Schönungen oder – rund achtzig Jahre nach ihrem Tod in der »Chronik der Grafen von Zimmern« – wie belletristische Gemeinheiten. Aber ihr Lebensweg ist offenkundig. Er wurde von der Historiographie rekonstruiert und wird jeweils nach den neuen zeitgebundenen Vorstellungen der Historiker auch neu konstituiert.
Mechthilds Mutter war die hochbegabte Gräfin Mathilda aus einer Nebenlinie des Hauses Savoyen. Sie war ausgezeichnet durch ihren amor librorum, ihre Liebe zu Büchern, Kunst und Musik und zu überfeinerter Höfischkeit. Savoyen war eines der aufstrebenden Häuser in Reichsitalien. Er wurde 1416 Herzogtum und residierte in der Universitätsstadt Turin im Piemont. Das Haus Pfalz-Wittelsbach des Vaters, Pfalzgraf Ludwig II., gehörte bereits zum Stand der Reichsfürsten. Es war Inhaber der wittelsbachischen Kur, war wie das Haus Habsburg eine »königsfähige Dynastie« (Volker Press).

Ludwig war ein bedeutender Militär und ein fanatischer Anhänger des Glaubens der spätmittelalterlichen Christianitas. Er führte Johannes Hus in Konstanz auf den Scheiterhaufen, initiierte einen barbarischen Kreuzzug wider die Hussiten und pilgerte für sein Seelenheil zum Heiligen Grab in Jerusalem. Er hungerte nach Erkenntnis, lernte Latein und sammelte Bücher. Als Grundstock der späteren Bibliotheca Palatina überließ er sie der Heiliggeistkirche in Heidelberg. Dieses kurpfälzische Heidelberg, seit 1386 Universitätsstadt, war ein Zentrum höfischer Brillanz, die intellektuellste und politisch mächtigste Residenz im damaligen Südwestdeutschland.
Dieses Heidelberg und ihre Familie prägten Mechthild. Sie schätzte das höfisch-elegante Ritual, den überfeinerten Glanz des Luxus, den Ruhm und den Einfluß des kurfürstlichen Hofes in der Reichspolitik und die Manifestation der politisch-militärischen Macht. Sie war tief religiös und betrieb – vor allem im Alter – Jenseitsvorsorge. Sie lernte Latein und sammelte Bücher. Sie erfuhr die Vorzüge eines Hofes in einer Universitätsstadt. Viele Professoren waren zugleich Räte. Wissenschaftlicher Geist war mitbestimmender und solider Faktor der Regierungspolitik.
Schon als acht Monate altes Baby wurde Mechthild im November 1419 mit dem sieben Jahre älteren Grafen Ludwig von Württemberg verlobt. Seine Mutter, Henriette von Maufaucon, eine Gräfin aus Mömpelgard in der Reichsromania, hatte die Verlobung arrangiert. Nach dem Tod ihres Mannes Graf Eberhard IV. brauchte sie Schutz gegen die Expansionsgelüste des Hausmachtkönigtums Habsburg, das zugleich Reichspolitik und königliche Territorialpolitik betrieb. Mit der Unterstützung aus Heidelberg wurde zugleich aber auch der dynamische Einfluß der kurzpfälzischen Macht auf Württemberg gefestigt.

Im Oktober 1436 heirateten Mechthild und Ludwig in Stuttgart und zogen nach der Teilung der Herrschaft Württemberg nach Urach um, in die Residenzstadt des Landesteils Württemberg-Urach. Die Ehe der beiden war glücklich und kinderreich. Leider litt der älteste Sohn an Epilepsie, aber sein Bruder Eberhard und die beiden Töchter waren erfolgversprechende Kinder. Im September 1450 endete das Familienglück abrupt: Mechthilds Mann starb an der Pest.

In der komplizierten Gemengelage des geteilten Württemberg begann die Auseinandersetzung um die Vormundschaft von Mechthilds Söhnen. Mechthild wurde auf ihren Witwensitz in Böblingen abgedrängt und erhielt im Konsortium der Vormundschaft nur ein Mitspracherecht. Zu diesem Vormundschaftsgremium gehörten auch die beiden Onkel von Eberhard: Kurfürst Friedrich von der Pfalz und der prohabsburgische Graf Ulrich V. der Vielgeliebte von Württemberg-Stuttgart. Entscheidenden Einfluß indessen hatten die Uracher Räte, die in Stuttgart als propfälzische Sippschaft galten. Sicher sprach Mechthild, die im Umgang mit Akademikern erfahrene Halbitalienerin, bei der »glücklichen Wahl des Erziehers« (Dieter Stievermann) ihrer Söhne mit. Berufen wurde Johann Vergenhans, Chorherr im Martinsstift zu Sindelfingen, später Kanzler der Universität Tübingen.

Aufgrund der Vermittlung des Markgrafen und späteren Kurfürsten von Brandenburg, Albrecht Achilles, verließ Mechthild den freudlosen, politisch einflußlosen württembergischen Witwensitz, wo sie sich wie im Hausarrest vorkommen mußte, und heiratete im August 1452 Erzherzog Albrecht VI. von Österreich. Die auserlesen prunkvolle Hochzeit der beiden bildete das größte höfische Fest, das Böblingen jemals in seiner Stadtgeschichte erlebt hat. Mechthild wurde durch diese Ehe nach der Kaiserin zur ranghöchsten Dame im Heiligen

Römischen Reich. Als Habsburgerin mit engsten Drähten zur Kurpfalz vermochte sie es jetzt auch, ihre Söhne und deren Herrschaftsansprüche in Württemberg ganz erheblich gegenüber den Stuttgarter Verwandten zu stützen. Denn ihre Kurpfalz verriet die politisch gradlinig denkende Mechthild mit ihrer Ehe ebenfalls nicht. Albrecht sicherte zwar die Vorlande vor dem weiteren Zugriff der Schweizer Eidgenossen – das ist seine historische Leistung –, aber er lag mit seinem Bruder Kaiser Friedrich III. in permanentem Streit um das albertinische Erbe im Haus Habsburg. Der Streit wurde erst 1458 gelöst. Friedrich III. behielt das albertinische Erbe, Albrecht erhielt Oberösterreich, wohin ihm Mechthild freilich nicht folgte, und Erzherzog Sigmund wurde sein Nachfolger in den Vorlanden und in Tirol.

Mechthild hätte ihren Mann auf seinen ständigen Kriegszügen begleiten können. Aber sie war keine Soldatenbraut. Sie machte sich von ihm frei, zog sich schon 1455/56 nach Rottenburg in die Grafschaft Hohenberg zurück, etablierte ihren kleinen eigenen Hofstaat und managte von hier aus sofort bei der Gründung der Universität Freiburg mit. Als Heidelbergerin wußte sie, daß Albrecht, ein Mensch mit der mittelmäßigen Bildung eines Haudegens, als Regent in den Vorderen Landen nur reussieren konnte, wenn er dafür geschultes Personal hatte. Wien war die Universität seines Bruders Friedrich III. Die Vorderen Lande brauchten eine eigene Hochschule für die Ausbildung ihrer Theologen, Philosophen und Juristen ebenso wie für den Nachwuchs in die höheren Regierungs- und Verwaltungsstellen. »Daß Mechthild es fertig gebracht hat, aus Albrecht, diesem schweren, politisch intriganten, unangenehmen Menschen so etwas wie die Gründung der Universität Freiburg hervorzulocken, zu provozieren, ist eine ihrer großartigsten Leistungen«, weiß Hansmartin Decker-Hauff.

Um das Unternehmen anzuschieben, kam – sicher auf Vermittlung Mechthilds – ein enger Berater von Pfalzgraf Friedrich nach Freiburg: Matthäus Hummel, Dekan der Artistenfakultät in Heidelberg. Er wurde sofort nach Rom geschickt, um bei Papst Calixt III. die Zustimmung zu einem studium generale in Freiburg einzuholen. Die Genehmigung wurde erteilt. Aus Heidelberg wurden weitere Magister als Professoren nach Freiburg berufen, so Konrad Stürtzel, der in Freiburg den berühmten Basler Hof errichtet hat, und Johannes Kerer, Gründer des Sapienskollegs in Freiburg. Mechthild hat mit ihren Heidelbergern bei der Gründung der vorderösterreichischen Universität in Freiburg also »kräftig mitgesteuert« (Hugo Ott), auch wenn ihr Name in keiner Urkunde auftaucht. Natürlich hat Mechthild die Universität auch mitfinanziert. Mit ihrer Zustimmung wurden der Universität »Pfarreien ... zur Dotation der Lehrstühle zugewiesen, die zu ihrem Heiratsgut gehörten« (Ernst Martin). So besoldete insbesondere die Rottenburger Pfarrkirche einzelne Lehrstühle.

1457, im Jahr der Universitätsgründung in Freiburg, starb Mechthilds ältester Sohn, der epileptische Ludwig. 1459 vollendete sein Bruder Eberhard sein 14. Lebensjahr. Gestützt auf seine pfälzisch orientierten Räte, hätte er jetzt allein regieren können. Aber daraus hätte sich erheblicher Streit mit seinem Stuttgarter Onkel Ulrich ergeben. Der junge Eberhard wich diesem Streit aus. Er retirierte zunächst zu seiner Mutter Mechthild nach Rottenburg und dann – motiviert von ihr? – zum badischen Markgrafen Karl nach Ettlingen, einem Mitglied der prohabsburgischen Partei. In dieser Krisensituation ergriffen die Städte von Württemberg-Urach die Initiative. Die württembergische Landschaft formierte sich. Auf dem Leonberger Landtag von 1457 – er gilt als Geburtsstunde des Württembergischen Landtags – wurde das Mitspracherecht der

Landschaft bei Eberhards Vormundschaft gesichert und zwischen dem Kurfürsten Friedrich und Graf Ulrich V. vermittelt. 1460 brach dennoch der große Krieg aus. Gestützt auf Kaiser Friedrich III., bildete sich gegen die Kurpfalz und gegen Bayern-Landshut eine Fürstenkoalition unter Leitung des Markgrafen Albrecht Achilles. Der expansiven Außenpolitik Friedrichs des Siegreichen, die er mit den Machtinstrumenten des Krieges und der Fehde betrieb, wollte der Kaiser endlich ein Ende setzen. Ulrich V. der Vielgeliebte wurde zum kaiserlichen Feldhauptmann ernannt – und gemeinsam mit dem Markgrafen Karl von Baden und dessen Bruder, dem Bischof von Metz, 1462 bei Seckenheim von Friedrich vernichtend geschlagen und gefangengenommen. Diese massive Niederlage und das hohe Lösegeld, das Württemberg-Stuttgart für die Befreiung an Friedrich bezahlen mußte, schwächten den Stuttgarter Landesteil ganz erheblich und trieben ihn in eine extreme Finanzkrise. Sicher unbewußt half damit der Bellizist Friedrich der Siegreiche seinem Neffen Eberhard, in der geteilten Herrschaft Württemberg die Führungsrolle zu übernehmen und seine Politik für die Wiedervereinigung der beiden Landesteile zu forcieren.

Eberhard selbst kämpfte in diesem furchtbaren Krieg im Heer von Albrecht Achilles nur auf Nebenschauplätzen im Kampf gegen Bayern-Landshut. Im weiteren Kriegsverlauf gegen die Kurpfalz ernannte Kaiser Friedrich III. 1462 auch den jungen Eberhard zum kaiserlichen Feldhauptmann. Der politisch clever gewordene junge Mann lehnte dieses prohabsburgische Engagement nicht ab, hielt sich aber – gestützt auf seine Räte und seine Landschaft – wieder nur auf Nebenschauplätzen auf. Wir wüßten gern, mit welchen diplomatischen Finessen Mechthild ihren Sohn im Krieg der kaiserlichen Partei gegen ihren Bruder Friedrich unterstützt hat. Sie hat sicher an ihren familiären Strippen gezogen und dabei mitgewirkt, daß die direkte Begegnung ihres Sohnes mit ihrem Bruder auf dem Schlachtfeld vermieden wurde. Aufgrund ihrer Beziehungen zu Heidelberg - Mechthild nahm ihren Sohn mehrfach zu Besuchen bei ihrem Bruder mit – hat sie dann direkt und indirekt bei den Einungen mitgeholfen, die Eberhard 1467 und 1480 mit der Kurzpfalz schloß.

Voll einverstanden war sie natürlich mit der Pilgerreise, die Eberhard 1468 ans Heilige Grab in Jerusalem führte. Wegen seines Seelenheils war schon ihr Vater nach Jerusalem gepilgert. Bei seiner Rückkehr besuchte Eberhard, der jetzt seinen ihm den Namen gebenden Bart trug, als erstes seine Mutter und überbrachte ihr ein kostspieliges Reisegeschenk. Und sicher war Mechthild glücklich, als sich Eberhard mit Barbara von Mantua aus dem Hauses Gonzaga verheiratete. Diese Hochzeit wurde mit größtem Pomp in Urach gefeiert. Mechthild, nach dem Tod der Kaiserin jetzt die ranghöchste Frau im Reich, war als Mutter des Grafen bei diesem hochhöfischen Fest selbstverständlich dabei.

Mechthild ahnte vielleicht nichts vom »kulturellen West-Ostgefälle« (Werner Paravicini) und vom kulturellen Südnordgefälle in der »abendländischen Kulturgemeinschaft« (Dieter Berg) ihrer Zeit, aber sie nahm als gebildete Halbitalienierin aus der Kurpfalz teil am europäischen Gemeinschaftsbewußtsein in Fragen von Bildung und Kultur. Sie wußte von der die Kommunikation fördernden Wirkung von Wallfahrten, sie wußte von der Internationalität adligen Lebens, der durch meist dynastisch bestimmte Heiratsbündnisse der Boden bereitet wurde. Sie wußte von der länderübergreifenden ritterlich-höfischen Kultur, die allerdings gerade am Ausklingen war. Sie schätzte die europäischen Literaturwelten ebenso wie die lateinisch sprechende Gelehrtenrepublik der Universitäten in West- und Südeuropa, und sie sorgte mit dafür, daß der deutsche Südwesten – wenn auch erst 200 Jahre später – an England, Frankreich und Italien Anschluß fand und in die europäische Kommunikation in Kultur, Bildung und Wissenschaft einbezogen wurde.

Zu ihren großen kulturpolitischen Leistungen zählt auch ihre Mitwirkung an der Gründung der Universität Tübingen. Attempto – ich wag's –, war das Handlungsprinzip Eberhards. Seine Mutter unterstützte ihn sofort bei dem Mut erfordernden Wagnis, in dem kleinen und armen Württemberg-Urach eine Universität zu gründen. – Im Erlaß des Papstes Sixtus VI. von 1476 wurde der Bitte von Graf Eberhard und – wie der Papst sie nannte – seiner »geliebten Tochter, der edlen Frau Mechthild, Erzherzogin von Österreich, die Mutter des Grafen« (zit. bei Manfred Eimer) entsprochen, das Sindelfinger Chorherrenstift an die St. Georgskirche in Tübingen zu verlegen. Es gehörte zum Heiratsgut Mechthilds aus ihrer ersten Ehe. Dieses Stift mit seinen reichen Einnahmen bildete die finanzielle Grundlage der Universität, die in einer zweiten päpstlichen Urkunde vom November 1476 genehmigt wurde. In dieser Urkunde wird neben Eberhard wieder die »die geliebte Tocher« des Papstes, Mechthild, genannt.

In Konkurrenz zu Heidelberg, Basel, Freiburg und Ingolstadt entwickelte sich die Universität Tübingen sehr rasch durch Eberhards großartige Personalpolitik. Tübingen wurde damit zum neuen Kristallisationspunkt des Frühhumanismus in Württemberg. Einen Teil davon sicherte sich Mechthild für ihren Musenhof, auch wenn ihr Rottenburg »kein dauerndes, fest institutionalisiertes Strukturelement« (Dieter Mertens) in der Kulturlandschaft des deutschen Südwestens bildete. Aber immerhin verstand Mechthild Latein, die Sprache, die im damaligen Europa für geistige Mobilität sorgte. Zudem ver-

Mechthild von der Pfalz (1419–1482), Gräfin von Württemberg, Erzherzogin von Österreich, dargestellt auf einem Glasfenster im Chor der Tübingen Stiftskirche.

mochte sie, mehrere Literatoren und Gelehrte an sich zu ziehen. Ihr Musenhof wurde damit zu einem Ort sublimer Zivilisation, an dem sich auch die Volkskultur in ihrer Vielfalt ausleben konnte.

Als ihren Kanzler lieh ihr Eberhard den Juristen Bernhard Schöfferlin aus. Eberhard hatte ihn bei seiner Brautwerbung nach Mantua mitgenommen, und dort hatte Schöfferlin mit seiner geschliffenen Bildung und seiner höfischen Diplomatie großen Eindruck auf das Haus Gonzaga gemacht. Er verkörperte deutsch-europäische Kultur, nicht deutsche Militanz.

Ihr Hofkaplan in Rottenburg war Antonius von Pforr. Er war ein berühmter Latinist und übersetzte für Mechthild aus dem Lateinischen das Pantschatandra, das »Buch der Beispiele der alten Weisen«, eine Fabelsammlung, die auf einem altindischen Fürstenspiegel basiert.

Keine Angestellten Mechthilds waren drei Schriftsteller, die sie an sich zu binden vermochte. So hielt sich Niklas von Wyle längere Zeit an ihrem Hof auf. Vier seiner »Translatzen«, das bedeutet Übersetzungen, widmete er Mechthild, das heißt, sie bezahlte ihn dafür als Mäzenatin. Er übersetzte ein Buch von Petrarca sowie mehrere Werke von Enea Silvio Piccolomini, dem großen Humanisten und späteren Papst Pius II. In seiner »Sechzehende(n) schrift vom lobe der frouwen« feierte er Mechthild wie eine Idealgestalt der mittelalterlichen Hochepik. Sie verkörpere »aller wysheit tugend«, sie sei unendlich groß an Menschlichkeit, sie liebe die Kunst und die feinen Sitten. Niklas von Wyle übersetzte noch Wort für Wort, während sein Zeitgenosse Heinrich Steinhöwel, der Leibarzt von Eberhard, den Aesopus bereits »sin uz sin« übertrug und damit einer spezifisch deutschen Syntax den Weg eröffnete. Lessing bezeichnete die beiden als die Begründer der deutschen Prosa.

Zum Lobe Mechthilds stieß Jakob Püterich von Reichertshausen ins gleiche Horn wie Niklas von Wyle. Er widmete ihr einen »Ehrenbrief«, in dem er ihr den gesamten Ehrenkodex und Tugendkanon der mittelhochdeutschen Ritterepik auf den Leib schrieb. Mechthild ist der Inbegriff der Reinheit, Tugend und Ehre, sie ist die »Königin des Grals«. Püterich beschrieb auch Mechthilds Büchersammlung: insgesamt 94 Bücher und Handschriften. Für eine Privatbibliothek der damaligen Zeit ist das sehr viel. In der Sammlung befanden sich die wesentlichen Werke der hochhöfischen Dichtkunst, zahlreiche geistliche Bücher, schöne Literatur aus Frankreich und aus Italien. In diesem Zusammenhang erzählt Püterich, er habe das Grab von Wolfram von Eschenbach besucht. Wir wüßten gern, wo genau er da gewesen war. Als Dank für seinen Ehrenbrief wünschte sich Püterich, Mechthild möge beim nächsten Fastnachtsspiel in Rottenburg seine »amie«, seine Freundin, sein. Was das heißt, lassen wir offen. Sogar die Kirche duldete damals das ausschließlich weltliche Fastnachtsspiel, das mit seinem Essen und Trinken, mit seinem Sex und mit seiner Maskerade eine Befreiung vom Alltag bildete.
Ebenso zart und lieblich wie Püterich schwelgt Hermann von Sachsenheim als Epigone in hochhöfischer Poesie, wenn er Mechthild besingt. Er war ein ebenso alter Herr wie Püterich. Ludwig Uhland meinte deshalb schmunzelnd, in der Literatur der beiden Alten hätte sich zum letzten Mal das Mittelalter dargestellt. Von Sachsenheim widmete Mechthild seine Minneallegorie »Die Mörin«. In diesem Ritterroman wird der Ritter Hermann von der Möhrin, einer Mohrin aus Nordafrika also, bei Frau Venus der Minneverfehlung angeklagt und vom treuen Eckart verteidigt. Er habe sich in seiner Jugend der Treue zu Venus versprochen, treibe jetzt aber freie Liebe. Hermann wird verurteilt. Am Ende aber eilt ihm Frau Aventiure

zu Hilfe. Er kommt frei. In dieser Allegorie existiert das Tugendsystem der Hochepik nur noch als literarische Applikation. Stoff und Form bilden keine Einheit mehr. Sie klaffen auseinander. Der entscheidende Duktus der Allegorie ist dem »Roman de la rose« von Guillaume de Lores und Jean de Meung entnommen. Minne und Aventiure sind der Freiheit der Liebe gewichen und der Lust, sich zu verkleiden, um sich auszuziehen. Am Rittertum überwiegt hier nur noch das Spielerische und die Maskerade, kurz »das Fest als Lebensgefühl« (Bernhard Theil).

Das warf auf Mechthild und ihre alternden Dichter ungewollte Schatten. Sie wurde mit Frau Venus verglichen, ihr Rottenburger Musenhof mit dem Venusberg. Aus dieser Quelle schöpfte Graf Froben Christoph von Zimmern. In seiner »Zimmerschen Chronik« nennt er Mechthild ein »überflaischgiriges weib«, zählt die lange Reihe ihrer Liebhaber auf und erklärt ihre Hofhaltung mit den vielen Festen und Dichterrunden, mit den Fastnachtsspielen und Gelagen mit fahrenden Sängern »als aller frewden und wollusts ... voll«. Die »Zimmersche Chronik« übertreibt hier, wie sie permanent übertreibt. Tatsächlich aber war Mechthild sicher ein Kind ihrer Zeit. Freies Sinnenleben bedeutete damals, modern zu sein.

Trotz dieses Lebenswandels sah sich Mechthild – wiederum als Kind ihrer Zeit – selbstverständlich auch als arme, unverdiente Sünderin. Sie hielt unverbrüchlich zu ihrer römisch-katholischen Religion. In Glaubenstreue fest und stur erzog sie in Rottenburg die unehelich geborenen Töchter ihres Sohnes Eberhard. Sie kümmerte sich um das Seelenheil der ihr Anvertrauten. Von ihrer habsburgischen Universität Freiburg besorgte sie sich die Geistlichen für ihre Herrschaftsregionen. Im Zuge der Klosterreformen ihres Sohnes Graf Eberhard führte sie brachial wieder Sitte und Ordnung in den Mönchs- und Nonnenklöstern ein. Sie unterstützte finanziell die Kartause in Güterstein, das Kloster Hirsau des großartigen Abtes Trithemius, der sie deshalb lauthals lobte, die Klöster in Bebenhausen und in Pfullingen und so weiter. Sie wußte: Gaben an die Kirche machen selig. Jenseitsvorsorge verband sich bei ihr harmonisch mit fröhlichem Christentum im Diesseits.

Daß sie die wahre Frau von Graf Ludwig von Württemberg und nicht die von Erzherzog Albrecht von Österreich war, bewies sie bei ihrem quasi kurpfälzischen Versuch, ihrem Sohn Eberhard nach dem Tod von Erzherzog Albrecht im Dezember 1463 die habsburgische Grafschaft Hohenberg zuzuschanzen. Es gelang nicht. Im seit 1470 ausgebrochenen Streit um Hohenberg zwischen Graf Eberhard und Erzherzog Sigmund gab der Württemberger dem militärisch stärkeren Habsburger nach. Eberhard hielt sich im Interesse der friedlichen Existenz Württembergs zurück und entsprach damit auch den hegemonialen Machtansprüchen des Kaisers, dessen Haus die Grafschaft Hohenberg zustand. Zudem änderte sich nach dem Tod seines Onkels Friedrichs des Siegreichen die Mächtekonkurrenz im Südwesten. Württemberg stand unter immer geringer werdenden kurpfälzischen Pressionen, so daß Eberhard – nach Mechthilds Tod – gar Juniorpartner des Hauses Habsburg wurde. Als Dank erhielt er dafür von Kaiser Maximilian I. das wiedervereinigte Württemberg im Rahmen der Verfaßtheit des spätmittelalterlichen Feudalsystems als reichslehenbares Herzogtum.

1482 starb Mechthild während einer Reise in Heidelberg – wahrscheinlich an Gicht. Sie hatte zu gut gelebt. An der Seite ihres Gatten Ludwig wurde sie zunächst in der Gütersteiner Klosterkirche beerdigt, dann in das Kartäuserkloster Güterstein umgebettet. Ihre endgültige Ruhe fand sie in der Grab-

mälergalerie der Renaissance in der Tübinger Stiftskirche in dem von ihr selbst in Auftrag gegebenen Grabmal.
In ihrem Testament bestimmte sie ihren Sohn Eberhard und ihre beiden Töchter, Mechthild, Landgräfin von Hessen, und Elisabeth, Gräfin von Stolberg, zu ihren Hauptterben. Zudem bedachte sie die Klöster Maulbronn und Hirsau, das Stift Sindelfingen und die Pfarrkirche in Rottenburg, die Mandatare ihrer Regierung, ihren relativ großen Hofstaat mit mindestens zehn Edelleuten und fünf Edeljungfrauen und mit viel Gesinde. Sie bedachte auch die armen Leute. Das galt nicht als soziale Wohltat, das war damals selbstverständlich. Ihre schöne Bibliothek, die einen großen Wert darstellte, erwähnte sie nicht.
Mechthild war eine Frau jener Epoche, in welcher der hohe Rang, den die Frau im Mittelalter genoß, gehörig demontiert wurde – vor allem von den Kleriker- und Männermannschaften an den Universitäten und von den Ritualen der spätmittelalterlichen Machtausübung. Mechthild wehrte sich gegen diese massiven Versuche, die Frau als Leistungsträgerin abzuwerten. Das machte sie und ihre Taten für ihre Zeitgenossen so auffällig. Man staunte über ihren Lebenswandel wider viele Etikette und über ihre politischen und kulturpolitischen Aktivitäten. Sie war eine Frau jener Epoche, in welcher der Herbst des Mittelalters dem Frühling des Humanismus die Hand reichte. Sie war eine Frau, die mit ihren Taten alte und neue Wertvorstellungen miteinander zu verbinden wußte.

Maria Andreae, die Hofapothekerin

Von Otto Borst

Ein paar Wochen nach ihrem Tod hat der Sohn ein »Ehrengedächtnis« geschrieben und im Druck veröffentlicht. Das Büchlein »vom Sohne«, wie auf dem Titelblatt ausdrücklich vermerkt, endet mit jenen Farben, in denen man das Bild der Mutter hernach gehalten hat: »So bist du endlich doch ferne von uns und zugegen bei den himmlischen Chören, geliebte Mutter! Du freilicht warst schon lange lebenssatt, aber uns wird die Sehnsucht nach dem Umgang mit Dir nie verlassen! Und ich, dein Sohn, den du unter dem Herzen getragen und unter Schmerzen geboren, reichlich genährt, zärtlich geliebt, in heilsamer Lehre unterrichtet, durch ein Beispiel gebildet, mit deinen Gebeten unterstützt, mit deiner Strenge gezüchtigt, durch deine Tugend empfohlen, mit deinem Segen bereichert, durch deine Gegenwart und dein Zusammenleben geehrt – ich bringe, als dein größter Schuldner, diesen Dank deiner heiligen Asche dar!«

Maria Andreae, von der hier die Rede ist, hatte in ihrem Sohn, dem später berühmt gewordenen theologischen Autor und Reorganisator der württembergischen Kirche, gewiß einen treulichen, liebenden Anwalt. In seiner »Christianopolis«, dieser ersten protestantischen Sozial- und Staatsutopie, in die ein früher Bildungsroman hineingewoben ist, gibt er im Kapitel »Die Frauen« ein Bild von den rechten Monicas (Monica hieß die Mutter Augustins), die »der Kirche ergeben sind, den Eltern eine Freude, mit ihren Gatten zufrieden, die Pflichten des Witwenstandes wahrend, gütig zu den Kindern, beflissen für die Freunde, hilfreich den Bedürftigen, gegen jedermann zuvorkommend«. Unverzüglich fügt er hinzu: »Zu ihnen rechne ich auch, wie mir auch die Ehrfurcht gebietet, meine eigene Mutter.« Natürlich war auch, gerade in dem der Toten gewidmeten Schriftlein, ein Stück Familienpolitik und bewußter Retusche eigenen Ansehens mit im Spiel. Der Sohn hatte so seine Nocken.

Die erhaltenen Kupferstiche von ihm stimmen darin überein, daß sie eher ein kaltes, abweisendes Angesicht festhalten. In Calw, wo er nun seit ein paar Jahren Dekan war, gab's mancherlei Kritik und versteckte Auseinandersetzungen. Der Herr Dekan wußte, wer er war. Wenn auch sein Urgroßvater noch ein hergelaufener Schmied war, der in Waiblingen bei einer Schmiedstochter hängen blieb: Längst hatten die Andreaes, bedeutende Köpfe allemal, in die altwürttembergische Ehrbarkeit eingeheiratet. Jetzt konnte die Mutter, die tote Zweiundachtzigjährige, die Tochter des Herrenberger Stadtvogts Valentin Moser und dessen Frau, der Bürgermeisterstochter, so etwas wie eine Kronzeugin sein, für ein mustergültiges Christenleben, für den guten, nirgend fleckig gewordenen Glanz einer führenden Familie.

Maria Andreae, am 23. Oktober 1550 in Herrenberg geboren, hatte schon als neunjähriges Mädchen ihre Mutter, die Herrenberger Bürgermeisterstochter, verloren. Nun nahm sich ihrer – und ihrer fünf Geschwister – die alte Bürgermeisterin, eine Katharina, geborene Kurrer, in Herrenberg selber an. Die Reformation war noch nicht ganz verklungen. Unter ihren gewichtigsten Anweisungen, die sie hinterlassen, fand sich als eine der nächsten, wie sich eine christliche Familie zu halten habe. Die Großmutter scheint in dieser Hinsicht eine echte Vermittlerin gewesen zu sein. Sie war der neuen Lehre Luthers mit Eifer zugetan. Aber sie übte auch solche Tugenden noch, die man jetzt oder späterhin als bloßen »Werkdienst« glaubte abtun zu können. Daß man sie »die Begine« in ihrem Städtchen nannte, blieb bezeichnend genug. Die Beginen, vom Niederrhein herkommend, besorgten in den Städten des Mittelalters die Krankenpflege und die Fürsorge der Armen, mehr Bewegungsfreiheit genießend als innerhalb der Nonnenorden, aber doch, obschon »mitten in der Welt«, Anhängerinnen eines erfüllten Glaubenslebens und eingeschworen auf Keuschheit und Buße, Gebet und Armut.

Die Herrenberger Bürgermeisterin – die ersten Beginen kamen fast ausnahmslos aus dem Adel und dem wohlhabenden Städtbürgertum – sah mit selbstauferlegter Zucht nach dem Rechten in der Stadt. Auch die nachreformatorischen Jahre konnten nicht verhindern, daß viele Arme und Elende, ohne Heimat und Obdach, sich vor der Stadtmauer sammelten. Das Spital im Ort hatte die Reformation beseitigt. Die wackere Alte suchte es durch ein eigenes Spital zu ersetzen. Ein besonderes Zimmer in ihrem Haus war für die Aufnahme und Pflege der Hilflosen bestimmt. Die Enkelin, unsere Maria Andreae, hatte die Aufwartung des Spitalzimmers zu besorgen. »Hier bildete sich zuerst ihre Liebe zu den Armen, die sie ihr ganzes Leben, auch Kampf mit eigener Verlegenheit und Noth, immer behauptete.« Daß sie »mit manchen ärztlichen Mitteln bekannt« war oder sich mit ihnen und vielerlei Heilkräutern und deren Anwendung bekannt machte, kam ihr nicht nur für diese Aufgabe zustatten. Auch späterhin hat sie diese pharmazeutisch-naturwissenschaftlichen Befähigungen benützt und ausgebaut.

Maria hat für damalige Begriffe verhältnismäßig spät, erst als Sechsundzwanzigjährige, geheiratet, und zwar den Pfarrer Johannes Andreae, den Sohn des weitberühmten Theologen und Tübinger Universitätskanzlers Jakob Andreae. Man hat sich diese Heirat wohl damit zu erklären, daß Maria nach dem Tod der Großmutter, der Herrenberger Begine, den väterlichen Haushalt zu führen und den bettlägerigen Vater, früher ein lebenslustiger, musikalischer und geselliger Mann, zu pflegen hatte. Der starb am 2. Mai 1576. Ein halbes Jahr später war sie die Frau Pfarrerin in Hagelloch, nicht allzuweit von Herrenberg entfernt.

Carl Philipp Conz, klassischer Philologe in Tübingen und Rhetorikprofessor, hat 1821 »Johann Valentin Andreaes Mutter« einen biographischen Abriß gewidmet, »größtentheils«, wie er selbst vermerkt, nach dem gedruckten (lateinischen) Nekrolog des Sohnes. Conz, Bewunderer Hölderlins und überhaupt der klassizistischen, schönheitlichen Welt »Arkadiens«, konnte gar nicht umhin, die Maria Andreae am klassischen Bild von der » schönen weiblichen Seele« zu messen. Nach einigem Nachdenken meint er: »Wenn Weichheit der Empfindung mit einem zarten Anfluge geistiger Phantasie nothwendig in derselben sollte aufgenommen werden müssen, so möchte sie diese Benennung vielleicht nicht verdienen«. »Einwohnende Stärke« sei wohl der erste Ausdruck von Marias Wesen gewesen. Er tröstet sich damit: Stärke sei »als das andere Element bei allen schönen weiblichen Seelen des Alterthums mit der Zartheit und Innigkeit« gepaart gewesen.

Uns ist mit dieser deutlich dem Zeitgeist verpflichteten Zuschreibung nicht ganz wohl. Von der »virago« hat der Sohn im Blick auf seine Mutter gesprochen, wobei wir das gewiß nicht wörtlich (»Mannweib«) zu nehmen haben. Er wollte sagen, daß in ihr auch etwas von männlicher Kantigkeit und Härte

gesteckt und daß ihr Auftreten allemal des modisch-höfischen, vielleicht sogar patrizischen Charmes entbehrt habe.
In der Schilderung ihres Aussehens – wir haben kein Bild von ihr – stritten sich schon die Zeitgenossen. Und die Späteren blieben da in einigermaßen nichtssagenden Formeln stecken. »Groß, schlank und kräftig von Gestalt«, malt sie Gustav Schwab, »fein von Antlitz, im Hause Herr wie ein Mann, und dienstbar wie eine Magd«. Conz unterstreicht in ihr die »einfache Gestalt, in der sie, eine weibliche Figur wie die Holbein'schen und Albrecht Dürer'schen, streng, rein in sich geschlossen« geblieben sei. Er hat gewiß damit Richtiges getroffen, auch mit dem Zusatz: »Gesund, rührig, behend, schlank und groß gebaut, hatte sie, ohne gerade eine Schönheit zu seyn, doch sehr viel Anmuth und Liebenswürdigkeit in ihren Zügen und ihrem ganzen Wesen.«
Die Ehe mit dem Kanzlerssohn, selbst in Johann Valentins wohlklingender Leichenrede finden sich Anspielungen, geriet zeitweise in arge Spannungen. Für Maria, die in jüngeren Jahren »in frohe Munterkeit, selbst in schalkhaften Witz« ausbrechen konnte, aber offenbar ihr Leben lang »reizbar von Natur aus« blieb und für Zorn empfänglich», wurde die Ehe mit dem jovialen, weichen Andreae ein Kreuz. Der Pfarrherr war ein gescheiter Mann. Aber sein Interesse und schließlich seine geheime Leidenschaft gehörten der »Chymie«, eben jener Geheimwissenschaft, der hernach der Sohn Johann Valentin einen gewichtigen Teil seines publizistischen Werkes widmete, der okkulten paracelsischen Tradition und dem Rosenkreuzertum (nicht dem pietistischen Lutheranertum Arndtscher Prägung).
Während Maria die Hauptlast der Arbeit zu tragen, den Haushalt zu führen und die, wie man in allen Berichten liest, »sorgfältige Erziehung der Kinder« zu übernehmen hat, sitzt der

allzeit freundliche Pfarrherr hinter seinen gurkelnden Glasbirnen und wartet auf die ersten glühheißen Tropfen Gold. Die »Chymie« ist zum großen Geheimnis der Zeit geworden. Allenthalben wirft man sich ihr in die Arme, Johannes Andreae aus purer Naseweisheit, vielleicht auch aus seinem Hang zum Spielen und möglicherweise sogar deshalb, weil in diesem Geheimnis der verborgene Gott sich zeigen könnte, der württembergische Herzog Friedrich, weil die dampfenden Flaschen und die schillernden Farben in den Glasröhren für ihn ein gar köstliches Spektakel waren und er im übrigen, dies war des Pudels Kern, Geld und noch einmal Geld brauchte.

Tatsächlich ist Friedrich auf den Chemiker-Pfarrer Andreae aufmerksam geworden. Und er hat ihn schließlich, mittlerweile war Andreae Fürstl. Rat und (evangelischer) Abt von Königsbronn bei Heidenheim geworden, samt Gemahlin und den beiden älteren Töchtern, im Jahre 1598 höchstpersönlich besucht. Die Frauen, die erste Hofdame, die Witwe des einstigen Herrenberger Obervogts von Anwyl war auch dabei, sahen sich bei einer gemütlichen Plauderstunde. Die Pfarrerin hatte aufgeräumt wie noch nie und ihr Sonntagskleid angezogen. Die Männer saßen drunten im Keller im chymischen Laboratorium, sprachen von den großen Hoffnungen der Chemie und wohl auch einmal vom alten Eisenwerk, das seit Generationen auf Klostergebiet stand. Aber sie dachten in verschiedene Richtung. Der dicklich gewordene (evangelische) Klosterabt an die fehlenden Gläser und Pülverchen für den nächsten Versuch, der aus Frankreich gekommene Herzog an die fehlenden Gelder für sich und seine Soldaten.

Wie gesagt, die Pfarrerin hatte ihre liebe Not mit ihrem laborierenden und experimentierenden Seelenhirten, zumal die Kinderschar immer größer wurde und der Abt zu kränkeln begann. Es war eine, in chymischer Sprache zu reden, feindliche Verbindung. Der Mann, Musik, Gesellschaft und ihre Freuden liebend, »von vieler Herzensgüte, die aber mehr Frucht des Temperaments als geregelter Grundsätze war und Flüchtigkeit und Leichtsinn im Gefolge hatte«, die Frau ganz auf Arbeit und feste Ordnung und Strenge verwiesen, an »Einfachheit und Zurückgezogenheit gewohnt, gut, herzensgut von Natur, aber durch feste Grundsätze in ihrer Güte unterstützt und geleitet«. Ihre aus Herrenberg mitgebrachten Kenntnisse in der Arzneiheilkunde kamen ihr bei den Mühen außer Haus sehr zustatten. Sie wollte, so hatte sie's in Herrenberg bei der Großmutter und in »ihrer« Siechenstube gelernt, nicht nur für sich und die Ihren da sein, sondern auch für die anderen, namentlich die Kranken und Armen unter ihnen. »Armenmutter« hatte man sie in Königsbronn und drum herum zu nennen begonnen. Nur bei der tückischen Krankheit ihres Mannes wollten ihre Arzneien nicht anschlagen, auch dann nicht, als sie Tag und Nacht an seinem Krankenbett verbrachte und mit letzter Sorgfalt pflegte, linderte, wachte, verordnete. Am 9. August 1601 verschied der Kranke in seinem 48. Lebensjahr. Erst als sie dem Toten die Augen zugedrückt, »den letzten Kuß gegeben« und ihn in das Sterbelinnen gekleidet hatte, »erwehrte sie sich der Thränen nicht mehr«. Die »Heldin« hatte einer der Tübinger Professoren sie genannt. Und der Sohn sprach von seiner Mutter als der »Heroin«.

Noch auf dem Sterbebett hatte der Vater empfohlen, nach Tübingen zu ziehen. Das hat man noch Jahrhunderte später so gemacht. Da hatten die Kinder die besten Möglichkeiten, die Mädchen durch Heirat mit einem der hoffnungsvollen Jungakademiker, die Söhne mit einem Studium. Aber das ansehnliche Vermögen, das größtenteils von der geborenen Moserin, unserer Maria, in die Ehe gebracht worden war, hatte der Pfarrherr in seinen alchymistischen Tiegeln zusammengeschmolzen. Aus der Armenmutter war selber eine, im 19. Jahrhundert hätte man gesagt, »verschämte Arme« geworden. Sie konnte sich nur über Wasser halten, wenn sie jeden Kreuzer zweimal in der Hand wog, ihren Mittagstisch zugleich als Kosttisch für Studenten offenhielt und sich im übrigen auf die »hochvermögenden« Verwandten und alten Freunde ihres Schwiegervaters, des immer noch unvergessenen Kanzlers, verließ. Tatsächlich scheinen sich die Hafenreffer, Magirus, Osiander, Harpprecht, Ziegler und so fort ihrer auch angenommen zu haben, vor allem der Ausbildungsmöglichkeiten für die Söhne. Johann Valentin ist mit 16 Jahren an der Universität immatrikuliert worden, dürfte aber sein eigentliches Studium erst mit dem Bakkalaureat aufgenommen haben. Am 6. Februar 1605, mit neunzehn Jahren, wurde er philosophischer Magister.

Man habe die Not eigentlich nie zu spüren bekommen, meinte der Sohn viele Jahre später. Die Aufsicht über das – wenn auch bescheidene – Hauswesen habe sie »mit männlicher Würde« geführt, zu den Pflegern und Führern ihrer sieben Kinder die ausgezeichnetsten gewählt, so daß man »den Mangel eines Vaters gar nicht zu fühlen bekam und fast notwendig wohlgeraten mußte«. Maria Andreae muß, bei aller Arbeitshärte und Prinzipienfestigkeit, zugleich eine Person von reichlich formaler Bildung gewesen sein, von wachem Verstand und einer rasch anlernenden Intelligenz. War dieser vor allem im Alter aufkommende Arbeitsfanatismus nur eine Flucht? Im Reden und Schreiben habe sie sich, so der Sohn, »ungesucht zierlich auszudrücken« vermocht. Bei der Erziehung und dem Unterricht ihrer Kinder habe sie sich »als geschickte Lehrerin« bewährt.

Hatte sie eigentlich geistige Arbeiterin und womöglich schöpferische Schreiberin werden wollen, so wie das der Sohn dann zu machen verstand. Und war von der »Hausfrau« erdrückt worden, auf Wege geführt, die aus ihrer empfänglichen, heimlich dem Schönen huldigenden Seele notwendigerweise ein verschlossenes, nur arbeitendes, nur »funktionierendes« Herz gemacht hat? Dann wäre sie, »ein tüchtiges Gewächs ihrer besondern Heimath«, wie Conz sie apostrophierte, nichts anderes als eine Fehlbildung, die grimmige und schließlich verhärtete Zustimmung zur Pflicht, wo aus der Neigung hätte ein köstliches Leben werden können?

Ihre nun einmal eingegangenen Bindungen nicht zu verlassen, hat ihr gewiß auch der Familiengeist und der einmal eingewurzelte Ehrbarkeits-Stolz angeraten. Als ihr in Tübingen einmal ein Freund ihres verstorbenen Mannes, ein wohlmeinender, aber nicht unbedingt zartfühlender Ratgeber den Vorschlag machte, sie solle doch, um sich ihrer persönliche Lage zu erleichtern, den einen oder anderen ihrer Söhne zu einem Handwerker in die Lehre geben, antwortete sie, solange der Freund zugegen war, nichts darauf. Als sie jedoch die Haustüre hinter ihm zugemacht hatte, riß sie vor den Kindern, die den Mann mitangehört hatten, den Schleier von ihrem Kopf, warf ihn »mit Heftigkeit, unter einem Ausbruch von Thränen, was selten geschah und den Kindern ganz ungewöhnlich war, auf den Tisch« und schrie sie an: »Solange ihr euch gut haltet, will ich bis auf diesen letzten Schleier hinaus euch der Ehre unserer Familie und den Studien zu erhalten suchen, und eures Vaters Wunsch und Mühe an euch soll nicht verloren seyn«.

Ich glaube nicht, daß Maria Andreae ein schwereres Schicksal zu meistern gehabt hat als Tausende unserer Kriegsmütter im Zweiten Weltkrieg oder unserer »Trümmerfrauen«. Es geht nicht um einen »thränenreichen« Nachruf und schon gar nicht um die Präsentation von »Tragik«, wo in Wirklichkeit nur das Lebensübliche und Durchschnittliche zu sehen ist. Daß der

Sohn dieses noch tief ins Reformationsjahrhundert reichende Mutter-Leben mit so großer Liebe für Individualität und Persönlichkeit aufgezeichnet hat, ist ein seltener Fall. Als solchen feiern wir ihn. Im 19. Jahrhundert hat man sich der »Stellung der Frau« mit Reihenuntersuchungen und Statistiken angenommen. Aus dem 16. Jahrhundert wissen wir in detaillierter Weise vom schwäbischen Frauenleben so gut wie gar nichts. Mit der Vita der Maria Andreae erfahren wir wenigstens etwas über ein Frauenleben aus dem württembergischen Bürgertum, daheim und bei Hofe.

Zum Bürgertum hat sie sich gezählt, sehr bewußt, sehr konsequent. Auch dieses strikte Selbstverständnis gehört zu ihrer Härte. Sie war die Tochter, würden wir heute sagen, des Landrats, ihre Mutter war die Schwester des berühmten Rechtsgelehrten Hiller. Sie war nicht bereit, auch nur einen Zoll des erworbenen sozialen und politischen Familienstandes im Windschatten der Ehrbarkeit preiszugeben. Armenarbeit hieß noch lange nicht, mit denen an einem Tisch zu essen, ja vielleicht war Armenfürsorge gerade das Privileg der »Oberen«. Noch in der Herrenberger Zeit, wo ihr Mann der Erste Geistliche war, gab es den Theologen Matthias Hafenreffer, den späteren Tübinger Professor und Kanzler, der dem jungen Studenten Johann Valentin Andreae freundschaftlich zugetan war. Als der, mit einer Witwe, der Tochter des württembergischen Reformators Brenz verheiratet, der Dekanfrau etwas von »Schönerem und zudem Reicherem« vorschwatzte, fuhr ihn die »Heldin« ohne viel Federlesens an: »Wie du, ein Gelehrter, ein Geistlicher? Eine Frau von rechtschaffener Herkunft, wohl erzogen, vorher glücklich verheirat? Die kennst du nicht? Die schätzest du nicht? Du besitzest den großen Namen deines Schwiegervaters? Und du dankst Gott nicht für dein Glück?« Man müßte diese Standpauke im Originalton, im schwäbischen, gehört haben, um auf der anderen Seite doppelt den feinen Aristokratismus würdigen zu können, der in diesem zugreifenden Hauspredigtlein steckt. Der »große Name« des (seinerseits der Ehrbarkeit angehörenden) Brenz ist Gewähr genug für eine Ehe. Basta. Punktum. (Und die Ehe soll gut und glücklich geworden sein).

Man sage nicht, im nachreformatorischen, barocken Württemberg habe jene »typisch« schwäbische Verwischung zwischen hoch und niedrig eingesetzt, die sozusagen selbstverständliche Harmonie *einer* großen Gesellschaft, die man heute für eine der soziologischen Eigenheiten der schwäbisch-alemannischen Staatlichkeit hält. Maria Andreae liebt die Leute. Sie kümmert sich um sie und versorgt sie, weil man den einfachen Leuten immer helfen muß. Aber sie gehört nicht zu ihnen. Sie gehört zu den wenigen, die in Tübingen und Stuttgart, in Amts- und Grenzstädten wie Herrenberg und Calw die Fäden in den Händen haben.

Übrigens verrät die »virago« dann doch so etwas wie emanzipatorische Züge in ihrem Leben. Als die Kinder in Tübingen aus dem Haus sind, natürlich standesgemäß verheiratet und versorgt, zieht sie nicht, wovon Hermann Kurz einmal aus dem Reutlingen der frühen Biedermeierzeit erzählt, ins »Witwenstübchen«. Wer nun eigentlich die treibende Kraft war, ihre Herrenberger Jugendfreundin von Anwyl, die seit Jahren Erste Hofdame der Herzogin in Stuttgart war, oder die Maria Andreae selber, das wissen wir nicht. Jedenfalls nimmt sie 1607 eine Berufung an den Stuttgarter Hof an, die Herzogin kannte sie seit dem feierlichen Besuch im Abtshaus zu Königsbronn persönlich. Maria Andreae bestreitet ihre dritte Lebensphase in Stuttgart, das ist das Erstaunliche und Moderne daran, mit einem neuen Beruf. Fürs erste war sie »Spitalpflegerin« und haushaltende Magd, dann Mutter und Hausfrau, wenn auch dies am Ende ohne Mann. Jetzt ist sie Apothekerin. Um es genau zu sagen: Sie wird 1607 von der Herzogin Sibylla als Apothekermagd in ihren eigenen Hofstaat aufgenommen und damit Nachfolgerin der Agnes Mostey, die seit 1604 der Herzogin als Apothekermagd gedient hatte. Die – bis heute gewärmte – Rede, Maria Andreae habe als Leiterin der Hofapotheke fungiert, ja – sie sei »die erste Apothekerin Deutschlands« gewesen, ist liebenswürdige Legende. Eine eigentliche Hofapotheke hat in Stuttgart vor 1640 gar nicht existiert. Und die – damals staatlich längst reglementierte – Apothekerausbildung hat Maria Andreae nie mitgemacht.

Aber sie hat als Kammerzofe, damals sprach man zu Hofe von »Mägden«, gewiß den Arzneischrank der Herzogin überwacht. Sie konnte dieser verantwortlichen Aufgabe schon deshalb aufs beste nachkommen, weil sie, wie wir wissen (und wie auch die Herzogin wußte), beachtliche Kenntnisse und Erfahrungen im Umgang mit Heilkräutern und Arzneien mitbrachte. »Den Frühling (als sie noch am Hofe war), wendete sie an zum Blumensammeln und Destillieren der Wasser, den Sommer zur Bereitung eingemachter Sachen, und was ihr noch von der Zeit übrig blieb, zum Wollenspinnen, das Kochen hatte sie ganz aufgegeben«.

Inwieweit die Arbeit der Apothekermagd Andreae auch ihre öffentlichen Resonanzen hatte, können wir nur ahnen. Gewiß hat hier der – sehr um die Öffentlichkeit bemühte und politisch ehrgeizige – Sohn auf besonders eloquente Weise nachgeholfen und aus der »Hofapothekerin« so etwas wie das gute Gewissen des Landes gemacht. Daß die arbeitsgewohnte und sittenstrenge Andreae, jetzt nahezu sechzig, in dieser von Schaustellungen und allerlei frivolen Munterkeiten nur so strotzenden Hofwelt eine mehr warnende als verführerische Figur gemacht hat, glauben wir der Geschichte. Daß sie auch

hier in Stuttgart an die Armen gedacht hat und den armen Schluckern vor den Toren so manches hat zukommen lassen, auch gegebenenfalls aus den Beständen des Arzneischranks der Frau Herzogin, auch das ist denkbar. Mag sein auch, daß man von ihr, wie der Sohn will, nur als der »Mutter der Stadt« gesprochen hat. Nur in den breiten Hinweis, sie habe mancherlei – über die »Hofapotheke« laufende – Korruptionen aufgedeckt und abgeschafft, muß sich zu viel von der Hof- und Stadtfeindlichkeit des Sohnes gemischt haben. Die »Heldin« hat am Hof, auch ohne diese Meriten, eine gute und jedenfalls unbestechliche Rolle gespielt.
Offenbar hat eine Frau ihres Standes damals den Lebensabend nur bei Kindern oder Verwandten verbringen können. Sie war bei der Herzogin auch geblieben, als diese nach dem Tod ihres Gemahls ihren Witwensitz in Leonberg nahm. Auch in Leonberg dort wird sie so etwas wie eine Gewissensinstanz. »Sie war die Zuflucht der Rechtschaffenen, der Schrecken der Böswilligen.« Als Sybilla von Württemberg 1614 starb, wollte Herzog Johann Friedrich die Mutter Andreae wieder am Hof in Stuttgart haben. Aber sie winkt ab. Eine Fünfundsechzigjährige wie sie hat sich in den Ruhestand zu schicken. Zunächst ist das ein kleines Wanderleben, bald bei diesem, bald bei jenem Kind, in Hochdorf, in Vaihingen, in Pfaffenhofen, am liebsten bei dem Heidenheimer Schwiegersohn, dem Vogt Brauch, der ein vermöglicher Mann war und der »Armenmutter« in ihrer fürsorglichen Tätigkeit offenbar wieder freie Hand ließ.
Dann richtet sie sich in einem Stüblein des Calwer Dekanats bei ihrem Lieblingssohn Johann Valentin Andreae ein, dem sie als Bub manchmal in Tübingen die Führung des Haushalts und die Aufsicht über die Geschwister überließ. Johann Valentin hat den Tagesablauf der Greisin nach der Manier seines Jahr-

hunderts säuberlich festgehalten und in ein System gebracht, wobei ihm die Ordnungsliebe der immer noch Rüstigen gewiß entgegenkam. »Zwischen Beten, Lesen der Bibel und anderer Andachtbücher und Arbeiten und Gutes thun war jetzt ihre ganze Zeit getheilt«. Das Bibellesen rückt jetzt an erste Stelle. Auch Maria Andreae ist es von Jugend an gewöhnt, wir hören bei Beata Sturm wieder davon, alle Jahre einmal die Heilige Schrift zu durchlesen. Aber sie liest auch Arndt und Paul Gerhardt, Brenz und Luther. Johann Arndts »Vier Bücher vom wahren Christentum« haben es ihr, wie dem Sohn, besonders angetan.

Mit Johann Valentin, »ihrem« Calwer Dekan, hat sie sich vielmals über ihren Lebenswunsch unterhalten, aus eigenen Mitteln ein Spital zu gründen. »Aber keins«, setzt der Sohn hinzu, »würde nach ihrem wahrhaft fürstlichen Gemüthe ihr groß genug gewesen sein«. Er glaube, wenn es ganz in ihrer Wahl gestanden, frei und rechtzeitig über ihren Lebensplan zu verfügen, »sie würde die Stelle einer Hospitalmutter oder Krankenfrau irgendwo gesucht und in diesem Amte die größte Befriedigung gefunden haben.« Dabei ging es ihr je länger desto weniger um Krankenfürsorge oder Armenhilfe: erziehen wollte sie, und ganz besonders die Jugend. Jetzt war wieder Krieg – den Dreißigjährigen hat man ihn hernach genannt–, in Kriegszeiten müsse man sich vor allem der Jugend annehmen. »Ihr« Hospital sollte kein Durchgangshaus für ambulante Bedürftige sein, sondern der eigentliche Ort christlicher Erziehung und christlicher Praxis. Hat sie die Anregung für das Calwer »Färberstift« gegeben, an dessen Gründung der Sohn seinen nachgewiesenen Anteil hatte? Johann Valentin hat 1619, wie wir wissen, die »Christianopolis« erscheinen lassen, jene erste evangelische Sozialutopie, die nun freilich nicht in ein seliges Wolkenkuckucksheim führte, sondern den Entwurf

für ein wahres, christliches Zusammenleben enthielt. Stand Mutters »Spital« hier Pate? Wer nach dem – vorhandenen – Frauenbild in der »Christianopolis« sucht, wird nichts anderes als eine Nachzeichnung der Mutter entdecken: So sollten die Frauen sein, so mutig und seelenstark, so sittsam und gottvertrauend, wie die Mutter es war.
Sicherlich hat keine Frau, auch die eigene nicht, diesem Mutter-Ideal je entsprechen können; Johann Valentin, als reifer und gar alter Mann von seltsamer Distanz gegenüber dem weiblichen Geschlecht, ist in diesem Sinne von seiner Mutter nie losgekommen. Daß sie, hochbetagt, Wein immer von sich wies und meinte, Wasser bekomme ihr am besten, daß sie auf jeden feineren Stoff in ihrer Kleidung verzichtete und noch lange nicht eher in ihre Kammer ging, bis sie noch vorher auch die Geschäfte für den morgigen Tag angeordnet hatte, das alles hat er als vorbildlichen christlichen Lebenswandel empfunden und in seine »Christianopolis« sozusagen unbesehen übernommen.
Kurz vor ihrem Tod kam die Nachricht vom Sterben ihres Sohnes Jakob, des Birkenfelder Pfarrers. Man hatte ihn ermordet aufgefunden, nicht ohne gerechten Verdacht, der Täter sei der Buhle seiner Gattin, ein Bürger des Orts. Sie soll, als die Kunde kam, keine Träne vergossen haben. Ihr Leichengeleit bildeten der Sohn, drei Töchter von mehr als vierzig Enkelkindern, einige Enkelinnen und die ganze Stadt. Vier Geistliche und zwei Ratsherren trugen den Sarg.

Frömmigkeit – Pflicht – Ereignis. Aspekte der Wohltätigkeit von Adel und Bürgertum im Königreich Württemberg

Von Gisela Hengstenberg

Lange war unser Blick auf adlige Caritas fixiert, auf wenige große, oft mythisch überhöhte Frauengestalten des württembergischen Hofes. Im 19. Jahrhundert jedoch war weibliche Wohltätigkeit ein universeller Bestandteil nicht nur der adligen, sondern auch der bürgerlichen Kultur, der in vielgestaltigen Erscheinungsformen überall im Königreich Württemberg anzutreffen war.

Die Forschungen der letzten Jahre haben gezeigt, daß das wohltätige Engagement adliger Frauen durchaus individuelle Züge aufwies: Ob motiviert durch adliges Pflichtgefühl, vom aufgeklärten Gedankengut des Bürgertums beeinflußt oder von einer weltzugewandten Frömmigkeit geleitet: Nicht selten setzten Frauen am Hofe und in den Adelsresidenzen eigene, markante Schwerpunkte wohltätiger Arbeit. Dies Thema in all seiner Vielfalt und Tiefe auszuleuchten, bietet noch viel Raum für weitere Studien, wie mir bei meinen Recherchen für die Ausstellung »Herd und Himmel –

Frauen im evangelischen Württemberg« klar wurde. Mein Beitrag soll einige Aspekte exemplarisch behandeln, wobei auch Beispiele von den Rändern herangezogen werden – gemeint sind die Ränder des alten württembergischen Kernlandes, aber auch die der klar gezogenen Standesgrenzen.
Nach dem Tod der Herzogin Henriette von Württemberg im Jahre 1857 verfaßte der Pfarrer und bekannte Liederdichter Albert Knapp ein Gedicht, das mit folgenden Worten beginnt:

»Fürstin von außen,
Fürstin von innen!
Ja, theure Seele,
das war Dein Gepräg!«[1]

»Fürstin von innen« – dieser der Herzogin verliehene Titel, könnte der Forderung nach einem Seelen- und Tugendadel entsprechen, wie ihn – so Dieter Langewiesche – die bürgerliche Adelskritik zu Beginn des 19. Jahrhunderts formulierte.[2] Wie ich bei meinen Untersuchungen feststellen konnte, waren Teile des württembergischen Adels in der ersten Hälfte des 19. Jahrhunderts stark von diesem Idealbild des tugendhaften Bürgers und den davon abgeleiteten Handlungsanweisungen beeinflußt. Jedenfalls läßt sich die Rezeption bürgerlicher Werte und Normen als ein wesentlicher Faktor der wohltätigen Aktionen adliger Frauen ausmachen. Viele von ihnen teilten das bürgerliche Ideal der Mütterlichkeit, das die Pflicht karitativer Nächstenliebe dem weiblichen Geschlecht zuweist. Königin Katharina, die große Initiatorin adliger, weiblicher Wohltätigkeit im 19.Jahrhundert rief zur Mitarbeit in dem von ihr im Jahre 1816 gegründeten Wohltätigkeitsverein vor allem Frauen auf. Sie begründete dies mit den oft zitierten Worten: »denn wem geziemt dieses Geschäft besser als dem Theil der menschlichen Gesellschaft, dessen hohes Ziel es ist zu helfen?«[3]

Herzogin Henriette von Württemberg (1780–1857) in der Witwenhaube, Ölgemälde von Anton Einsle, 1838

Von Katharinas Aufruf angesprochen, initiierten oder unterstützten adlige und bürgerliche Frauen in ganz Württemberg die Einrichtung wohltätiger Institutionen. Diese standen fast immer unter der Aufsicht der Zentralleitung und funktionierten nach einer festgelegten Regel der Arbeitsteilung: meistens übernahmen adlige Frauen das Protektorat oder den Vorsitz, während die bürgerlichen auch praktisch tätig waren. In Langenburg beispielsweise übernahmen im Jahre 1835 die örtlichen Honoratiorenfrauen abwechselnd die Aufsicht in der Kleinkinderschule; als Protektorin fungierte Fürstin Feodora zu Hohenlohe-Langenburg (1807–1872), die die Einrichtung mit finanziellen und materiellen Mitteln unterstützte.[4]
Die von der Zentralleitung des Wohltätigkeitsvereins ergriffenen Maßnahmen sollten nicht nur der Linderung unmittelbarer Not dienen. Vielmehr wurde eine grundsätzliche Bekämpfung der Armut und des Bettels durch die Beseitigung ihrer vermeintlichen Ursachen angegangen. Getragen vom Gedanken der Aufklärung, daß jeder Mensch durch Erziehung in die Lage versetzt werden könne, aus eigener Kraft Armut und Elend zu überwinden, wurde ein großangelegtes Reformprogramm gestartet. In Armenhäusern, Industrieschulen und Rettungshäusern sollten arme Menschen und verwahrloste Kinder durch die Vermittlung bürgerlicher Tugenden wie Ordnung, Fleiß und Sparsamkeit zu nützlichen und brauchbaren Mitgliedern der Gesellschaft erzogen werden.
Auch die ersten Kleinkinderschulen waren auf dieses Ziel ausgerichtet. Die Erziehung zu Pünktlichkeit und Sauberkeit stand in der Kleinkinderschule in Langenburg an vorderster Stelle. So wurden die Kinder wieder nach Hause geschickt, wenn sie nicht sauber gewaschen oder ordentlich gekämmt waren. Ihr Tagesablauf war genauestens geregelt; nach einem festen Stundenplan wurde gebetet, gespielt, gegessen, aus-

wendig gelernt oder spazierengegangen. In der 1843 gegründeten Kleinkinderschule in Kirchberg/Jagst führte die Betreuerin über jedes Kind ein »Sittenbüchlein«, in dem sein Betragen festgehalten war und das der Gründerin und Protektorin der Anstalt, Fürstin Marie zu Hohenlohe-Kirchberg, jede Woche zur Begutachtung vorgelegt werden mußte.[5]

Fürstin Marie (1802–1882) war eine sehr fromme und überaus wohltätige Frau, die den größten Teil ihres Vermögens karitativen Einrichtungen hinterließ. Dabei bedachte sie nicht nur Institutionen ihrer hohenlohischen Heimat, in ihrem Testament finden sich auch Zuwendungen an die Diakonissenanstalten in Kaiserswerth und Stuttgart und an das Frauenstift in Kirchheim/Teck. Letzteres war von Herzogin Henriette von Württemberg gegründet worden. Henriette (1780–1857) stand in der Tradition pietistischer Erweckung, die den lebendigen Glauben und die Frömmigkeit des einzelnen in den Mittelpunkt stellte. Alle pietistischen Gruppierungen zeichneten sich durch eine besonders rigide Einhaltung bürgerlicher Tugenden wie Fleiß und Sparsamkeit aus; Henriette selbst verbrachte ihre freie Zeit mit Spinnen, Stricken und Nähen und verbot sich das geliebte »Chocolade-Trinken«.

Anders als die Aufklärer waren Pietisten davon überzeugt, daß die Neigungen und Leidenschaften der Menschen nicht allein durch rationalistische Aufklärung zu bändigen seien, sondern daß der Mensch vielmehr der göttlichen Gnade bedürfe, um ein gerechtes und tugendhaftes Leben führen zu können. Ihr wichtigstes Anliegen war »Gottes Wort studieren«, was eine bestimmte religiöse Praxis mit sich brachte. Neben der individuellen täglichen Bibellektüre trafen sich die Gläubigen in den sogenannten Stunden zum gemeinsamen Studium des Evangeliums, eine weitere Verbreitung pietistischen Gedankengutes fand durch die Herausgabe religiöser Schriften statt. Henriette

Fürstin Marie zu Hohenlohe-Kirchberg (1802–1882), Günderin der Kleinkinderschule Kirchberg, gemalt von Sophie Pilgram, 1844

unterstützte viele dieser Aktivitäten oder nahm selbst an ihnen teil. Sie stand in regem Austausch mit bekannten pietistischen Persönlichkeiten, finanzierte den Druck religiöser Schriften und verschenkte Gesangbücher, Bibeln und Erbauungsliteratur an Bedienstete, Konfirmanden und Strafgefangene.
Der Pietismus verpflichtete seine Anhänger zu praktischer christlicher Liebestätigkeit; viele der wohltätigen Anstalten und Institutionen in Württemberg waren pietistische Gründungen oder wurden von Vereinen oder Privatpersonen getragen, die der pietistischen Erweckungsbewegung nahestanden. Henriettes Geist war ganz unromantisch auf ein tätiges, weltzugewandtes und wie Hansmartin Decker-Hauff schreibt, fröhliches Christentum gerichtet.[6]
Sie gründete oder unterstützte unzählige wohltätige Einrichtungen und Vereine, von denen hier nur der Frauenverein für verwahrloste Kinder erwähnt sein soll. Er wurde Sechserverein genannt, weil jedes Mitglied wöchentlich einen Sechser beisteuerte. Dies war ein probates Mittel der Zeit. Auch Bergrätin Wagner, die Gründerin des Stuttgarter Frauenvereins für hilfsbedüftige Kinder, hatte 1834 einen an Frauen gerichteten Appell veröffentlicht, doch wöchentlich sechs Kreuzer an etwas Unnötigem oder Überflüssigem – wie einer Visit oder einem Gastessen – zu sparen, um an der sozialen Mutterschaft für ein armes Kind teilnehmen zu können.[7]
Die Werke der Inneren und der Äußeren Mission erfreuten sich ebenfalls Henriettes Unterstützung, was Albert Knapp zu folgender Strophe in seinem eingangs erwähnten Gedicht veranlaßte:

»Wo Deine Hand für Christen schrieb,
dann strickte, stickte, spann,
daß selbst der Eskimo von Dank ergriffen,
Dich segnen hieß auf seinen eisgen Riffen!«[8]

»Fürstin von innen«: Der Titel, der suggerierte, daß der reale Stand von zweitrangiger Bedeutung sei, spiegelte die gesellschaftliche Realität des Königreiches Württemberg nicht wieder. Trotz aller Propagierung bürgerlicher Werte und Normen und der vermeintlichen Nähe alltäglicher Lebensformen bildeten bürgerliche und adlige Welt – um mit Lothar Gall zu sprechen – bis weit ins 19. Jahrhundert hinein deutlich voneinander geschiedene sozial-moralische Mileus.[9] Ihre Berührungspunkte beschränkten sich auf wenige Bereiche. Elisabeth Fehrenbach nennt diese Bereiche Kontaktzonen.[10]
Eine dieser Kontaktzonen war der Verein. Die Mitgliedschaft in wohltätigen Vereinen hätte wohl keine der adligen Frauen – vor allem jene im Umfeld des Hofes – verweigern können, war doch das öffentliche Auftreten als Wohltäterin auch »weibliche Konvention für edle, höhere und höchste Damen von Stand, Bildung, Wohlstand«, wie Christel Köhle-Hezinger meint. Aber es war nicht nur Pflichtgefühl, das die Frauen von Stand veranlaßte, diese Konvention zu erfüllen. Auch von außen wurden Erwartungen und Ansprüche auf Unterstützung an sie herangetragen, sei es durch ständige Formulierung und Propagierung in den Medien oder durch direkte Forderungen von »unten« her, von den »möglichen Empfänger« der Wohltaten.[11] Es waren vor allem die Mitglieder des Königshauses, die sich diesen Erwartungen gegenüber gestellt sahen. Alle württembergischen Königinnen verkörperten denn auch auf je eigene Weise die klar umrissene Rolle der Landesmutter und füllten sie mit unterschiedlichen Schwerpunkten aus.
In der vom Hofe aus organisierten Wohltätigkeit nahmen die Hofdamen eine wichtige Stelle ein, wie Christa Diemel gezeigt hat.[12] Zu ihren Aufgaben gehörte es, die Königin oder die Prinzessinen bei karitativen Besuchen in Krankenhäusern, Schulen, Armenhäusern oder anderen Anstalten zu begleiten.

Häufig wurden sie vom König oder der Königin mit den Vorsitz eines wohltätigen Vereins betraut. Diese Ernennung wurde von ihnen als Auszeichnung empfunden, trug sie doch zur Steigerung ihres Ansehens am Hofe und in der Öffentlichkeit bei.
Daß Prestigesteigerung als ein wichtiger Motivationsfaktor für die wohltätigen Aktivitäten adliger – aber auch bürgerlicher – Frauen zu gelten hat, wurde bereits 1986 von Sabine Rumpel-Nienstedt ausführlich dargelegt.[13] Aber auch Zeitgenossen wie der Schriftsteller Friedrich W. Hackländer hatten dies erkannt. Hackländer, dessen Namen im übrigen oft in den Spendenlisten wohltätiger Vereine auftaucht, verkehrte als Königlicher Hof- und Gartenbaudirektor häufig in adligen Kreisen. In einer 1854 erschienenen Glosse läßt er eine »verschämte Hausarme« Reflexionen zu diesem Thema anstellen: »Ach, daß doch so viel Heuchelei in der Welt ist! Die machen sich selbst was weiß und bilden sich ein, es sei Ihnen ein Bedürfnis des Herzens, den Armen mitzutheilen, und bei den Meisten ist's nichts wie Eitelkeit: sie wollen Alle im Jahresbericht und im Wochenblättchen stehen.«[14]
Die Erfüllung vaterländischer Pflichten dürften die meisten der adligen Frauen als eine ihnen selbstverständliche Tradition adliger Kultur angesehen haben. Die Mitgliederliste des Rot-Kreuz-Vereins zum Beispiel wies besonders viele adlige Namen auf.[15] Er war im Anschluß an die Genfer Konferenz von 1863 vom Theologen Christoph Ulrich Hahn gegründet worden (damals hieß er noch Sanitätsverein), und wurde von acht männlichen Ausschußmitgliedern und einem aus zwölf Frauen bestehenden Damenkomitee geleitet.
Protektorin des Rot-Kreuz-Vereins war Königin Olga (1822 bis 1892). Aus der langen Liste der sozialen Einrichtungen für Kinder, Frauen, Kranke und Gebrechliche, die sie in Württemberg initiiert und unterstützt hat, soll das Diakonissenmutter-

haus der Olgaschwestern herausgegriffen werden. Es wurde als Reaktion auf die Erfahrungen im deutsch-französischen Krieg im Jahre 1872 als Krankenpflegerinnenschule in Heilbronn gegründet. Die dort ausgebildeten Pflegekräfte sollten im Frieden als Gemeindekrankenpflegerinnen arbeiten und im Kriegsfall zur Pflege verwundeter Soldaten eingesetzt werden. Aus dieser Initiative heraus entstand das Mutterhaus der Olgaschwestern, das seit 1894 in Stuttgart im neu errichteten Karl-Olga-Krankenhaus seine Heimat fand. Der Rot-Kreuz-Verein veranstaltete des öfteren Wohltätigkeitsfeste, die – so erfahren wir in der Chronik der Haupt- und Residenzstadt Stuttgart – »stets stark besucht waren und immer wieder reiche Ergebnisse« einbrachten.[16]

Wie überall in den deutschen Ländern ließ sich in Württemberg ab 1850 eine verstärkte Tendenz beobachten, Wohltätigkeit mit repräsentativen Veranstaltungen oder Ereignissen – heute würden wir »events« sagen – zu verbinden. Diese Ereignisse waren – neben der Zusammenarbeit im Verein – eine weitere Kontaktzone in der sich Adel und Bürgertum trafen. »Zum Besten der Armen« luden sie zu Festen und Bällen, organisierten Basare und Lotterien, besuchten Sonderaufführungen im Theater oder traten bei musikalischen und literarischen Matinéen und Soiréen auf, deren Erlös wohltätigen Zwecken diente. In Stuttgart erregten unter anderem die Ballinszenierungen und Lebenden Bilder der Künstlergesellschaft »Bergwerk« großes Aufsehen.

Eine der adligen Frauen, die mit vielen Mitgliedern des »Bergwerks« verkehrte, war Gräfin Alexandrine von Beroldingen (1843–1903).[17] Die Tochter des Diplomaten und späteren württembergischen Außenministers war eine hochgebildete und musisch begabte Frau, die fünf Sprachen beherrschte und ausgezeichnet Klavier spielte. Von ihren Zeitgenossen wurde sie als »fast männlich starke Persönlichkeit« geschildert, die – nach einer Beschreibung ihrer Schwiegertochter Nora von Beroldingen – ohne gesellschaftliche Vorurteile gewesen sein soll. In ihrem Salon verkehrten sowohl Mitglieder der Hofgesellschaft und Honoratioren aus Bürgertum und Geistlichkeit als auch Künstler, Theaterleute und Musiker sowie Bauern aus ihrem geliebten Hochberg, in dessen Schloß sie sich oft mit ihrer Familie aufhielt.

Im Jahre 1874 kam Alexandrine auf die Idee, Benefizkonzerte zu veranstalten, um die Wiedereröffnung der Hochberger Kleinkinderschule zu ermöglichen. Nach dem großen Erfolg dieses Unterfangens organisierte sie in regelmäßigen Abständen Wohltätigkeitsveranstaltungen, mit deren Erlös sie weitere karitative Projekte unterstützte. Zusammen mit der bekannten Pianistin Johanna Klinckerfuß trat sie beispielsweise in Ludwigsburg zugunsten des Maria-Martha-Stiftes auf; durch andere Konzerte unterstützte sie ein evangelisches Gemeindehaus, einen Krankenpflege- und Wöchnerinnenverein, oder den Bau eines Arbeiterheimes. Auch die Anregung der Inszenierung »lebender Bilder« nahm sie auf: 1884 wurden unter ihrer Leitung im Königsbau drei »theatralische Vorstellungen« aufgeführt, in denen – nach einem Bericht der Schwäbischen Kronik – »vereinigte Dilletantenkräfte aus den hiesigen Adelskreisen« zum Besten der Armen auftraten.[18]

Bewegten sich die Auftritte in Benefizkonzerten oder Theateraufführungen noch im Rahmen adliger Konventionen, so überschritt Alexandrine mit ihren komödiantischen Auftritten als Gemüsefrau oder als »Bärbel auf der schwäbischen Kirmes« die Grenzen ihres Standes. Ihre Lesungen in schwäbischem Dialekt, bei denen sie – in ein passendes Kostüm gekleidet und mit einem großen roten Regenschirm bewaffnet – Gedichte des Mundartdichters Eduard Hiller zum besten gab, haben ihre

Standesgenossen zu mancherlei Gerede veranlaßt. Indem sie ihre Hillerabende nicht nur vor adligem oder bürgerlichem Publikum veranstaltete, sondern auch vor Arbeitern auftrat, verletzte sie natürlich ein weiteres Tabu ihres Standes.

Eine andere adlige Frau, die den Problemen der Zeit ins Auge sah war Herzogin Wera von Württemberg. Wera (1854–1912), eine Tochter des russischen Großfürsten Konstantin und seiner Frau Alexandra, einer geborenen Prinzessin Sachsen-Altenburg, war von Königin Olga an Kindesstatt angenommen worden. Sie hatte im Jahre 1874 Herzog Eugen von Württemberg geheiratet und lebte seit dem Tode ihres Mannes mit ihren Töchtern Elsa und Olga am württembergischen Hof.

Wera war zur evangelischen Konfession übergetreten und pflegte Verbindungen zu pietistischen Gemeinschaften. Darüber hinaus machte sie sich Gedanken über Ursachen und Hintergründe von Elend, Armut und sozialer Ungleichheit. So soll sie nicht nur die Schriften Wicherns, Fliedners und Hahns gelesen haben, sondern auch Texte von Karl Marx und englischen Sozialreformern. Auch wird ihr der Ausspruch zugeschrieben »mit Suppenküchen und Strickschulen allein läßt sich die soziale Frage nicht lösen«[19]. Wera unterstützte und förderte zahlreiche wohltätige Institutionen, am meisten setzte sie sich jedoch für Kinder, Jugendliche und Frauen ein.

In den ersten Jahrzehnten des 19. Jahrhunderts hatten die Bekämpfung von Armut und die Erziehung von Kindern den Schwerpunkt adliger Wohltätigkeit gebildet. Ab 1840 tauchte ein neues gesellschaftliches Problem auf, das immer mehr in den Mittelpunkt wohltätiger Interessen von Adel und Bürgertum rückte: das der nicht ausreichend versorgten und unschuldig in Not geratenen Frauen. In den drauffolgenden Jahren wurden zahlreiche Vereine und Institutionen gegründet, wie der »Verein zur Unterstützung älterer, unverheiratheter Frau-

Herzogin Wera von Württemberg (1854–1912), Stifterin des Weraheim – Haus für Mutter und Kind in Stuttgart, Photographie um 1900

enspersonen aus dem Honoratiorenstande« oder der »Verein für die Beschäftigung älterer, kränklicher Frauen.« In Kirchheim entstand das unter dem Protektorat der schon vorher erwähnten Herzogin Henriette stehende Henriettenstift; weitere Stifte und Versorgungsanstalten wurden in Tübingen, Schorndorf, Leonberg und Crailsheim eingerichtet.[20]

Neben verarmten Töchtern und Witwen aus Bürgertum, Geistlichkeit und Militär war es ab den 1860er Jahren die ständig wachsende Anzahl von Fabrikarbeiterinnen, die zur Zielgruppe wohltätiger Maßnahmen wurden. Förderer des 1867 gegründeten Vereins zur Fürsoge für Fabrikarbeiterinnen waren neben einer großen Anzahl städtischer Honoratioren aus Finanz-, Wirtschafts- und Kulturkreisen auch Mitglieder der königlichen Familie, unter ihnen Herzogin Wera. Ebenso konnte der im Jahre 1905 von Ottilie Duvernoy gegründete Verein zur Fürsorge für Gasthofgehilfinnen mit der Unterstützung adliger Frauen rechnen. In seiner Mitgliederliste finden sich neben Herzogin Wera, auch Gräfin Julie von Degenfeld und Gräfin Olga von Uxkull-Gyllenband, eine Hofdame Königin Charlottes.

Der zunehmende Bedarf an Fabrikarbeiterinnen, Dienstmägden und Gasthofgehilfinnen veranlaßte viele junge Frauen, ihre Heimatgemeinden zu verlassen, um in Stuttgart Lohn und Arbeit zu suchen. Ohne sozialen und familiären Schutz, oft der Willkür von Arbeitgebern, Vermietern und Vermittlern preisgegeben, dazu meist sexuell unaufgeklärt, manchmal naiv oder leichtsinnig, stellten diese Frauen einen Personenkreis dar, der besonderer »sittlicher Gefährdung« ausgesetzt war. Nicht selten brachten sie uneheliche Kinder zur Welt und lebten – gesellschaftlich diskriminiert oder sogar von ihren Angehörigen verstoßen – in Not und Elend.

Herzogin Wera, die die Notlage dieser Frauen und ihre Ursachen erkannte, errichtete im Jahre 1908 eine mit 160 000

Mark dotierte Stiftung »Zufluchtstätten in Württemberg.« Die Zufluchtstätten sollten »unehelichen Müttern mit oder ohne ihren Kindern, sowie gefährdeten und gefallenen Personen weiblichen Geschlechts Zuflucht und Unterkunft gewähren.«[21]

Von den weiblichen Mitgliedern des Stiftungsrates seien hier Baronin Krusenstjerna, eine enge Freundin Weras und Schwester Sophie Schott von Schottenstein, die spätere Leiterin des Weraheimes in Hebsack, erwähnt. Auch Gräfin Adele zu Pückler-Limpurg (1877–1961), die in ihrer Residenz Gaildorf viele wohltätige Einrichtungen ins Leben gerufen hatte, findet sich auf der Mitgliederliste.

Mit Graf Gottfried von Pückler-Limpurg als Vorsitzendem und dem späteren Bischof Theophil Wurm als Geschäftsführer sollte die von Wera gewünschte »entschieden christliche Leitung« gewährleistet werden. Die praktische Leitung wurde in die Hände des Stuttgarter Diakonissenhauses und seiner damaligen Oberin Gräfin von Taubenheim gelegt.

Den Aufzeichnungen der ersten Leiterin des Weraheims, Schwester Paula Kolb, ist zu entnehmen, wie mutig und unkonventionell Weras Engagement war. Wurde diese doch in einer vollbesetzten Straßenbahn lauthals beschimpft, daß sie mit ihrer Hilfe für die »entgleisten« Frauen »vollends zur Liederlichkeit helfe.«[22]

Weras wohltätiges Handeln war von einer tiefen Frömmigkeit geleitet, einer Frömmigkeit, die – wie Hansmartin Decker-Hauff sagt – von Schicksalsschlägen erzwungen war.[23] Nach dem Verlust ihres Sohnes und dem frühen Tode ihres Mannes, mit dem sie keine sehr glückliche Ehe geführt haben soll, war Wera auf der Suche nach einer Identität und Autonomie jenseits der Ehe. Diese Suche war nicht leicht, wie wir aus folgendem von ihr selbst verfaßten Gedicht erfahren:

Ich habe lange kämpfen müssen,
bis ich mein Herz Dir aufgetan,
ich wandelte in Finsternissen
und suchte lang die rechte Bahn, –
ich hab' Dich nun, mein Gott gefunden,
Dich, der Du mein Erlöser bist!
Ich hab' den Zweifel überwunden
und glaub' an Dich, Du heil'ger Christ![24]

In ihrer Studie über bürgerliche und adlige Frauen im 19.Jahrhundert meint Sylvia Paletschek, daß eine Selbstfindung außerhalb der Ehe wohl am ehesten denjenigen Frauen gelang, die tief religiös waren.[25] Eine These, die durch Herzogin Weras Leben bestätigt zu sein scheint.
Wie diese Beispiele wohltätigen Wirkens adliger Frauen gezeigt haben, wurde das Spektrum der Möglichkeiten innerhalb derer sie am Hof und in den Adelsresidenzen agieren konnten, durchaus individuell wahrgenommen und mit unterschiedlicher Motivation und unterschiedlichem Einsatz genützt.
Ein wesentlicher Faktor ihrer wohltätigen Aktionen war die Zusammenarbeit mit bürgerlichen Gremien. Von einer Verbürgerlichung adliger Frauen oder einer Verbürgerlichung des Lebensstiles, wie Thomas Nipperdey sich vorsichtiger ausdrückt, kann jedoch höchstens in der ersten Hälte des 19. Jahrhunderts gesprochen werden. Vielmehr beschränkten sich die Berührungspunkte von Adel und Bürgertum – auch im Bereich der Wohltätigkeit – auf wenige Kontaktzonen. Innerhalb dieser Kontaktzonen waren die Anstöße, Aktivitäten und Erfolge adliger und bürgerlicher Frauen eng miteinander verknüpft. Das eine kann ohne das andere weder gesehen noch gedeutet werden.

Liselotte von der Pfalz. Leben neben dem Sonnenkönig

Von Sigrun Paas

Elisabeth Charlotte von der Pfalz wurde 1652 in Heidelberg geboren und starb 1722 in Saint Cloud bei Paris. Als sie 1670 von ihrem Vater, dem Kurfürsten Karl Ludwig, aus politischen Gründen mit dem soeben verwitweten Bruder Ludwigs XIV. verheiratet wurde, war sie sich über ihre Opferrolle im klaren. An die Kurfürstin Sophie von Hannover, die Schwester ihres Vaters, ihre geliebte »ma tante«, schrieb sie später: »Hette mich Ihro Gnaden der Churfürst recht lieb gehabt, hette er mich nicht hergeschickt, und Euer Liebden wissen wohl, daß ich garkeine lust dazu hatte und wohl vorher sahe, wie alles abgehen würde; aber es war mein verhängnus so, und dem entgehet man nicht.« An anderer Stelle klagte sie: »Papa hat mich fortgeschafft, so schnell er konnte, fürchtete, ich möchte ein alt jüngfergen werden.«

Nach eigenen Aussagen wäre sie lieber ledig geblieben, einige ihrer Tanten lebten ihrer Meinung nach ganz gut in diesem Stande. An ihre ledige Halbschwester Louise schrieb sie diesbezüglich am 7. November 1684: »Daß der ledige stand so à la mode wird, ist vielleicht, daß die weibsleute

Prinzessin Elisabeth Charlotte von der Pfalz, Herzogin von Orléans (1652–1722), genannt Liselotte von der Pfalz, Ölgemälde von Pierre Mignard um 1878

klüger werden und lieber allein leben wollen, als sich herren und meister zu wehlen, welche gar oft tyrannen werden, und in meinem sinn ist es besser, als alte jungfer ausgelacht zu werden, denn als geheurate frau beklagt, und sehe ich, daß ihr recht guten verstand haben müßt, nach diesem auslachen nichts zu fragen.«

Als Liselotte nach Frankreich kam, erlitt sie, obgleich summarisch vorbereitet, einen »Kulturschock«. In ihrem Äußeren wurde sie vom Hof wegen ihrer kaum »à la mode« zu nennenden Kleider belächelt. Der Herzog von Orléans, ihr Gemahl, ein Mode-Fex ohnegleichen, korrigierte ihr äußeres Erscheinungsbild in seinem eigenen Interesse recht schnell. Liselotte empfand neben solchen Divergenzen zwischen Rang und Schein den Tausch des relativ freien Lebens im weiten Heidelberger Schloß gegen die strengen Etikette des Hofzeremoniells im engen und düsteren Schloß Saint Germain-en-Laye, wo der Hof damals residierte, als bedrückend. Ihren hart beschnittenen Freiheitsdrang lenkte sie zunächst um in eine leidenschaftliche Liebe zur Jagd. Außerdem boten die abendlichen Aufführungen von Opern, Schauspielen und Ballett der seit ihrer Kindheit theaterbegeisterten Prinzessin ein Ventil.

Als Protestantin erzogen und zur Konversion gezwungen, tröstete sie auch die tägliche Lektüre der Bibel. So berichtet sie ihrer Halbschwester Louise aus Paris, am 22. April 1719: »Wie ich nach Frankreich kam, war es jedermann verboten, außer mir, die Bibel zu lesen; hernach über ein paar jahr wurde es jedermann erlaubt. Die constitution, so so groß lermen macht, hat es wieder verbieten wollen; das ist aber nicht angangen. Ich lachte, sagte: Ich werde die constitution folgen und kann wohl versprechen, die Bibel nicht auf französisch zu lesen; denn ich lese sie allezeit in teutsch.

... Die Bibel ist eine gute, notwendige und dabey angenehme lektüre.«

Was die Herzogin von Orléans hier nicht erwähnt, ist, daß diese Bibellektüre, die Sprache Luthers, ihr die eigene Ausdrucksfähigkeit im Deutschen erhielt während ihrer fünfzig Jahre dauernden, ununterbrochenen Anwesenheit in Frankreich. Mit dem Festhalten an der protestantisch-calvinistischen Tradition des Bibellesens schuf sie sich eine weitere Überlebens-Nische am Hof des Sonnenkönigs. Ihre private »Spezial-Religion«, auf der sie in den Diskussionen mit ihrem Beichtvater vehement beharrte, folgte der von ihrem Vater und ihrer Tante Sophie vorgelebten religiösen Toleranz, in der sie bis zu ihrer kurzen Brautzeit erzogen worden war. An ihre dritte Halbschwester Amelise schrieb sie aus Marly am 16. Mai 1705:

»Außer der kirch bet ich nie in einen buch, mache alle meine gebete selber.«

Äußerlich in eine Gesellschaft eingebunden, die sich nur um den Sonnenkönig drehte, im strengen Reglement lebend, bewahrte sich Liselotte trotz und aufgrund ihrer hohen Stellung wenigstens einige innere Freiräume, die sie gegen alle Widrigkeiten, so lange sie lebte, verteidigte. Sie wurde berüchtigt dafür, kein Blatt vor den Mund zu nehmen, und sie schrieb in ihren zahllosen Briefen – man schätzt, daß es etwa 60 000 sein könnten – was sie wollte, obgleich sie wußte, daß die Polizeispitzel des Königs ihre Briefe aufbrachen und kopierten. Ihren Rang bei Hofe hätte sie gerne verkauft, wenn das möglich gewesen wäre. Gesellschaftlich sah sie sich als Rad in einem Getriebe, aus dem man nur durch den Tod erlöst wurde. Dem Dasein eines »gekrönten Sklaven« am Hofe eines absolutistischen Königs hätte sie die Freiheit eines deutschen Reichsgrafen, der in seinem Territorium unabhängig schalten und walten konnte, gerne vorgezogen.

Gesellschaft im Umbruch

Der Hof, an den Liselotte in Frankreich kam, war bereits absolutistisch durchorganisiert und vollkommen auf den Sonnenkönig konzentriert, während Liselotte in Heidelberg und Hannover an Höfen gelebt hatte, wo die Macht des jeweiligen Territorialfürsten uneingeschränkt schien. Während die deutschen Grafen und Herzöge sich stolz ihrer Freiheit rühmten, war der Adel in Frankreich bereits entmachtet. Der König setzte die »noblesse de robe«, das heißt meist Bürgerliche, die er adelte, in wichtige Staatsämter ein. Der Erbadel wurde von der Ausübung der Macht ferngehalten, nach und nach an Versailles gebunden und mit gesellschaftlichen Vergnügungen wie Jagden, Bällen, Festen, mit Theater, Banketten und Spielen um Geld und Vermögen abgelenkt. Die Ausübung der Macht oder die Beteiligung daran wurde für die Adeligen bei Hofe ersetzt durch die peinliche Beachtung von Zeremoniell und Etikette sowie die Intrige, die, jenseits aller politischen Funktion, zu einer reinen Buhlerei um die Gunstbeweise des Königs ausartete. Als Liselotte auf dem Höhepunkt solcher Intrigen gegen sie in ein Kloster gehen wollte, verbot ihr der König diesen Schritt und erzwang eine Aussöhnung zwischen ihr und ihrem Gemahl.

Liselotte erkannte die gesellschaftlichen Veränderungen in Frankreich gegenüber der deutschen Situation des Adels. Sie leitete daraus einen großen Teil ihres Standesstolzes und Standesbewußtseins ab. Personen, die sie nicht leiden konnte, rieb sie die Unterschiede zwischen dem freien, deutschen Geburtsadel, dem sie angehörte, und dem vom französischen König abhängigen, ernannten Adel, unerbittlich deutlich und sarkastisch unter die Nase: »Ich hatte einmal ein possierlich dialogue mit dem armen erzbischof von Reims. Er war, wie Euer

Liebden wissen, der erste duc et pair. Er sagte einmal zu mir, wie wir im val zu St. Germain mit einander spazierten: Il me semble, Madame, que vous ne faittes pas grand cas de nous autres ducs en France et que vous nous preferés bien vos princes d 'Allemagne. (Es scheint, Madame, daß Ihr Euch nicht viel aus uns Herzögen in Frankreich macht, daß Ihr eher Eure deutschen Fürsten vorzieht.) Ich antwortete trucken heraus: cela est vray (das ist wahr). Er sagte: Si vous ne voulés pas que nous nous comparions à eux, à quoy nous comparés vous donc? (Wenn Ihr nicht wollt, daß wir uns mit ihnen vergleichen, mit was vergleicht Ihr uns dann?) Ich antwortete: à des bachas et vizirs de Turquie (mit den Paschas und Veziren der Türkei). Er sagte: comment cela? (wie das?) Ich sagte: comme eux vous avés tous des dignetés et nulle naissance de plus, c'est le Roy qui vous fait ce que vous estes tout comme le grandseigneur fait des bachas et vizirs, mais pour nos princes en Allemagne il n'y a que Dieu leurs pere et mere qui les font, ainsi ne vous peuvent estre comparés d'ailleurs encore vous estes des sujets et eux sont libres. (Wie sie habt Ihr alle Würden, aber darüber hinaus keinen Geburtsadel, es ist der König, der Euch macht und Ihr seid so, wie der Großvezir die Paschas und Vezire macht, aber für unsere deutschen Fürsten gibt es nur Gott und Vater und Mutter, die sie machen, deshalb könnt Ihr damit nicht verglichen werden, Ihr seid Untertanen und sie sind frei.) Ich meinte, der arme mann sollte aus der haut fahren, so bös war er; er konnte aber gar nichts dagegen sagen.«

Während der Geburts- oder Blutadel in Deutschland noch all seine Macht besaß, hatte Ludwig XIV. bereits dafür gesorgt, daß alle Entscheidungsträger von seiner persönlichen Gunst abhängig waren. Aus dieser Situation, die Liselotte sehr wohl erkannte, aber verabscheute, ergaben sich große Probleme zwischen ihr und dem König, vor allem, als dieser ihre beiden Kinder unstandesgemäß mit seinen eigenen, außerehelichen Kindern aus seiner Beziehung zu Madame de Montespan verheiraten wollte bzw. verheiratete. Für Liselotte von der Pfalz hieß dies »Mausdreck mit Pfeffer vermischen«.

Politische Ohnmacht

Rang und Etikette waren gut getrennt von Macht und Einfluß. So hatte die Königin zum Beispiel überhaupt keinen Einfluß auf ihren Gemahl. Sie schien ihm so nebensächlich, daß er von ihr, als sie starb, mit egozentrischem Witz sagte, dies sei das einzige Übel, das sie ihm je angetan habe. Ebensowenig Einfluß auf den König hatte Liselotte, die von ihrem Rang her als Schwägerin des Königs die zweite Dame in Frankreich war. Man hat ihr diese politische Ohnmacht immer vorgeworfen, allen voran ihr eigener Vater. Nicht nur zu ihrer eigenen, persönlichen Katastrophe, sondern zu der ihrer ganzen Familie und der gesamten Pfalz wurde ihre Machtlosigkeit im Verlauf des Pfälzischen Erbfolgekrieges, als Ludwig XIV. die gesamte Pfalz verwüsten, ihre Städte niederbrennen ließ.
Liselotte litt darunter, doch hätte sie höchstens als Mätresse Ludwigs XIV. eine geringe Chance gehabt, die Politik in Frankreich mitzubestimmen. Statt dessen war sie mit Ludwigs Bruder verheiratet, der schon als Kind von Kardinal Mazarin über eine bewußt feminine Erziehung und eine stark geförderte Neigung zur Homosexualität aus dem Zentrum der Macht entfernt wurde. Die Historiker begründen diese Politik mit den Erfahrungen, die der Kardinal als Ratgeber der Mutter Ludwigs und Philips während ihrer Regentschaft für den unmündigen Sohn mit den rebellischen französischen Adligen gemacht hatte, deren »Fronde« die Kindheit des zukünftigen

Sonnenkönigs verschattet habe. In seinem Bruder Philip, dessen Lieblingsonkel einer der Anführer der Fronde war, wollte man sich einen eventuellen Rivalen fernhalten. Liselottes Gemahl taugte kaum für politische Einflußnahme ihrerseits auf den König. Man unterstellte ihr deshalb, sie unterschiebe dem König hübsche Hofdamen als Mätressen, um so auf ihn einwirken zu können. Tatsache ist, daß sie durch solche Gerüchte hinsichtlich ihrer Hofdamen persönlich in größte Schwierigkeiten verwickelt wurde und die schlimmsten Intrigen gegen sie hier ihre Wurzeln hatten.

Aus der Einsicht heraus, überhaupt nichts bewirken zu können, vor allem, seit Ludwig XIV. sich mit Madame de Maintenon, die er nach dem Tode der Königin heimlich heiratete, liiert hatte, zog sich Liselotte mehr und mehr aus dem Hofleben zurück. Während Monsieur, ihr Gemahl, seine uneingestandene Frustration darüber, nicht an den Staatsgeschäften beteiligt zu werden, mit dem Bau und Umbau von Schlössern, dem Anlegen großer Kunstsammlungen und dem Sammeln von Juwelen überdeckte, suchte Liselotte in der zunehmenden Isolation, in die man sie manövrierte, Trost bei kleineren Freuden: Sie sammelte Münzen und Medaillen, Gemmen, Bücher, Kupferstiche, Mikroskope und Hunde, sowie holländische Pamphlete und französische Spottlieder auf Ludwig XIV. Außerdem unterstützte sie Theaterdichter und Komponisten.

Der streng geregelte Tagesablauf am Hofe – angeblich konnte man die Uhr danach stellen – , der vollkommen vom König bestimmt wurde, regelte auch ihren Tagesablauf, von der morgendlichen Jagd über die mittägliche Messe bis zur abendlichen Theateraufführung und dem mitternächtlichen Nachtmahl. Aus dem Umfeld des Königs durfte sie sich nur mit dessen ausdrücklicher Zustimmung entfernen. So bemerkte sie in einem Brief an die Kurfürstin von Hannover am 9. Februar 1702:

»Ob hier zwar keine sklaven seyn, so ist doch der König so absolute, daß niemandes ohne I. M. urlaub von seinen untertanen aus dem land darf, wer es auch sei.«

Glaubt man Liselotte, dann gewährte der König nur einer einzigen Frau Einsicht in die große Politik : Madame de Maintenon. Liselotte haßte sie deswegen und bedachte sie mit unflätigen Schimpfworten, sie nannte sie »alte Zott, Rompompel, alte Schump, einen Teufel«. Als der König 1715 starb, nahm Liselotte ihn gegen alle Kritik in Schutz, indem sie die Schuld an den Verwüstungen in der Pfalz und an Frankreichs eigenem Unglück auf seine Mätressen schob, allen voran die Maintenon, die seine Sonne arg verdunkelt hätte. In den Räumen der Maintenon hatte der König sogar politische Sitzungen abgehalten, mit seinen Staatsräten. Ob sich Ludwig XIV. durch das Urteil der Maintenon beeinflussen ließ, ist umstritten. Liselotte jedenfalls münzte ihre eigene politische Machtlosigkeit um in die Tugend der Enthaltsamkeit. Sie behauptete, die französische Politik werde von den egoistischen Interessen der Küchenmägde und Kammerfrauen (gemeint ist Madame de Maintenon) bestimmt: »Das ist der franzoschen weiber einige sache; keine küchenmagd hier glaubt, daß sie nicht verstand genung habe, das ganze königreich zu regieren, und daß man ihr das größte unrecht von der welt tut, sie nicht zu rat zu ziehen. Das hat mich alle ambition ganz verleydt; denn ich finde ein solch abscheulich ridicul hierin, daß mir davor graust ... weiß keinen menschen hier im land, so nicht interessiert ist; drumb wollen sie alle regieren, um reich zu werden. Ob ich zwar nach meinem stand arm bin, wollte ich mir doch keine mühe geben, umb mehr zu haben.«

Die Mätressen des Königs, sofern sie nicht selbst reich waren wie Madame de Montespan, waren völlig von ihrem Souverän abhängig. Wenn er ihrer überdrüssig war, mußten sie verschwinden, meist hinter Klostermauern. Selbst die Maintenon verließ Versailles, als Ludwig XIV. starb, noch bevor der König tot war. Sie zog sich nach St. Cyr zurück, wo sie mit Unterstützung des Königs ein Erziehungsinstitut für Töchter verarmter Adeliger eingerichtet hatte. Auch Liselotte hätte beim Tode ihres Gemahls 1701 auf ihren Witwensitz ziehen oder ins Kloster gehen müssen, wenn sie sich nicht zu einer Aussöhnung mit Madame de Maintenon durchgerungen hätte, eine Bedingung, die der König an ihren Verbleib in Versailles knüpfte. Wie oberflächlich diese Aussöhnung ausfiel, zeigt spätestens Liselottes »Nachruf« auf den Tod der vielgehaßten Mätresse des Königs, niedergeschrieben in einem Brief an ihre Schwester Louise am 16. April 1719: »In diesem morgen erfahre ich, daß die alte Maintenon verreckt ist, gestern zwischen 4 und 5 abend. Es were ein groß glück gewesen, wenn es vor etlich und 30 jahren geschehen were.«

Daß Politik keine Weibersache sei, dieser Überzeugung verlieh Liselotte in vielen Briefen Ausdruck und sie sah darin keinen Widerspruch zu ihrer berühmten Äußerung, es hätte ihr besser angestanden, Kurfürst zu werden. Als ihre Nachfolge für den englischen Thron diskutiert wurde, zeigte sie sich abgeneigt – vielleicht aber nur deshalb, da feststand, daß ihre katholischen Kinder ihr auf diesen Thron nicht würden folgen können. Liselotte war nach dem Tode ihres Mannes wieder »frei«. Protestantisch erzogen, hätte sie nur ihren alten Glauben wieder anzunehmen brauchen, um den englischen Thron besteigen zu können. In der Thronfolge stand sie als Tochter des Nächstberechtigten, ihres Vaters, der aber bereits gestorben war, noch vor ihrer Tante Sophie von Hannover. Liselotte ließ dieser jedoch den Vortritt, womit die Hannoveraner auf den englischen Thron kamen. Seit ihrer Ankunft am französischen Hof von Etiketten gequält, wollte

Liselotte auf die kleinen Freiheiten, die sie sich verschafft hatte, nicht mehr verzichten. Gegenüber ihrer ehemaligen Erzieherin, Frau von Harling, hatte sie am 12. April 1692, ganz im Joch von Zeremoniell und Zwang, geäußert: »Ich wollte lieber Markgräfin von Anspach sein und meyn eygen herr, als die größte Königin von der welt und von jemand anders als mir selbst dependieren...«. Ihrer Schwester Amelise vertraute sie am 4. Novemver 1701, im Todesjahr ihres Gemahls, an: »... dass ich ganz und gar keine ambition habe und nichts weniger wünschte, als königin zu sein. Je höher man ist, je gezwungener muß man leben und were die stelle von Madame eine charge, so man verkaufen könnte, hette ich es lengst gar wohlfeil weggegeben, will geschweygen, daß ich eine königin zu sein wünschen sollte.«

In gewissem Gegensatz zu ihrer angeblichen politischen Abstinenz steht allerdings ihr Bedauern, ja fast eine unterdrückte Wut darüber, als Frau geboren worden zu sein: »... denn es ist mir all mein leben leyd gewesen, ein weibsmensch zu sein, und kurfürst zu sein were mir, die wahrheit zu sagen, besser angestanden, als Madame zu sein; aber weilen es gottes willen nicht gewesen, ist es ohnnötig, dran zu gedenken. Das land hette ich nicht geschunden, wie dieser kurfürst tut, und alle religionen wohl ruhen gelassen. Ich wollte lieber kurfürst, als könig in England, sein.« Zu dieser Meinung bewog sie sicherlich nicht zuletzt auch der Verdacht, daß der König in England, vom Parlament kontrolliert, in seiner Entscheidungsfreiheit eingeschränkt sein könnte.

Im goldenen Käfig

»Das hofleben macht [die menschen] besser kennen, und wenn man sie recht kennt, hat man mehr abscheuen darvon, als liebe;

denn man wird aller bosheit und falschheit und bosheit gewahr. Das verlaydt alle lust und macht die einsambkeit lieben.« So räsonnierte Liselotte in einem Schreiben an die Raugräfin Louise, ihre Schwester im fernen Deutschland, aus Fontainebleau am 20. September 1714.

Das Funktionieren einer Gesellschaft, die mit zu Privilegien hochstilisierten Nebensächlichkeiten davon abgelenkt wurde, daß ihre persönliche, individuelle Freiheit zu Nichts geschrumpft war, hat der Soziologe Norbert Elias in seiner Untersuchung »Die höfischen Gesellschaft« (1969) unter anderem auch an den minutiösen, durch Ludwig XIV. eingeführten, strengen Etiketten und Zeremoniellen demonstriert. Kein Wunder, daß Liselotte einem Ablauf von Handlungen nicht viel abgewinnen konnte, der bis ins kleinste Detail festgelegt war und bei dem die nichtigste Änderung für den einen Gunstbeweis des Königs war, für den anderen Sturz in die Ungnade. Sie sah dies als typisch französische Eigenschaft an: »wer nicht im zwang leben will muß franckreich meiden« riet sie in einem Brief aus Marly, immerhin dem Ort, wo kein Zeremoniell galt, ihrer Schwester Amelise am 6. Februar 1699.

»Frankreich meiden« – das war ihr untersagt. Eine Flucht, die sie in den Stunden ihrer ärgsten Erniedrigung erwog, war ihr unmöglich. Immerhin aber konnte sie ihren Gedanken die Flucht ermöglichen. So sah sie die sinnvollste Gestaltungsmöglichkeit der wenigen, ihr persönlich verbleibenden, privaten Zeit neben der Sammeltätigkeit darin, Briefe zu schreiben. In Ermangelung einer echten Kommunikation bei Hofe baute sie eine solche nach außen auf, zu ihrer Familie in Deutschland, zu anderen Familienangehörigen, die über Verheiratungen in ganz Europa verstreut lebten. Ungefähr sechzigtausend Briefe hat sie geschrieben, das hat man aus ihren eigenen

Angaben über die Häufigkeit ihrer Korrespondenz und die Zahl ihrer Korrespondenten errechnet. Etwa sechstausend Briefe sind uns bis heute bekannt. Um sich für die Schmach der Bespitzelung zu rächen, nannte sie den dafür verantwortlichen, im Auftrage ihres Schwagers, des Königs, handelnden Polizeiminister Marquis de Torcy, in ihren Briefen einen »heuchler in folio« und einen »bösen teufel«. Angst davor, daß man ihr das Schreiben verbieten könnte, hatte sie offenbar nicht. Als es mit ihrer Gesundheit nicht zum Besten stand und der Arzt zur schriftlichen Mäßigung riet – sie schrieb meist im Stehen – , folgte sie weder seinem Rat noch dem ihrer besorgten Schwestern: »Gott bewahre mich davor, meine correspondenzen abzubrechen! Ich müßte vor lange weil vergehen. Ich kann nicht leben, ohne gar nichts zu tun; arbeyten noch spinnen kann ich ohnmöglich, allezeit plauderen were mir unerträglich und würde mir mehr schaden, als das schreiben; allezeit lesen kann ich auch nicht, mein hirnkasten ist zu verwirrt, umb mich im lesen zu applizieren können; schreiben amusiert mich und gibt meinen trauerigen gedanken distraction. Also werde ich keine von meinen correspondenzen abbrechen, und was ihr auch sagen mögt, liebe Louise, so werde ich Euch alle donnerstag und sambstag schreiben und an meine liebe prinzeß von Wallis [Wales] alle dienstag und freytag: I. L. liebe schreiben seind arzeney vor mich; denn sie schreibt so artig und verzehlt so angenehm, daß es eine rechte lust ist, I. L. schreiben zu lesen und zu beantworten; das divertiert mich mehr, als die spektakel. Aber ich werde nicht mehr nachts bis umb 12 schreiben, wie ich vor meiner krankheit oft getan und welches nicht gesund ist.«
Neben dem Schreiben galt eine ihrer ältesten Leidenschaften dem Theater, dem »spektakel«. Seit ihrer Kindheit in Heidelberg gehörte es zu ihrer persönlichen »vie quotidienne« –

ihrem Alltagsleben. Das Theater war, gemessen am höfischen Leben, eine ebensolche Scheinwelt, aber eine, die dennoch die reale Welt eher wiederzugeben schien. Innere Fluchtmöglichkeiten waren für Liselotte wahrscheinlich um so wichtiger, als sie keinerlei Chance hatte, sich über andere, zum Beispiel erotische, sexuelle Wege Freiheitsillusionen zu verschaffen, wie dies ihrem Gemahl, Philip von Orléans, mit seinen homosexuellen Freunden zur ersten Natur geworden war. Oder ihrem Sohn, der als Libertin galt und der seinen geistigen, politischen und amourösen Neigungen in Paris in seinem Palais Royal frönte. Liselotte haßte diese Exzesse bei ihrem Mann, sah aber als Mutter bei ihrem Sohne entschuldigend und großzügig darüber hinweg. Moralisch streng und für sich selbst zurückhaltend, war sie keineswegs prüde und berichtete ihren Schwestern nach Deutschland über die verdorbenen Sitten bei Hofe, nicht selten mit bissigem Humor. »Madame« und »Monsieur«, Liselotte und Philip, hatten nach der Geburt des dritten Kindes beschlossen, »lit apart« zu leben und Liselotte behauptete, dies nie bereut zu haben.

Daß bei Hofe lesbische Beziehungen ebenso Mode waren wie homosexuelle, erfuhr sie durch eindeutige Anträge einer ihrer Hofdamen. Sie wich jedoch allen sexuellen Abenteuern jedweder Art aus. Enge Freundschaft hielt sie ihr Leben lang nur mit wenigen ihrer Hofdamen, ihr absolutes Vertrauen genossen außer diesen zwei oder drei Frauen nur ihre Hunde: »Die Hunde seind die besten leute, so ich in ganz frankreich gefunden, habe deren auch allezeit 4 bey und umb mich.« Dieses schrieb sie ihrer Tante Sophie, von der sie wußte, daß sie ein sarkastisches Bonmot schätzte, am 30. Mai 1694 aus Versailles nach Hannover.

Die Herrschaft des Geldes

Wenn in der Libertinage der sexuellen Sitten bei Hofe die traditionellen Rollen zwischen Mann und Frau aufgeweicht schienen, so galten solche Ausnahmen nicht, wenn es um Geld und Macht in einer Ehe ging. Liselottes Mitgift war von ihrem Vater nie bezahlt worden und deshalb ein Verhandlungspunkt zwischen Frankreich und Kurpfalz nach dem Tode ihres Bruders Karl. Überdies hatte Liselotte zwar bei ihrer Eheschließung auf Erbansprüche aus Kurpfalz verzichtet, dies galt jedoch nicht für den Privatbesitz ihres Vaters. So schickte Ludwig XIV. gegen ihren Einspruch seine Truppen in ihrem Namen in die Pfalz, um das Erbe einzufordern. Liselotte, die eigentlich geopfert worden war wegen der Pfälzer Ängste vor den bekannten Expansionsgelüsten des Sonnenkönigs, wurde nun – Ironie der Geschichte –, Anlaß zur Verwüstung der Pfalz. Die zunächst arglose Prinzessin mußte zusehen, wie zuerst ihre Mitgift, als sie endlich gezahlt wurde, in den Taschen ihres Gemahls verschwand, danach die Pfälzer Contributionen, dann das Silber, das er einschmelzen ließ und danach fast das ganze Erbe ihres Vaters, aus dem er erwählte, was ihn interessierte. Liselotte, die gerne die Münzsammlung ihres Vaters geerbt hätte, ging leer aus. Verbittert schrieb sie aus St. Cloud an Amelise am 28. Mai 1699: »Wer daß lachen vertreiben will, mag sich nur in frankreich heurathen, es wird einem bald genug vergehen.«

Liselotte lebte in ständiger finanzieller Abhängigkeit von Ludwig XIV. Zeitweilige Unbotmäßigkeit ihrerseits wurde mit Geldentzug bestraft. Da sie aus Standesgründen einen eigenen Hofstaat von etwa 200 Personen zu unterhalten hatte, traf sie der finanzielle Gnadenentzug durch Seine Majestät jedesmal schwer. Bei ihren finanziellen Angelegenheiten überfiel sie stets große Kümmernis. Ihre Situation besserte sich erst, als nach dem Tode Ludwigs XIV. ihr Sohn Regent wurde und seiner Mutter endlich ein standesgemäßes Auskommen zugestanden wurde.

Zunächst aber hatte sie noch Schweres zu ertragen. Der Herzog von Orléans, Liselottes Gemahl, verstarb ganz plötzlich am 8. Juni 1701. Nun erfuhr sie erst, wie nachteilig der von ihrem Vater ausgehandelte Heiratsvertrag wirklich für sie war. Da er nach französischem Recht abgefaßt war, blieb ihr nichts. Deprimiert wandte sie sich an ihre Tante Sophie: »Monsieur hat 7 einhalb Millionen schulden hinterlassen. Ich glaube, daß es mir vorteilhaftiger gewesen were, selber gestorben zu sein, als was mir widerfahren« (30. Juni 1701).

Und am 28. Juli 1701 ging eine neue Klage an die gleiche Adresse, das ihr mangelnde eigene Geldpolster ansprechend: »Kurpfalz will mir kein geld mehr geben, das diminuiert mein einkommen noch von 2 mal 100 000 franken. Es wird schlegt bey mir hergehen... wenn ich ohne den König genung gehabt hette zu leben, denn alsdann würde ich dem König nicht à charge gewesen sein, und hette er mir sonsten gnaden und presenten geben, würde ichs mit lust habe anwenden können.« Eine als Bonmot gefaßte Weisheit, die sie ihrer Schwester Louise am 11. Februar 1696 aus Versailles mitgeteilt hatte, erfüllte sich also auch in ihrer Ehe: »gute heurath seind alß wie daß, so man vom phenix sagt, man findt nur einen in einem seculo.«

Glaubensfragen

Hielten Intrigen und finanziellen Probleme Liselotte einerseits immer auf dem Boden der Wirklichkeit fest, so bot ihr andererseits ein Ausweg vieler Menschen aus der irdischen Misere keine Alternative zum Diesseits: die Religion.

Zur Calvinistin in Heidelberg erzogen, zeitlebens den Heidelberger Katechismus im Gedächtnis, wurde sie auf Befehl ihres Vaters nach beschlossener Ehe noch zuhause heimlich in den Lehren des Katholizismus unterwiesen. In Metz, auf dem Weg nach Paris, erfolgte die angeblich spontane Konversion, nach der erst die politisch sanktionierte Heirat mit Philip von Orléans vollzogen werden konnte. Madame fand später aus all den Wirren, die dies verursachte, die ihr gemäße Lösung: Sie schuf eine »religion apart«, nur für sich. Manchmal überfiel sie wegen ihrer Toleranz in Glaubensfragen das schlechte Gewissen. Sie hielt sich für eine »Laue«, »wovon in der Offenbarung des Johannis stehet, die gott der herr ausspeyen wird«. (Brief an Herrn Harling vom 19. Oktober 1719). Dennoch belegen ihre Briefe, daß sie treu an dem festhielt, was sie als Kind von Vater und Tante Sophie gelernt hatte, trotz aller französischen Beichtväter und »Jesuwitter« bei Hofe. Religiöse Toleranz war ihr ein ernstes Anliegen. So warf sie Luther und Calvin vor, aus Eigensucht an der Kirchenspaltung die Schuld zu haben: »Dr. Luther ist gewesen wie alle geistlichen in der welt, so alle gern meister sein wollen uns regieren; aber hette er an das gemeine beste der christenheit gedacht, würde er sich nicht separiert [haben]. Er und Calvinus hetten tausenmal mehr guts ausgericht, wenn sie sich nicht separiert hetten; die albernsten römischen instruktionen würden allgemach von sich selber vergangen sein.« (11. Dezember 1717).

Derselben Adressatin, der sie das schrieb, der protestantischen Raugräfin Louise, ihrer Halbschwester, vertraute sie ein halbes Jahr später, am 30. Juni 1718 an: »Glaubt mir, liebe Louise! Unterschied der Christenreligionen bestehet nur in pfaffengezäng, so, welche sie auch sein mögen, katholische, reformierte oder lutherische, haben alle ambitionen und

wollen alle Christen einander wegen der religion hassen machen, damit man ihrer von nöten haben mag und sie über die menschen regieren mögen. Aber wahre Christen, so gott die gnade getan, ihn und die tugend zu lieben, kehren sich an das pfaffengezäng nicht, sie folgen gottes wort, so gut sie es verstehen mögen, und die ordenung der kirchen, in welcher sie sich finden, lassen das gezäng den pfaffen, den aberglauben dem pöbel und dienen ihren gott in ihrem herzen und suchen, niemands ärgernus zu geben. Dies ist, was gott anbelangt, im übrigen haben sie keinen haß gegen ihren negsten, welcher religion er auch sein mag, suchen, ihm zu dienen, wo sie können, und ergeben sich ganz der göttlichen providenz.«
Ermutigt von dieser Schwester, verließ Liselotte während der Regentschaft ihres Sohnes für den minderjährigen Ludwig XV. den Pfad der Nichteinmischung in schwierige Affären und bewirkte, ganz geheim, die Freilassung von 64 Galeerensträflingen, die allein wegen ihres reformierten Glaubens verurteilt worden waren. Auch sonst setzte sie sich über alle Attacken gegen den Protestantismus hinweg und vertraute hier nur ihrem eigenen Urteil: »Ich weiß nicht, was vor eine rage man hat, die Jansenisten zu verfolgen; viel wackere und ehrliche leute sind dadurch in unglück gefallen. Man hat mons. De Cambray [Fénelon] nicht accusiert, ein Jansenist zu sein, sindern ein pietist. Ich habe ihn allezeit vor einen ehrlichen, verständigen mann gehalten; er ist heßlich von person, hat nur die haut auf den knochen und gar hohle augen, aber er ist gar angenehm in conversation, hat eine große vivacitet, ist sehr höflich und poli, auch lustig, lacht und schwetzt gern ohne façon; mir hat er wohl gefallen.« (An Kurfürstin Sophie aus Marly, 5. Juli 1711).

Schönheitsbekenntnisse

In den vielen Selbstbeschreibungen, die Madame mangels greifbarer Porträts an ihre neugierigen Korrespondent/Innen lieferte, schilderte sie sich stets – und von Jugend an – als Ausbund der Häßlichkeit. Ihre Großmutter, Elisabeth Stuart, fand das kleine »Rauschenplattenknechtgen« Lisette dagegen hübsch, und der preußische Gesandte am Hof Ludwigs XIV., der sie aus Heidelberg kannte, fand sie, als sie 1671 in St. Germain-en-Laye eintraf, anmutig und reizend. Auch die gesicherten Bildnisse von ihr sind mit dem »bärenkatzenaffengesicht«, das ihr ihr geliebter Vater andichtete, kaum zu vereinbaren und so stellt sich die Frage, ob die Künstler, die sie porträtierten, ihrer Auftrageberin über die Maßen schmeichelten, oder ob Liselotte, die so viel lieber ein Junge geworden wäre, mit ihren Selbstbeschreibungen uneingestanden auf ganz anderen Spuren wandelte.
Fast genau zehn Jahre vor ihrem Tode, am 10. Dezember 1712, gab sie ihrer Tante Sophie, die sie seit Jahrzehnten nicht mehr gesehen hatte, ein eindringliches und fast plastisches, bewegendes Konterfei ihrer selbst: »Wie E. L. [Euer Liebden] Dero Liselotte gesehen und sie so wohl laufen und springen konnte, war sie leicht und jung; nun bin ich alt und schwer, das gibt große verenderung. Ich bin gewiß, daß, wenn ich so glücklich were, daß E.L. mich an einem ort sehen könnten, so sie nicht vermuten, daß ich da were, wenn ich nicht redte, würden sie mich ohnmöglich kennen. Meine verrunzelte augen, meine hengende große backen, meine schneeweiße haar, meine höhle zwischen den ohren und backen, und mein groß doppelt kinn würde E.L gar nicht an Liselotte erinnern. Ich gleiche mir selbsten in nichts mehr, mein langer hals ist ganz kurz geworden, habe nun dicke breyte schulteren, abscheuliche dicke

hüften; meine beine seind mehr als dick, denn sie seind sehr geschwollen. Da sehen E. L. wohl, daß sie mich in dieser figur gar nicht kennen würden. Wenn ich den mund auftue, seind meine zähn auch sowohl in einem elenden stand: einer ist gebrochen, der ander ist schwarz, die übrigen seind zerbrochen; summa: überall ist elend in meiner ganzen person.« In anderen Briefen spricht sie davon, daß ihr »fett sich übel placiert« habe, daß sie »vierecket« sei wie ein »kugelreuter«, nirgends spart sie mit unvorteilhaften, drastischen Ausmalungen ihres elenden Äußeren. Ihre Bildnisse erklärte sie stets für »geschönt«, allein das Porträt, das Hyacinth Rigaud 1715 von ihr malte, als ihr Sohn Regent geworden war, fand sie realistisch und ähnlich.
Liselotte war wohl eine der belesensten Personen des französischen Hofes. Bei allen ihren schriftlichen Äußerungen darf man deshalb nicht übersehen, daß Madame in der Erzählkunst, von der ihre Briefe ein beredtes Zeugnis sind, stilistisch dem Trend ihrer Zeit folgte. Hierzu gehören im Barock die Übertreibung und die Phantastik der Schilderung, wie sie häufig in den Schelmenromanen der Epoche zu finden sind. In Liselottes Briefen trifft man einerseits Übertreibung im literarischen Stil, andererseits Understatement und schwarzen Humor als englisches Erbe in der Darstellung an. Merkmale also, die in ihrer Familie Tradition waren, man lese nur die Memoiren ihrer Tante Sophie. Liselotte verfaßte ihre Selbstbeschreibungen aus dieser Erzählhaltung heraus. Möglicherweise also gehören diese Darstellungen ihrer selbst zu der bei ihr unverkennbaren Widerborstigkeit gegen die höfische Welt, die dem schönen Schein den Vorzug gab. Dazu gehörte ein weibliches Schönheitsideal, geprägt von ebenmäßigen Gesichtszügen, in welchen die häßlichen Hinterlassenschaften der Geißel ihrer Zeit, die von den Blattern zurückbleibenden »Pockennarben«,

Prinzessin Elisabeth Charlotte von der Pfalz, Herzogin von Orléans (1652–1722), Kupferstich, undatiert

mit Schminke und Schönheitsplästerchen zugedeckt wurden. In einer Gesellschaft, in der es schwer war, zumal als Frau, Individualität zu behaupten, mag dezidierte Häßlichkeit, oder zumindest das Bestehen darauf, ein Mittel gewesen sein, sich gegen die gerade hier herrschenden Zwänge aufzulehnen. Liselottes Opposition gegen das Höfische war sicherlich auch einer der Gründe, weshalb sie ihr »teutsches« Wesen kultivierte, das für sie in der Sprache, der Moral und der Aufrichtigkeit lag. Das brachte ihr den Ruf, rauh und ungehobelt zu sein, ein. Man verglich ihr Aussehen mit dem der Männer der Schweizergarde, deren Teint durch Wind und Wetter gegerbt war. Fast könnte man sagen, Liselotte pflegte ihren »häßlichen« Teint mit Lust. Während andere sich schützend bedeckten, liebte sie die frische Luft, auch im übertragenen Sinne: »Ich were erstickt, wenn ich das nicht gesagt hette.«

Letztes Kapitel

»Ich bin persuadiert, daß, wenn man einmal tod ist, weiß man nichts mehr von dieser welt, denn sonsten könnte man ohnmöglich der menschlichen schwachheit und passionen erlediget sein; und man könnte noch part nehmen in was in dieser welt geschicht, könnte man weder in der höllen ohne freude, noch im himmel ohne leyd sein; daher schließe ich, daß man sich nichts mehr wird von dieser welt erinnern können und ganz ein andere sach und wesen sein. Drumb auch laß ich alle heyligen in ihrem glück und plage sie umb nichts, halte auch für eine rechte schwachheit, wenn mans tut. ... chargen besitzen les enfants de France nicht, aber sie bekommen große pensionen, ihr haus zu unterhalten, und ihre gemahlinnen auch à part vor das haus, das ist nicht im apanage gerechnet. Ich vor meinen teil wollte lieber ein reicher regierender reichsgraf

sein mit seiner freyheit, als ein enfant, denn wir seind in der tat nichts anderst als gekrönte sklaven; ich were erstickt, wenn ich das nicht gesagt hette.« So Madame am 6. Juli 1710.
Die »gekrönte Sklavin«, die Zeit ihres Lebens den Rang für eine »chimäre« hielt, gab ihn dennoch erst auf ihrem Totenbett auf: Als eine Kammerfrau der Sterbenden ehrerbietig die Hand küssen wollte, forderte Liselotte sie auf, dies zu unterlassen und sie statt dessen zu umarmen: »Ich gehe in ein Land, wo alle gleich sind«.
Liselotte von der Pfalz, Herzogin von Orléans, starb am 8. Dezember 1722 in St. Cloud bei Paris. An diesem Tage war eine Sonnenfinsternis. Vom Todestag des Sonnenkönigs ist dies nicht überliefert.

Nachtrag:

Ihr Sarg wurde mit allen Grablegen der Königsgruft in St. Denis während der Französischen Revolution von 1789 aufgebrochen. Die Gebeine aus den Särgen wurden in ein Massengrab geworfen. Was davon nach der Revolution noch auffindbar war, kam in einen gemeinsamen Sarg. In seine Wand wurden die Namen derer eingemeißelt, deren Reste dort angeblich ruhen: König Ludwig XIV., die Königin, Monsieur, der Dauphin, alle, denen der Rang im Leben Lebensinhalt war. Liselotte, dort wegen ihres Stammhauses Wittelsbach als »Elisabeth Charlot de Bavière« verzeichnet, hatte zu Lebzeiten wohl als einzige die Wahrheit geahnt: »Ich gehe in ein Land, wo alle gleich sind«.

Die *maîtresse*.
Eine umstrittene Karriere am Hof

Von Sybille Oßwald-Bargende

Für den berühmten Soziologen Norbert Elias, der die historische Forschung über die höfische Gesellschaft nachhaltig prägte, gehörte die fürstliche *maîtresse* zu den mächtigsten weiblichen Figuren am Hof.[1] Zugleich verbindet sich mit ihr wie mit keiner anderen unter den höfischen Protagonistinnen und Protagonisten die Vorstellung von »Skandal bei Hof«. Da mein Beitrag mit einer Affäre am Stuttgarter Hof des Jahres 1716 beginnt, scheinen sich alle Erwartungen an das Thema zu erfüllen, insbesondere, weil in diese Geschichte eine zumindest in Württemberg berühmt-berüchtigte *maîtresse* verwickelt war: Christina Wilhelmina von Würben, geborene von Grävenitz (1685/86–1744), langjährige Favoritin Herzog Eberhard Ludwigs. Allerdings ist es nicht mein Ziel, bisher noch unentdeckte Facetten zum Bild der »Landverderberin« beizutragen. Vielmehr hoffe ich, einen neuen Eindruck von einer umstrittenen Karriere am Hof zu vermitteln.

In der Geschichte um ein intrigantes Spiel am Hof stand am Anfang ein verbaler Angriff auf die Gräfin von Würben, der mit Eintreffen der Post aus Paris begann. Die Angegriffene war nicht unvorbereitet, denn bereits Ende April 1716 hatte man gemunkelt, der übereilt vom württembergischen Hof abgereiste Oberhofmarschall Georg Friedrich Forstner von Dambenoy habe ein an Eberhard Ludwig von Württemberg adressiertes Briefpaket hinterlassen, in dem er die *maîtresse* schwer belastete.[2] Forstner begnügte sich nun nicht damit, am 11. Mai 1716 an den Herzog zu schreiben, sondern in den folgenden Monaten erreichte seine Post weitere Personen in Stuttgart, die Forstner wissen ließ, daß er das Opfer einer Intrige geworden war. Er lastete Christina Wilhelmina von Würben, besser bekannt unter ihrem Geburtsnamen von Grävenitz, an, ihn willkürlich beim Herzog in Mißkredit gebracht zu haben. Um seinem Sturz und weitergehender Verfolgung zu entgehen, habe er, Forstner, es deshalb vorgezogen, sich Ende April 1716 nach Frankreich in Sicherheit zu bringen. Im November 1716 stellte Georg Friedrich von Forstner schließlich eine Publikation für den Druck fertig, die er »Apologie« – also Verteidigungsschrift – betitelte.[3] Mit voller Schärfe geißelte er darin nochmals die Mißstände am württembergischen Hof, für die er die herzogliche *maîtresse* verantwortlich machte. Konkret lauteten seine Hauptvorwürfe: Geldverschwendung, Nepotismus und last but not least, ein völliges Revirement des politischen Systems.

Läßt man nur die Fakten – und nicht die in Forstners Schrift hochschwappenden Emotionen – sprechen, dann begann die steile Karriere der Christina Wilhelmina von Grävenitz um das Jahr 1706, als sie durch eine zeittypische Intrige zur herzoglichen Favoritin avancierte. Damit nicht genug, proklamierte Eberhard Ludwig von Württemberg am 13. November 1707 seine Heirat mit dem Fräulein von Grävenitz. Er gestand folglich eine Doppelehe ein, denn seit 1697 war er bereits mit Johanna Elisabetha, einer badischen Prinzessin, verheiratet.

Auf innen- und außenpolitischen Druck mußte der Herzog zwar das »scandalum« beseitigen und der Annullierung seiner zweiten Ehe zustimmen.
Aber »die Grävenitz« war damit noch keineswegs »abgeschafft«, wie die herzogliche Gemahlin gefordert hatte. Vielmehr handelten der Bruder Johanna Elisabethas, Markgraf Karl Ludwig von Baden-Durlach, und Fürst Friedrich Wilhelm von Hohenzollern-Hechingen, ein enger Vertrauter Eberhard Ludwigs, ein bemerkenswertes Projekt aus.[4] Es sah die Versöhnung des Herzogspaares vor und die Verheiratung der Favoritin. Weil damit »die Sach in einen gantz geänderten Standt gekommen [war]«,[5] stimmten selbst Johanna Elisabetha und der Kaiserhof in Wien der weiteren Anwesenheit der Christina Wilhelmina von Grävenitz am württembergischen Hof zu.[6]
Während das Einvernehmen des Herzogspaares nur kurze Zeit dauerte, konnte Christina Wilhelmina als Frau des Grafen Johann Franz Ferdinand von Würben und Freudenthal ihre bemerkenswerte Karriere am württembergischen Hof fortsetzen. Da sich weder Herzogin Johanna Elisabetha, noch der nominell zum Landhofmeister ernannte Würben am Hof aufhielten, repräsentierte die Frau Landhofmeisterin als erste Dame an der Seite des Herzogs und hatte damit die höchste Karrierestufe erklommen, die einer Frau in der höfischen Gesellschaft offenstand. Bis zu ihrem Sturz im Jahr 1731 war sie die offizielle Begleiterin des Herzogs, oder – wie es in der Umgangssprache ihrer Zeit hieß – die *maîtresse en titre/ régante/ declarée*.
Es ist ein nicht nur in Württemberg weitverbreitetes bürgerliches Mißverständnis, den Begriff *maîtresse* mit »Geliebte« zu übersetzen und die politische Rolle, die Mätressen wie »die Grävenitz« an den Höfen des Ancien Régime spielten, ausschließlich als Folge einer Liebesbeziehung zu sehen.[7] Erst-

mals machte Gabriele Hoffmann darauf aufmerksam, daß die *maîtresse* eine offizielle Politikerin war, nach heutigem Verständnis eine Ressortchefin für Kultur und Personalwesen.[8]
Eine von Eberhard Ludwigs Nachfolger Carl Alexander 1734 initiierte »Species facti« (auf Deutsch: eine Darlegung des Tatbestandes)[9] lastete Christina Wilhelmina von Würben und ihrem Bruder Friedrich Wilhelm von Grävenitz Verbrechen an, die sie während ihres »Ministeriums« begangen haben sollten. Obwohl in dieser Darstellung beiden Geschwistern eine offizielle Funktion attestiert wurde, unterschied sich tatsächlich die Stellung der *maîtresse* von jener des Premierministers Grävenitz und seiner Kollegen im Kabinettsministerium.
Durch Dekret vom 4. Mai 1724 wurde das Kabinettsministerium von einem inoffiziellen Beratergremium zur öffentlichen Einrichtung erhoben. Einen vergleichbaren formellen Status erlangte Christina Wilhelmina von Würben nicht, obwohl sie ihn offensichtlich erstrebenswert fand. Eine Übereinkunft, die sie bereits am 12. Juni 1720 mit späteren Ministern traf, wirft ein Schlaglicht auf ihr Interesse. Wie einer der Paktierenden, Johannes Nathanael von Schunck, nachträglich äußerte, war Christina Wilhelmina von Würben sehr darauf erpicht, eine den Richtlinien der herzoglichen Minister entsprechende Legitimierung ihres politischen Handelns zu erhalten. Man kann daraus schließen, daß sich die Landhofmeisterin bemühte, ihre Position wenn möglich dem Ministeramt anzunähern oder sogar gleichzustellen.[10] Doch Eberhard Ludwig von Württemberg verlieh seiner Favoritin ebenso wenig ein offizielles Amt mit dem Titel *maîtresse en titre* wie Ludwig XIV. von Frankreich.[11]
Ob die *maîtresse* eine Politikerin war, hängt jedoch nicht entscheidend von der Beantwortung der Frage ab, ob sie ein Amt ausübte. Nicht von ungefähr wurden die Begriffe »politicus« und »Hofmann« synonym gebraucht. Nach dem Verständnis

der Zeit war nicht nur der Amtsinhaber ein Politiker. Dies hing damit zusammen, daß Politik noch nicht ausschließlich im Kabinett des Fürsten und in den Amtsstuben gemacht wurde, sondern generell am Hof. Die weitgehende Politisierung der höfischen Lebenswelt und die Partizipation beider Geschlechter am politischen Geschehen inspirierte Madame de Lafayette, Autorin des Romans »Die Prinzessin von Clèves« zu folgendem Aperçu »Es gab so viele verschiedene Interessen und Parteien und die Damen nahmen daran so lebhaften Anteil, daß Staatsgeschäfte stets mit Liebe, Liebe mit Staatsgeschäften verknüpft waren.«[12] Aus persönlicher Erfahrung am Hof Ludwigs XIV. wußte Madame de Lafayette (1634–1693) um den politischen Einfluß von Frauen. Die geistreiche Bemerkung der Madame de Lafayette unterstreicht das scheinbar Spielerische, mit dem sich »Herzensangelegenheiten« und »Politik« ineinander verwoben. Dabei mußten sich Frauen ebenso wie Männer ausweisen, um in der Sphäre der Politik mitmischen zu können. Sie profitierten davon, daß nicht nur berufliche Qualifikation als Nachweis für politische Befähigung galt, sondern insbesondere »höfliches« Auftreten, Menschenkenntnis und psychologisches Geschick. Daher gehörte das Erlernen höfischer Umgangsformen zum Erziehungsprogramm – bezeichnenderweise für beide Geschlechter.

Aus der Sicht des Hofmarschalls Georg Friedrich von Forstner erwies sich Christina Wilhelmina von Würben als Meisterin des politischen Spiels – und nicht zuletzt der Intrige. Womit ich zum Ausgangspunkt meines Vortrags zurückkomme. Ich möchte im folgenden aufzeigen, wie sehr der Konflikt zwischen Forstner und der Gräfin von Würben aus einer spezifischen gesellschaftlichen Konstellation resultierte, und wie Forstner seine Kritik dabei als Waffe im Kampf zweier Günstlinge einsetzte.

Treffend hat ein britischer Historiker den Wettbewerb der Höflinge um Aufmerksamkeit und Zuwendungen des Fürsten anschaulich als »courtly minuet« bezeichnet. Er sprach von einem »peculiar dance of favourites new and old, male and female, native and foreign«.[13] In diesem Reigen weiblicher und männlicher Favoriten konkurrierten Christina Wilhelmina von Würben und Georg Friedrich von Forstner in besonderer Weise miteinander. Die Motive für diese Rivalität vorrangig im persönlichen Bereich zu suchen, engt die Interpretation ein und abstrahiert von den Besonderheiten der höfischen Gesellschaft, deren strukturelle Bedingungen erstmals Norbert Elias anschaulich verdeutlichte.[14] Er beschrieb den Hof als ein spezifisches Beziehungsgeflecht, das in hohem Maße von Konkurrenzdenken geprägt war. In dieser Figuration entstand nicht zufällig die Figur des Günstlings und seines weiblichen Gegenstücks, der *maîtresse*. Favorit und Favoritin verdeutlichten augenfällig, wie sehr das Abstammungsprinzip durch das Prinzip der »Nähe zum Thron« (Kruedener) außer Kraft gesetzt war,[15] und damit soziale Mobilität die Statik der ständischen Gesellschaft durchbrach. Rivalität unter den Höflingen stärkte insbesondere die Stellung des Fürsten. Von seiner Gnade hing letztendlich jede Karriere ab.

Aus der Masse der Höflinge hoben den Favoriten und die Favoritin bestimmte Eigenschaften hervor, die ihnen das besondere Wohlwollen des Herzogs einbrachten. Die Frage, was Christina Wilhelmina die Gunst des Herzogs verschaffte und womit sie Forstner übertrumpfen konnte, scheint hinfällig: Was anderes sollte es gewesen sein, als ihre erotische Attraktivität?[16] Nun liegen gerade die Anfänge der Affäre zwischen dem Herzog und »der Grävenitz« weitgehend im Dunkeln. Es ist deshalb reichlich spekulativ eine rein sexuelle Anziehungskraft zu (re-)konstruieren.

Eine *maîtresse* war viel mehr als eine private Liebschaft. Sie war eine öffentliche Person, die im Rampenlicht stand und die Aufmerksamkeit der Öffentlichkeit auf sich zog. In gewisser Weise war eine *maîtresse* ein Statussymbol, das einem Hof Glanz verlieh. Dies in Rechnung gestellt, scheint der Wahrheit näher zu kommen, daß Christina Wilhelmina von Grävenitz – wie andere Mätressen auch – insbesondere über ein Talent verfügte, das in der höfischen Gesellschaft sehr geschätzt war: die Darstellungskunst. Auf dem »großen Welttheater« – wie die Höfe bezeichnenderweise hießen – war die Fähigkeit zur Repräsentation, gepaart mit psychologischen Kenntnissen und kommunikativem Geschick ein gewinnbringendes Kapital.[17]
Darüber verfügte Christina Wilhelmina ebenso wie über familiäre Reputation. Sie entstammte der uradeligen Familie von Grävenitz, die allerdings keine Wurzeln im Herzogtum Württemberg hatte, sondern ursprünglich zum niederen Adel der brandenburgischen Altmark gehörte.[18] Christina Wilhelminas Vater Hans Friedrich von Grävenitz (1637–1697) hatte hohe Regierungs- und Hofämter an den mecklenburgischen Höfen in Güstrow und Schwerin bekleidet. Ihre Mutter Dorothea von Wendessen († 1718) stand in besonderer Gunst bei der Herzoginwitwe Christine Wilhemine von Mecklenburg. Ihre Schwester Eleonore galt als enge Vertraute der preußischen Königin Sophie Luise, einer geborenen Prinzessin von Mecklenburg und zweiten Frau des Königs Friedrich I. Christina Wilhelminas Bruder Friedrich Wilhelm schließlich war als Militär während des Spanischen Erbfolgekrieges nach Württemberg gekommen. Er hatte hier in den reichsritterschaftlichen Adel eingeheiratet und war auf dem besten Weg, »Fortune« am Hof des Herzogs Eberhard Ludwig zu machen.
Gegenüber diesen Vorzügen hatte Georg Friedrich Forstner von Dambenoy folgendes zu bieten: Er war nach eigener

Wilhelmine Christiane Friederike von Grävenitz, Gräfin von Würben (1686–1744), die »Landzerstörerin«, Ölgemälde von Catharina Elisabeth de Quitter, 1721

Aussage ein Jugendgefährte Eberhard Ludwigs von Württemberg gewesen und entstammte einer noch Anfang des 17. Jahrhunderts bürgerlichen Familie, der über den Verwaltungs- und Hofdienst der Aufstieg in den Briefadel gelang und die bereits Ende des 17. Jahrhunderts nach Konnubium, Besitz und Karriere in den alten Adel integriert war. [19] Georg Friedrich von Forstner machte entsprechend seines sozialen Hintergrunds Karriere: 1695 wurde er Kammerjunker, 1702 Haushofmeister, 1708 schließlich Oberhofmarschall. Damit unterstand ihm neben der gesamten Hofhaltung die Leitung des Ludwigsburger Schloßbaus. Bei der Realisierung und insbesondere der Finanzierung dieses herzoglichen Prestigeprojekts geriet Forstner zunehmend unter Druck und in Schwierigkeiten. Mehrere Stellenneubesetzungen in seinem Umfeld engten zudem seinen Handlungsspielraum ein. Nicht zuletzt stieß seine Lebensführung auf Kritik. Forstner hatte in aller Öffentlichkeit eine außereheliche Affäre mit der Schauspielerin Gauthier, Mitglied des herzoglichen Ensembles. Diese Liaison führte er trotz des ausdrücklichen Verbots des Herzogs fort.

Forstner machte Christina Wilhelmina, die jetzige Gräfin von Würben, für sein beginnendes Mißgeschick verantwortlich. In ihr erkannte er seine Hauptgegnerin, die ihn beim Herzog in Ungnade brachte. Bemerkenswert ist die Methode, die er wählte, um seine Gegnerin zu schlagen. Dem Ehrenkodex des Adels entsprechend kündigte er in einem Brief an Friedrich Wilhelm von Grävenitz an »Je conduis la plume comme je manierois les armes«.[20] Forstner beabsichtigte also ein verbales Ehrenduell zu führen. Seine Waffe war geschliffen scharf: »Il n'y a point de crime dont une femme qui a prostitué son honneur ne soit capable.«[21] Eine Frau, die ihre Ehre prostituierte, hielt Forstner also jedes Verbrechens fähig. Seine Attacke zielte darauf ab, Christina Wilhelmina von Würben an einem empfindlichen Punkt ihrer Existenz zu treffen, ihrer Sexual- und Standesehre. Forstner war keineswegs der objektiven Wahrheit verpflichtet, sondern seine Strategie setzte auf die soziale Demontage seiner erklärten Gegnerin. Er wußte, daß es in einer Gesellschaft, die Ehre als höchstes Gut schätzte, nur konsequent war, das gegnerische Ehrvermögen zur Zielscheibe zu machen.

Insgesamt gesehen, standen Forstners Chancen schlecht, das Duell zu gewinnen. Wenige Tage, nachdem die ersten seiner diffamierenden Briefe Stuttgart erreichten, erkrankte die Gräfin von Würben zwar schwer – und so könnte man schließen, sie verfehlten nicht ihre Wirkung. Tatsächlich mündete Forstners Ehrenkampf letztlich in einer Niederlage.[22] Die Gräfin von Würben konnte nicht nur parieren, sondern Forstner auch empfindlich touchieren und behielt zum Schluß die Oberhand – um das von Forstner gewählte Bild eines Zweikampfes noch etwas auszumalen. Hofrat Pfau, nach Paris entsendet, erreichte Forstners zeitweilige Arrestierung. Die Auslieferung nach Württemberg mißlang zwar, weil sich Madame la Duchesse d'Orléans, also Liselotte von der Pfalz, zu Gunsten Forstners einschaltete. Allerdings wurden seine ominösen Schreiben vom Henker in Stuttgart öffentlich verbrannt. Ein für einen Adligen ausnehmend ehrenrühriges Verfahren, zumal bei dieser Prozedur das »malefiz glöcklein« läutete. Außerdem bereitete der fiskalische Ankläger Dietrich einen peinlichen Prozeß vor. Bevor das Urteil ergehen konnte, starb Forstner jedoch in Mailand, wie es heißt an den Folgen eines Schlaganfalls, der ihn während eines Besuchs im Ballhaus traf.

Erfolgreicher als Forstner war 1731 eine Fraktion um das Ehepaar Sayn-Wittgenstein, der es schließlich gelang, die Gräfin von Würben zu stürzen,[23] und die die prekäre dynastische

Situation für ihre Pläne nutzte. Zunehmend zeichnete sich nämlich ab, daß mit Eberhard Ludwig die Stuttgarter Linie des Hauses Württemberg im männlichen Stamm erlöschen würde. Aber der Herzog wollte sich nicht ohne weiteres in dieses Schicksal fügen und seinen Plänen stand die langjährige Favoritin entgegen. Nach der Versöhnung mit Herzogin Johanna Elisabetha hoffte Eberhard Ludwig nochmals auf eine Schwangerschaft seiner 51jährigen Frau und die Geburt eines Erben. Er glaubte offensichtlich – wie übrigens viele Personen seiner Umgebung und im Land – im wörtlichen Sinn an das Wunder einer Schwangerschaft. Ein Arrangement zwischen dem Herzog und der Herzogin, das die weitere Duldung der Favoritin einschloß, war, wie die Vergangenheit gezeigt hatte, unmöglich.[24] »Die ehebrecherische Grävenitzin«, »das gottlose und verrufene mensch«, das »famose Weibs=Bild« oder die »schändliche und landverderbliche Creatur« sind nur einige beleidigende Namen, die Johanna Elisabetha von Württemberg ihrer Konkurrentin gab.[25]

Die Atmosphäre war, wie leicht zu ersehen ist, vergiftet. Als Motiv erkannte Hansmartin Decker-Hauff einen persönlichen Konflikt zwischen den beiden Frauen und äußerte unverhohlen seine Schuldzuweisung: »Die Dame Grävenitz ... hat es vor allem nicht verstanden, der regierenden Herzogin einigermaßen mit Achtung zu begegnen.«[26] Demzufolge hätte sich der Konflikt mit etwas gutem Willen verhindern lassen – oder anders ausgedrückt, er wäre beizulegen gewesen, wenn bei den Rivalinnen Rationalität über Emotionalität gesiegt hätte. Ich neige einer anderen Interpretation zu,[27] die sich auf Norbert Elias' Erkenntnis stützt, daß die Auffassungen über rationales Verhalten in der höfischen und bürgerlichen Gesellschaft grundverschieden waren. Höfisches Handeln orientierte sich an der Chance, Ehre zu akkumulieren. Ehre zeigte sich bei-

spielsweise an vornehmer Geburt und der Position imRanggefüge, an materiellem Besitz oder an fürstlicher Gunst.
Vor diesem Hintergrund eröffneten sich der Favoritin die größten Prestigechancen aus der Konkurrenz zur Herzogin. Ihren Platz einzunehmen, versprach den höchsten Gewinn. Andererseits drohten dem Ehrvermögen der Herzogin die größten Verluste durch die Favoritin. Aus diesem Blickwinkel betrachtet ist der Konflikt zwischen Herzogin und Favoritin keine Folge persönlicher Dummheit, sondern ergibt sich aus dem System der Machtbalance, das für die höfische Gesellschaft charakteristisch war.[28]
Daraus leitet sich die These ab, daß die Position der *maîtresse* eine spezifische Funktion innerhalb dieser Machtbalance hatte. Sie zielte darauf ab, die Stellung der Fürstin zu destabilisieren.[29]
Ich fasse bis hierher nochmals zusammen. Innerhalb des dynamischen Beziehungsgeflechts am Hof des Ancien Régime nahm die *maîtresse* eine zentrale Stellung ein. Sie war weit mehr als eine private Liebschaft des Fürsten. Im Interesse des Fürsten lag es dabei, daß ihre Position nicht zu mächtig wurde. Dafür sorgte das Spannungsgefüge, in das sie eingebunden war. Insbesondere bedingte die Rivalität mit anderen Favoriten und der Fürstin, daß ihre Position labil blieb. Selbst im Fall der Christina Wilhelmina von Würben, die sich über einen ungewöhnlich langen Zeitraum als Favoritin des Herzogs Eberhard Ludwig von Württemberg behaupten konnte, bestätigte sich schließlich dieser Mechanismus der höfischen Gesellschaft.
Diese Erkenntnisse erfordern eine Revision des Urteils über »die Grävenitz«. Es ist an der Zeit, ihre Karriere nicht länger als einzigartigen Fall von Machtmißbrauch zu stigmatisieren, sondern als typische Lebensgeschichte einer *maîtresse* zu begreifen. Aufgeworfen ist damit die Frage nach den Gründen

für die Langlebigkeit des Klischees von der »Landverderberin«. Wesentlich dazu beigetragen hat Ludwig Timotheus Spittler, der sich posthum als tüchtiger Sekundant des Barons von Forstner erwies. Spittler, einer der »Ahnherrn« der württembergischen Landesgeschichtsschreibung, sorgte dafür, Forstners Apologie ins kollektive Gedächtnis einzuschreiben. In seiner »Geschichte Wirtembergs« edierte er die »Apologie du Monsieur Forstner« nach der Londoner Ausgabe von 1746 mit dem Anspruch, sie dem Vergessen zu entreißen und seinem Autor durch die Nachwelt Gerechtigkeit zuteil werden zu lassen. Spittler pries Forstners Schrift als »Unschuldsdenkmal« eines »aufrichtigen Hofmanns«.

Doch wie gezeigt wurde, ist Forstners Schrift nichts weniger als ein objektiver Bericht. Sie ist eine bewußt konzipierte Verteidigungsschrift, die die Absicht verfolgte, die Gräfin von Würben zu denunzieren. Forstner bediente sich dazu einer stereotypen Charakterisierung. Er erklärte Gnadenlosigkeit, Rachsucht und Unversöhnlichkeit nicht nur zu persönlichen Charaktermerkmalen der Christina Wilhelmina von Würben, sondern zu typisch weiblichen Eigenschaften. Seine Schrift entwirft das Bild einer ehrgeizigen Frau, das weniger menschliche Eigenschaften als vielmehr Züge eines Raubtieres prägten. Dem animalischen Wesen dieser Frau stellte Forstner Errungenschaften der männlichen Zivilisation gegenüber. Werte wie Gerechtigkeit, Ehre und Ansehen sah Forstner von zerstörerischer weiblicher Energie vernichtet. Seine Schrift weist damit bereits jene Dichotomie der Geschlechtscharaktere auf, wie sie vermeintlich erst das bürgerliche Zeitalter des 19. Jahrhunderts populär machte.

Eine Textpassage aus der »Geschichte Wirtembergs« läßt deutlich werden, wie sehr Spittler das »bürgerliche« Denkmuster von Männlichkeit und Weiblichkeit und damit Forstners Vorurteil über die Gräfin von Würben teilte: »Den eigenen Freunden ihrer Parthie fiel es nicht nur einmal höchst ärgerlich, selbst im Aeusserlichen der Regierung den verkehrten Lauf der Natur zu sehen; ein Weib vor sich sitzen zu haben, welche freimüthiger als ein Collegiumspräsident schalt, in Staatssachen sich mengte, welche sie doch nicht so gut verstund als ihre Finanzen, und mit einer Frechheit, deren nie ein Mann fähig gewesen wäre, alles ihren Leidenschaften aufopferte. Daß Damen die Welt regieren, war zwar in Stuttgart so wenig fremd als in der übrigen Welt, aber eine Maitresse, die den Minister spielte, im geheimen Rath, wie jeder Minister, ihren Sitz hatte, Weib und Mann zugleich seyn wollte, etwas dieser Art blieb selbst in der Französischen Geschichte unerhört.«[30] Am Ende des vielfach als Jahrhundert der Frau apostrophierten 20. Jahrhunderts ist es dagegen an der Zeit, die Geschichte »der Landverderberin Grävenitz« als bürgerlichen Mythos zu begreifen und als Diffamierung von »Weiberherrschaft« zu erkennen. Heute geht es darum, ohne misogyne Seitenhiebe festzustellen, wie diese erstaunliche weibliche Karriere am Hof möglich war, und woran sie scheiterte.

Frauen machen Politik. Amalie Zephyrine von Hohenzollern-Sigmaringen und Elisabeth von Fürstenberg

Von Albrecht Krause

Wir befinden uns im Zeitalter Napoleons. Seit 1792 führen deutsche Fürsten in wechselnden Allianzen Krieg gegen Frankreich, um die revolutionäre Bewegung zu unterdrücken, die an den Grundfesten der europäischen Ordnung rüttelt, die mit ihren aufklärerischen Ideen von der Gleichheit der Menschen die althergebrachten Vorrechte des Adels abschaffen will.

Die Französische Revolution hat einen dreiundzwanzigjährigen Krieg ausgelöst, der erst 1815 mit dem endgültigen Sieg über Napoleon endet. Während dieses Krieges geht das alte Heilige Römische Reich Deutscher Nation unter. Der Untergang wird eingeleitet, als Napoleon 1801 die linksrheinischen Gebiete annektiert und der Deutsche Kaiser im Frieden von Lunéville darauf verzichtet. Damit sind die Kurfürsten von Köln und Trier aus dem Reich ausgeschieden. Die anderen

Fürsten, die Gebiete links des Rheins verloren hatten, werden 1803 durch einen Beschluß des Reichstags, den »Reichsdeputationshauptschluß«, auf Kosten der Kirche und der kleinen reichsunmittelbaren Stände entschädigt. Geistliches Gebiet mit insgesamt drei Millionen Einwohnern wird dem der weltlichen Landesfürsten eingegliedert (»Säkularisation«), ebenso die Gebiete von bisher reichsunmittelbaren Rittern und Städten (»Mediatisierung«).

Das endgültige Ende des alten Reiches kommt 1806, als 16 süddeutsche und westdeutsche Fürsten – mit einem Drittel des Reichsgebiets, darunter Baden, Bayern und Württemberg – sich auf Druck Napoleons im Juli zum Rheinbund zusammenschließen und den Austritt aus dem Reich erklären. Daraufhin gibt der Habsburger Franz II. das Amt des Deutschen Kaisers auf und nimmt den Titel eines Kaisers von Österreich an. Nun werden auch große Fürstentümer mediatisiert, Thurn und Taxis, Hohenlohe, Waldburg und Fürstenberg.

Für den bisher reichsunmittelbaren Adel bricht im wahrsten Sinne eine Welt zusammen. Er befindet sich spätestens seit 1806 in einer Art Schockzustand und ist damit beschäftigt, sich psychologisch und finanziell auf ein völlig neues, ungewisses und in der Regel ärmeres und unbedeutenderes Leben einzustellen.

Aus heutiger Sicht (und auch aus der Sicht vieler Zeitgenossen) war die Zerschlagung der uralten verkrusteten Strukturen des Alten Reiches ein notwendiger tiefer Einschnitt, der besonders in Südwestdeutschland erst die Voraussetzungen für die Schaffung eines modernen Staatswesens gebracht hat. Aber das darf nicht darüber hinwegtäuschen, daß es sich, trotz einiger Legitimationsversuche, um einen brutalen Unrechtsakt gehandelt hat. Selbst der große badische Staatsmann Reitzenstein, der Begründer des modernen Baden, schreibt damals:

»Die Sache ist auch nicht mit dem geringsten Scheine zu rechtfertigen, gibt das übelste Beispiel und dürfte in der Folge die jetzt teilnehmenden Fürsten außer der Lage setzen, sich auch nur einmal beschweren zu dürfen, wenn dereinst die nämliche Gewalttätigkeit von noch größeren gegen sie selbst ausgeübt wird.«
Eines der größten Territorien, das durch die Mediatisierung von der Landkarte verschwand, war das Fürstentum Fürstenberg. Es umfaßte etwa 2050 Quadratkilometer mit über 90 000 Einwohnern. Zum Fürstentum gehörte nicht nur die Gegend um die Residenz Donaueschingen, sondern auch Besitzungen um Wolfach und Hausach, Stühlingen, Heiligenberg, Meßkirch und Trochtelfingen. Seitenlinien der Fürstenberger saßen in Böhmen auf Schloß Pürglitz bei Prag und in Österreich auf Schloß Weitra im Waldviertel. Einen Eindruck von der Kompliziertheit der Verhältnisse im Alten Reich vermittelt die Vertretung des Fürstentums im Reichstag: »Das Haus Fürstenberg war im Regensburger Reichstag sowohl über die 1667 auf die gefürstete Grafschaft Heiligenberg radizierte Virilstimme, dem Zeichen des realen Fürstenstatus, als auch über die Kuriatstimme des Schwäbischen Grafenkollegiums vertreten. Wegen Heiligenberg saß Fürstenberg auf der Fürstenbank, wegen fünf weiterer Herrschaften (Landgrafschaft Stühlingen, Landgrafschaft Baar, Herrschaft Hausen im Kinzigtal, Herrschaft Meßkirch und Herrschaft Gundelfingen mit jeweils einer Stimme) auf der Grafenbank des Schwäbischen Kreises. Einzelne fürstenbergische Besitzungen standen außerhalb der Reichskreisorganisation, da sie in die Matrikel des Ritterkantons Hegau-Allgäu-Bodensee eingetragen waren.« Wie fast alle von der Gier ihrer größeren Nachbarn bedrohten Herren versuchten auch die Fürstenberger alles, um ihre Selbständigkeit zu erhalten bzw. sie zurückzuerlangen. Dabei spielte eine

Frau die zentrale Rolle – die Mutter des letzten, noch unmündigen Fürsten.
Die den Fürstenbergern benachbarten Fürstentümer Hohenzollern-Sigmaringen und Hohenzollern-Hechingen waren, verglichen mit Fürstenberg, ärmliche Gebilde. Hohenzollern-Hechingen umfaßte 270 Quadratkilometer, auf seinem Gebiet lebten etwas mehr als 13 000 Menschen. Hohenzollern-Sigmaringen war zwar größer, aber es bestand aus vier weitgehend selbständigen Gebieten, den Herrschaften Haigerloch und Wehrstein sowie den Grafschaften Sigmaringen und Veringen. Nur in Haigerloch herrschte der Sigmaringer Fürst unbeschränkt; die anderen Gebiete waren auf jeweils unterschiedliche Art von Österreich lehensrechtlich abhängig, und Österreich machte insbesondere gegen Ende des 18. Jahrhunderts durch ständige Einsprüche und das Verschleppen von notwendigen Entscheidungen das Land nahezu unregierbar. Aber ausgerechnet diese beiden kleinen, kaum lebensfähigen Staatsgebilde überlebten die sogenannte »Napoleonische Flurbereinigung« in Südwestdeutschland, und das war nicht zuletzt das Verdienst einer Frau, der von ihrem Mann, dem regierenden Fürsten von Hohenzollern-Sigmaringen, getrennt lebenden Fürstin Amalie Zephyrine.

Elisabeth von Fürstenberg

Elisabeth von Fürstenberg kommt als Prinzessin von Thurn und Taxis am 30. November 1767 in Regensburg auf die Welt. Ihre Mutter ist Prinzessin Maria Henriette von Fürstenberg. Die Eltern sterben früh. Der Vormund, Reichsfürst Joseph Wenzel von Fürstenberg, läßt sein Mündel in Prag erziehen. Erst relativ spät, kurz vor ihrem 23. Geburtstag, heiratet die Prinzessin 1790 ihren Vetter Karl Aloys von Fürstenberg, ei-

Fürstin Elisabeth von Fürstenberg (1767–1822) mit ihrer Tochter Maria Leopoldine, Ölgemälde um 1798

nen nachgeborenen Sohn aus der böhmischen Linie des Hauses Fürstenberg.
Es ist eine Liebesheirat. Das Ehepaar hat sehr wenig Geld. Als sie schwanger ist, schreibt Elisabeth an ihren Mann, daß es besser wäre, wenn das Kind ein Mädchen würde, denn ein Sohn »hätte schwerlich bessere Aussicht als den weißen Rock«. In einem solchen weißen Rock, also der österreichischen Uniform, fällt ihr Mann 1799 als österreichischer General (»Feldmarschall-Leutnant«) in der Schlacht von Liptingen, in der Nähe von Stockach. Im gleichen Jahr sterben zwei ihrer fünf Kinder, aber auch der erst vierzehnjährige Chef der böhmischen Linie des Hauses Fürstenberg. Sein Nachfolger und Erbe eines großen Vermögens wird der kleine Junge, über dessen Zukunft die Fürstin so pessimistisch geschrieben hatte. Allerdings muß Elisabeth den Erbanspruch ihres Sohnes zunächst in einer heftigen Erbauseinandersetzung gegen andere Familienmitglieder durchsetzen. Als im Mai 1804 in Donaueschingen auch noch Fürst Karl Joachim kinderlos stirbt, wird Elisabeths Sohn mit sieben Jahren als Karl Egon II. Reichsfürst.
Man muß die Erbhuldigung in der Residenz Donaueschingen entgegennehmen, und so reist die Fürstin von Prag, wo sie wohnt, mit ihrem kleinen Sohn nach Westen. An der östlichen Grenze des Fürstentums, bei Meßkirch, findet im Mai 1805 ein feierlicher Empfang statt. Die Einheimischen sind nicht sonderlich erbaut von dem Besuch, und das liegt nicht nur an der notorischen Kälte dort oben auf der Baar, sondern auch daran, daß der letzte Fürst keinerlei Interesse an den Regierungsgeschäften gehabt hatte und der eigentliche Machthaber im Land der Regierungspräsident Joseph Kleiser ist, ein Schwarzwälder Bauernsohn, den Fürst Karl Joachim in den Adelsstand erhoben hatte (»Kleiser von Kleisheim«). Der ist

denn auch froh, als die Fürstin bereits im September mit ihrem Sohn wieder nach Böhmen zurückkehrt, weil es dort sicherer ist als in einer Gegend, die als klassisches Durchzugsland für französische Armeen gilt.

Aber zuvor ist etwas Merkwürdiges geschehen: Die Fürstin hat sich in Donaueschingen Hals über Kopf in eine denkwürdige Liebesaffaire gestürzt – die Frau, die der Historiker Karl S. Bader als »grande dame des 18. Jahrhunderts« bezeichnet, mit einem »geschärften Blick für die Schwächen und Leidenschaften ihrer Mitmenschen«, »geistvoll«, mit »Interesse für das höfische und gesellschaftliche Leben der Zeit«, beginnt während ihres kurzen Aufenthalts in Donaueschingen mit dem 34jährigen fürstlichen Landesforst- und Jägermeister Joseph von Laßberg eine leidenschaftliche Liebschaft.

Laßberg ist eine merkwürdige Persönlichkeit. Zeit seines Lebens pflegt er einen närrischen Stolz darauf, daß er der letzte Ritter des Heiligen Römischen Reichs ist – als Sechzehnjähriger hatte er den Ritterschlag am Johannistag empfangen, von einem Johanniter, dem Freiherrn von Hundbiß, auf der alten Reichsburg Trifels, in der Richard Löwenherz gefangen gehalten worden war.

1798 kauft er das Rittergut Helmsdorf bei Immenstaad am Bodensee, weil er damit die Zugehörigkeit zum Kanton Hegau der Freien Reichsritterschaft in Schwaben erwirbt. Der Kaufpreis beträgt 15 900 Gulden, bei einem Jahresgehalt von 700 Gulden.

Er ist leidlich gebildet und beeindruckt die Fürstin aufs Höchste. In einem Brief schreibt sie über ihre Gefühle, die sie von den »Alltagsseelen« unterschieden: »Den geliebten Gegenstand heiss umfassen, in seinen armen schwelgen, oh!, das gehört mit zur liebe, denn die Seele schmachtet so lange wir leben unter den druck ihrer irdischen hülle – aber es ist nicht

Liebe wie sein und mein herz sie zu fassen fähig sind: Mittheilung aller Gedanken, stilles entzücken, stundenlanges lesen in den blick des erwählten ohne je zu ermüden; ach das ist der heilige genuss nach dem jeder schlag in meinen adern geizt.«
Laßberg kann aufgrund seiner Position in der Landesverwaltung die Fürstin überall hin begleiten, ohne Aufsehen zu erregen. Als diese nach Böhmen zurückgekehrt ist, beschreibt Laßberg in einem der vielen, nach allen Regeln der Konspiration übermittelten Briefe, wie er nachts durch den Schloßgarten in Donaueschingen spaziert: »Ja, ich sprach laut mit dir, du Theure, denn weit und breit war niemand zu sehen und zu hören. Ich sezte mich unter einen Baum und hörte dem Rauschen eines Baches zu, der durch den Garten fliesst. Der Mond gieng in seiner vollen Pracht auf und ich dachte mir, vor dem Schloss zu Lahna zu sizen. Da ergossen sich die Empfindungen meiner Seele in einem Liede, das ich zugleich dichtete und sang. Meine immer rege Einbildungskraft verwandelte mir das hiesige Schloss in jenes zu Lahna. Sehnend ging ich auf der Trasse hin und her, ob sich kein Fenster öfnen, deine hohe edle Gestalt nicht erscheinen, deine lieben Augen mir nicht winken, deine süssen, ach so süssen, Lippen mir nicht rufen wollten? Aber vergebens! ich sah und hörte nichts, bis mich das schnarrende Horn des Wächters erinnerte, das ich in Schwaben bin und die Innwohner dieser Stadt längst schlafen.«
Die Fürstin wird vor lauter Liebeskummer ernstlich krank. Im Mai 1806 geht sie zur Kur nach Lausanne. Laßberg wird ihr Reisebegleiter.
Anschließend kann sie nach Donaueschingen ziehen (wegen der komplizierten Vormundschaftsverhältnisse ihres Sohnes brauchte sie dazu die Zustimmung verschiedener Herren) und verlebt nun ein stürmisches Jahr mit Laßberg. Im Frühjahr

1807 entdeckt die fast 40jährige Fürstin, daß sie schwanger ist. Weil sie schon länger kränkelt, fällt es nicht auf, daß sie im September zur Kur in die Schweiz geht. Wegen ihres Alters glaubt sie »dem Tod entgegen zu gehen«. Sie bekommt aber ohne große Komplikationen einen Sohn, der den Namen Hermann von Liebenau erhält und bei einer Pflegefamilie aufwachsen wird.
Als sie Mitte Oktober auf der Rückreise in Schaffhausen eintrifft, findet sie nicht, wie vereinbart, Laßberg vor, sondern einen Brief von ihm. Marianne von Laßberg – der Herr Jägermeister ist nämlich verheiratet und hat vier Kinder – droht, das Verhältnis publik zu machen. Laßberg sieht seine Existenz bedroht; er befürchtet, bei Bekanntwerden des Verhältnisses von den Vormündern des unmündigen Fürsten, mit denen er im Auftrag der Fürstin heftige Auseinandersetzungen hatte, entlassen zu werden. Dadurch wäre nicht nur seine gesellschaftliche, sondern auch seine wirtschaftliche Existenz bedroht. Er schlägt der Fürstin vor, ihn scheinbar kalt und abweisend zu behandeln. In der Öffentlichkeit mimt er den liebenden Ehemann. Nur kurze heimliche Treffen finden statt, die sie als Quälerei empfindet: »Zwei bis dreimal die Woche giebst du mir eine halbe Stunde der feurigsten liebkosungen, führst du mich am eingang des himmels, den wir einst bewohnten, um durch dein plötzliches losreissen aus meinen armen mir es doppelt fühlen zu lassen, dass meine Seligkeit auf ewig verlohren ist.« Elisabeth bietet ihm sogar den Verzicht auf körperlich Liebe an, »wenn mir für dieses Opfer der freye, ungestörte Umgang mit dir versichert wäre, aber dieser Umgang ist meiner Zufriedenheit, meiner liebe, selbst meinem leben unentbehrlich.«
Die Fürstin fühlt sich von ihrem Liebhaber erniedrigt. Anderthalb Jahre habe man den vertrautesten Umgang gepflogen und

nun dieses Verhalten. Das rufe ja geradezu den Eindruck hervor, es hätte ein Verhältnis gegeben. Und nicht nur das: Es sehe nun so aus, als sei sie eine hochrangige Verführerin gewesen, die ihm, dem jüngeren Mann, ihre unerwünschte Liebe aufgedrängt habe.

Sie trägt sich mit Selbstmordgedanken. Sie schlägt Laßberg vor, vom Erlös ihres Schmuckes und ihres persönlichen Eigentums einen Bauernhof zu kaufen, wo sie beide mit ihrem Sohn Hermann glücklich leben könnten. »Sage mir nicht, daß ich, der arbeit ungewöhnt, ein hirtenleben nicht ertragen könnte ... ich fühle, dass ich jede Entbehrung, jede mühe, leicht an deiner Seite tragen würde.« Aber aus all dem wird nichts. Laßberg fürchtet um seine Existenz. Man arrangiert sich zunächst; 1808 kommt das Ehepaar Laßberg möglicherweise zu einer Einigung: Offiziell lebt Laßberg weiterhin mit seiner Frau zusammen, aber mit der Zeit wird er wieder zum vertrauten Berater der Fürstin. 1814 stirbt Laßbergs Frau, »was in Donaueschingen zu allerlei Gerüchten Anlaß gab.«

Gleichzeitig mit dieser Liebesgeschichte entscheidet sich auch das Schicksal Fürstenbergs. Wenige Wochen nach der ersten Abreise der Fürstin aus Donaueschingen besetzen im November 1805 französische Soldaten Donaueschingen, installieren eine provisorische Regierung und belegen das Land mit schweren Kontributionen. Hintergrund der Besetzung war die Tatsache, daß man Napoleon bei einem Besuch in Ludwigsburg erzählt hatte, Fürstenberg habe Österreich Truppen zur Verfügung gestellt.

Der Regierungspräsident und der Vormund des unmündigen Fürsten wollen die Mutter aus vielleicht guten Gründen nicht informieren, denn sie ist eindeutig auf Seiten Österreichs, und das ist keine gute Voraussetzung, um bei Napoleon fürstenbergische Anliegen durchzusetzen. Der Landgraf reist nach Paris

und versucht, in einer Audienz bei Napoleon die Aufhebung der Besatzung zu erreichen. Auch die Fürstinwitwe Karoline unternimmt einen von der Fürstinmutter Elisabeth für unwürdig gehaltenen Bittgang zu Napoleon, der am 22. Mai 1806 mit einer brüsken Abweisung durch den Kaiser endet.
Laßberg fordert die Fürstin auf, selbst etwas zu unternehmen. Diese wendet sich an Kaiser Franz und an den Kur-Erzkanzler von Dalberg. Sie hält es für wenig sinnvoll, sich ausgerechnet an Frankreich oder an den Kurfürsten von Württemberg zu wenden: »Doch hebt sich in meiner Seele ein leiser Zweifel, ob uns Schutz von dahier werden kann, woher wir solches erwarten. Wir recourirn am Kaiser der Franken, wie wenn solcher die Theilung unsrer Besitzungen halb beschlossen hätte. Wir negocirn an den Höchsten der benachbarten Kurfürsten; aber sind es nicht vielleicht diese Kurfürsten selbst, die das Land Fürstenberg als ein schönes arrondissement seit langer Zeit im Auge haben?« Sie hält es für besser, beim einzigen fürstenbergischen Nachbarstaat Hilfe zu suchen, von dem keine Gefahr ausgeht: der Schweiz.
Laßberg überbringt dem Bürgermeister von Schaffhausen einen Brief, in dem die Fürstin bewegte Klage über die Gewaltmaßnahmen führt und an die Schweizer Bürger appelliert, einer Mutter und ihrem hilflosen, seines Erbes beraubten Kind die Unterstützung nicht zu verweigern. Der Bürgermeister kommentiert das Schreiben mit den Worten: »Die Fürstinwitwe Fürstenberg, Mutter des minderjährigen Fürsten, schickte in ihrer Bedrängnis, die ihr das Absetzungsdekret ihres Sohnes verursachte, den jungen Hrn. v. Laßberg mit einem Schreiben hieher, das ein Meisterwerk mütterlicher Zärtlichkeit und weiblicher Finesse und Delikatesse ist. Sie bittet darin den hiesigen Stand, sich bei dem Hrn. Landammann zu verwenden ... Wir übersandten das Schreiben dem Herrn Landamman

und ersuchten ihn die Bitte als eine Galanterie oder Humanitätssache zu gewähren.« Die Schweizer schicken den Brief mit einem freundlichen Begleitschreiben weiter nach Frankreich. Nach einigen Wochen wird die Sequestration aufgehoben, allerdings nicht wegen der eidgenössischen Intervention; aber die Versuche der fürstenbergischen Regierung, Fürstenberg als vierten Staat neben Baden, Württemberg und Hohenzollern zu etablieren, scheitern.

Fürstenberg wird durch den Rheinbundvertrag im Sommer 1806 badisch (einige kleinere Gebiete kommen auch zu Hohenzollern und Württemberg), aus den bisherigen Reichsfürsten werden Standesherren, also privilegierte Untertanen des Großherzogs von Baden. Die neuen Herren verlangen 1809 vom bisherigen Vormund des unmündigen Fürsten, dem Landgrafen von Fürstenberg, er solle nach Baden übersiedeln. Der Landgraf lehnt ab, und daraufhin setzen die badischen Behörden eine Teilung der Vormundschaft durch: Der Landgraf bleibt Vormund für die böhmischen Gebiete Fürstenbergs, in Baden wird Fürstin Elisabeth Vormund, Minister Kleiser Gegenvormund, und Elisabeth verpflichtet sich, nach Baden überzusiedeln.

Die Konflikte der Fürstin mit dem an Frankreich orientierten Kleiser häufen sich. Es beginnen Jahre des ständigen Streits mit dem mächtigen Minister und den von ihm dominierten Gremien, in denen man der Meinung ist, daß »der jeweilige Fürst oder Vormünder blos da sey um die Beschlüsse der Collegien durch seine Unterschrift zu bekräftigen«. 1814 gelingt es der Fürstin, Kleiser aus dem Amt zu drängen; er wechselt in badische Dienste und wird Hofrichter in Konstanz. In der fürstlichen Verwaltung beginnt die Ära Laßberg.

Zuvor, im Herbst 1813 zeichnet sich eine Niederlage Napoleons ab, und nun beginnt Elisabeth von Fürstenberg mit großer

Energie den Kampf um die Wiederherstellung der Rechte der 1806 mediatisierten Reichsstände.
Zunächst bieten einige mediatisierte Fürsten den kriegführenden Monarchen die Aufstellung eines eigenen Truppenkontigents für den Kampf gegen Napoleon an; dieses Angebot ist nicht ohne Hintergedanken: Wer Truppen stellt, ist ein gleichrangiger Verbündeter und kann so den Anspruch auf Wiederherstellung seiner Eigenständigkeit demonstrieren. Deshalb lehnen die Alliierten dieses Angebot auch sofort ab.
Elisabeth erhofft sich Unterstützung von Kaiser Franz von Österreich. Im Dezember 1813 reist sie nach Freiburg, wo sich die Herrscher von Österreich, Rußland und Preußen versammelt haben. Am 23. Dezember erhält sie zusammen mit ihrem Sohn eine Audienz, bei der sie eine pathetische und sorgfältig vorformulierte Rede hält: Sie erwähnt die 17 Fürstenberger, die in habsburgischen Diensten gefallen sind (darunter ihr eigener Mann), und betont, daß nur die fürstenbergische Treue zu Österreich Grund für die Mediatisierung gewesen sei. »Hier steht der einzige Sohn, der letzte Sprosse der fürstenbergischen Linie dieses Hauses. 90 000 Seelen zählte er einst unter seine Untertanen und auch eben so viele Herzen; alle diese Herzen waren österreichisch, so wie die Herzen ihrer Fürsten – sie sind es noch und es kostet Eure Majestät nur ein einziges Wort, so ergreifen sie alle die Waffen für Ihre, für die allgemeine Sache Teutschlands – dies Wort heisst: Fürstenberg ist wieder teutscher Reichsstand.«
Sie wird auch von Zar Alexander empfangen, von dem sie ebenso schwärmt wie viele andere Zeitgenossinnen, und selbst der preußische König Friedrich Wilhelm III., der es sich zum Prinzip gemacht hatte, Frauen keine Audienz zu gewähren, empfängt sie. Sie tanzt auf verschiedenen Bällen mit Alexander Polonäse, konferiert mit Metternich, Stein, Hardenberg

und auch mit dem Großherzog von Baden. Zwar bekommt sie keine verbindlichen Zusagen, aber doch wohlwollende Worte zu hören.
Fürst Emich Karl von Leiningen-Dagsburg-Hardenburg (1763–1814) unterstützt den Plan der Fürstin, zum Wiener Kongreß zu reisen und schlägt vor, daß sie als Sprecherin einer Delegation von Mediatisierten fungieren solle. Seine Begründung ist einfach und naheliegend: Es sei »eine ausgemachte Wahrheit, dass eine Dame weit mehr leisten kann, als wenn ein männlicher Sollizitant auftritt«, weil eine Frau stets freier sprechen dürfe als ein Mann, und keiner der Staatsmänner oder Herrscher die Unhöflichkeit begehen würde, sie nicht zu empfangen. Freiherr vom Stein, der bereits in Freiburg in einem Mémoire gefordert hatte, Fürstenberg als eines der ältesten und mächtigsten deutschen Häuser zu erhalten, unterstützt sie auch in Wien.
Die Fürstin geht also nach Wien. Am 22. Oktober 1814 tritt sie als Delegations-Chefin im Rahmen einer öffentlichen Audienz vor den Kaiser. Neben ihr Fürst Wied-Neuwied, Graf Erbach-Erbach und Landgraf Joachim Egon von Fürstenberg. Wieder hält sie eine zündende Ansprache; in hohem Pathos fleht sie Franz II. an, die deutsche Kaiserkrone wieder anzunehmen. Der Kaiser bricht in Tränen aus. Dieser Auftritt macht die Fürstin in ganz Europa bekannt. In einer Zeitung heißt es: »Da die Fürsten in jener öffentlichen Verhandlung sich einmal durch eine Frau vertretten lassen wollten, so kann man wenigstens nicht läugnen, das ihre Wahl gut ausgefallen, und die Anrede der Fürstin von Fürstenberg gut gedacht und gefasst gewesen ist.« Der Entwurf zu dieser Rede stammt übrigens von Laßbergs Hand. Aber auch dieser Versuch, durch eine Vision, die genau den persönlichen Intentionen des Kaisers entspricht, eine überraschende Wende herbeizuführen,

schlägt fehl; zur Sache äußert sich der Kaiser mit keinem Wort.
Die Fürstin kämpft an allen Fronten – in Wien sind das hauptsächlich die Feste und Empfänge – weiter. Sie schlägt vor, Württemberg als Entschädigungsmasse für die Mediatisierten zu benutzen. König Friedrich von Württemberg solle die Schweiz bekommen. Den großen Wurf – die Erneuerung des Alten Reichs durch die Proklamation eines Kaisers – verfolgt sie nicht weiter, sondern verlangt plötzlich Sitz und Stimme für die Mediatisierten bei den offiziellen Verhandlungen – eine berechtigte Forderung, die Aussicht hat, akzeptiert zu werden. Aber wenige Tage später treibt die Nachricht, daß Napoleon Elba verlassen hat, den Kongreß auseinander. Die Mission für die Mediatisierten bleibt ohne Erfolg. Die Schlußakte des Kongresses, die vorläufige Verfassung des Deutschen Bundes, garantiert den Mediatisierten die Ebenbürtigkeit mit den regierenden Häusern sowie ein gewisses Maß an Restsouveränität. Die stolze Fürstin kommentiert das mit den Worten: »... sie hatten doch nicht Mut und Ehrlichkeit genug, um die unschuldig beraubten in ihrem Eigentum wieder einzusetzen. Sie begnügen sich also damit, nur unsere Ebenbürtigkeit mit den Unterdrückern zuzusichern, als ob es in ihrer Macht stünde, unsern Adel zu schmälern.«
Elisabeth von Fürstenberg resigniert, übergibt vorzeitig die Herrschaft an ihren Sohn und zieht sich zurück – sie wohnt abwechselnd auf Schloß Eppishausen im Thurgau, das Laßberg in ihrem Auftrag gekauft hatte, und auf dem Fürstenberg-Schloß Heiligenberg, das sie zusammen mit Laßberg vor dem Verfall rettet. Sie finanziert viele Ankäufe für Laßbergs Bibliothek, insbesondere mittelalterliche Handschriften (darunter die berühmte Handschrift C des Nibelungenlieds, die Laßberg 1815 in Wien kauft), unterstützt auch den Freiherrn

vom Stein und seine große Edition historischer Dokumente, die »Monumenta Germaniae historica«. Einmal noch greift sie kurz in die Politik ein, als sie verlangt, daß vor einer Hochzeit ihres Sohnes mit der Gräfin Hochberg diese zur Prinzessin von Baden erhoben wird. Am 21. Juli 1822 stirbt Elisabeth von Fürstenberg in Heiligenberg.

Joseph von Laßberg trauert lange um sie. Aber 1834 reist er ins ›Pumpernickelland‹, wie er es nennt, nämlich nach Westfalen: Mit 64 Jahren heiratet er die 34jährige Jenny von Droste-Hülshoff, die Schwester der Dichterin Annette von Droste-Hülshoff. 1838 kauft er in Meersburg die alte Burg; Schloß Eppishausen, auf dem er nur Wohnrecht hatte, geht als mütterliches Erbteil an Hermann von Liebenau, den Sohn Laßbergs und der Fürstin Elisabeth. Auf der Meersburg hält Laßberg Hof, spielt Mittelalter, beginnt mit der Aufarbeitung seiner 300 mittelalterlichen Handschriften. 1855 stirbt Laßberg in Meersburg. Wenige Jahre zuvor hat er seine Büchersammlung an den Fürsten Karl Egon von Fürstenberg, den Sohn der Fürstin Elisabeth, verkauft.

Es hat Mutmaßungen gegeben, ob Laßberg und Elisabeth von Fürstenberg miteinander verheiratet waren. Annette von Droste-Hülshoff berichtet in einem Brief an Levin Schücking von einem Besuch mit Laßberg in Heiligenberg am Todestag der Fürstin im Mai 1842: »Laßberg hat mich nach Heiligenberg geführt, – eine kalte schlechte Parthie. (...). Laßberg ... war höchst bewegt, was mich halb stieß halb rührte. – er führte mich durch alle ›Appartements‹, die seine Fürstinn nach einander bewohnt, zog alle Schiebladen los die sie gebraucht, und berührte, ich möchte sagen, liebkoßte Alles, was er als ihr früheres Eigenthum erkannte. (...). später zeigte er mir ein hübsches freundliches Haus, mit einer breiten Linde davor: ›dort habe ich vierzehn Jahre lang mit meiner Frau gewohnt,

– die oberen Fenster dort waren unser Wohn- und Schlafzimmer – unter dem Baume haben meine vier Jungens des ganzen Tag gespielt‹ – es war sonderbar, daß ihn diese Erinnerung äußerst friedlich und wohlthuend zu berühren schien. – es mußte das Bewustseyn des Rechtmäßigen, vor Gott und Menschen Ehrenwerthen, des Verhältnisses seyn, was so alles Andre versöhnend wirkte.« Die Formulierung »meine Frau«, die eine Heirat nahelegt, kann ebensogut eine der von Laßberg über alles geliebten mittelalterlichen Sprachproben sein, und im Mittelhochdeutschen bedeutet »frouwe« Herrin und nicht Ehefrau.
Den Totenschein für Annette von Droste-Hülshoff stellt im März 1848 übrigens Hermann von Liebenau aus, der Sohn von Elisabeth von Fürstenberg und Joseph von Laßberg.

Amalie Zephyrine von Hohenzollern-Sigmaringen

Bis 1945 gab es im tiefsten Südwestdeutschland preußische Grenzsteine, die zwischen Württemberg und Baden den preußischen Regierungsbezirk Hohenzollern markierten. Wer dort bei Gericht oder in Verwaltungsdingen eine höhere Instanz anrufen wollte, wurde nicht nach Karlsruhe oder Stuttgart verwiesen, sondern nach Koblenz. Im Gegensatz zu den viel größeren Fürstenberg oder Hohenlohe überlebten die beiden kleinen hohenzollerischen Fürstentümer die Umwälzungen zu Beginn des 19. Jahrhunderts.
Entscheidenden Anteil am Fortbestehen Hohenzollerns hatte eine Frau, für die Sigmaringen ein furchtbarer Ort war, aus dem sie flüchtete; alles Deutsche hielt sie für barbarisch; Zeit ihres Lebens sprach sie französisch. Eine Frau, die das ganze Gegenteil war von Elisabeth von Fürstenberg, der man auf dem Wiener Kongreß den Beinamen »deutscheste aller

Frauen« gab: Amalie Zephyrine von Hohenzollern-Sigmaringen, geboren am 6. März 1760 als Prinzessin von Salm-Kyrburg.

Die Fürsten von Salm-Kyrburg saßen in Kirn an der Nahe, südwestlich von Wiesbaden. Außerdem hatten sie große und reiche Besitzungen in den habsburgischen Niederlanden, die damals noch zum Deutschen Reich gehörten. Während sich in Süddeutschland katholische Fürsten an Wien und protestantische an Berlin orientierten, war für die linksrheinischen Fürsten Paris das Zentrum der Welt. Sie lebten dort wie der französische Hochadel, sprachen französisch und dienten manchmal sogar in der französischen Armee.

Amalie Zephyrine steht von Anfang an ganz unter dem Einfluß ihres fünfzehn Jahre älteren Bruders, des nachmaligen Fürsten Friedrich III. von Salm-Kyrburg (1745–1794), auch er reichsunmittelbarer Fürst wie die Fürstenberger und Hohenzollern. Friedrich von Salm-Kyrburg tritt mit 17 Jahren in kaiserliche Kriegsdienste, wechselt 1770 in die französische Armee. Voltaire erinnert sich in schmeichelhaften Ausdrücken an den schneidigen Offizier, der ihn 1771 in Ferney besucht hat.

1778 stirbt sein Vater; er geht von Paris zurück nach Kirn, übernimmt die Regierung und beginnt sofort mit dem Bau eines hochherrschaftlichen Schlosses mit Park, dessen Kosten seine immense Schuldenlast nur noch vergrößern. Im November 1781 heiratet er in Straßburg die 20 Jahre jüngere Prinzessin Johanna von Hohenzollern-Sigmaringen (1765–1790), die zwar keine großen Reichtümer mit in die Ehe bringt, aber die Anwartschaft auf ein größeres Erbe in den Niederlanden. Bei dieser Gelegenheit wird auch gleich die Ehe von Amalie Zephyrine (1760–1841) mit Erbprinz Anton Aloys von Hohenzollern-Sigmaringen vereinbart.

Ein Jahr später, 1782, ist in Paris in bester Lage Baubeginn für ein riesiges Palais, das Hôtel du Prince de Salm in der Rue de Bourbon, direkt an der Seine. Das Gebäude beherbergt später den Salon der Madame de Staël und wird 1804 Palais der Ehrenlegion. Noch heute ist hier direkt neben dem Musée d'Orsay das Museum der Ehrenlegion untergebracht.
In Holland geht Friedrich in die Geschichtsbücher ein, weil er – ein moderner Condottiere – 1784 als Oberst des Regiments »Sachsen-Gotha« in die Dienste der Generalstaaten tritt, um Utrecht gegen den Prinzen von Oranien zu verteidigen, für viel Geld, versteht sich, und sich dann aus dem Staub macht. Er wird auf ewig aus Holland, Seeland, Friesland und Utrecht verbannt.
Im August 1782 heiratet Amalie Zephyrine auf Schloß Dhaun den Bruder ihrer Schwägerin, den 19jährigen Erbprinzen Anton Aloys von Hohenzollern-Sigmaringen, einen ernsthaften pflichtbewußten jungen Mann, mit dem sie überhaupt nichts verbindet. Ihr Schwiegervater wünscht, daß das junge Paar sofort nach Sigmaringen oder Haigerloch zieht, aber Amalie Zephyrine weigert sich. Sie will lieber zunächst zurück nach Paris, wo sie aufgewachsen ist, und überhaupt möchte sie künftig die Wintermonate in Paris verbringen.
Immerhin schenkt sie im folgenden Jahr in Paris dem Haus Hohenzollern einen Stammhalter. Aber das Kind stirbt nach wenigen Tagen. Erst 1784 macht sich das junge Paar auf die Reise nach Sigmaringen.
Dort ist für die junge Frau aus Paris alles noch viel schlimmer als sie es sich vorgestellt hatte: In der armseligen kleinen Residenzstadt an der oberen Donau wohnt man in einem uralten dunklen Schloß, das keine von den Bequemlichkeiten bietet, die sie aus Paris gewöhnt ist. Der Schwiegervater lebt in Krauchenwies, die Schwiegermutter wohnt im Schloß von

Langenenslingen. Die junge Frau ist meist allein, sie versteht die Sprache nicht, ihr Mann kümmert sich kaum um sie; ein Jagdfest, das für sie arrangiert wurde, endet in einem Fiasko, weil sie keinerlei Verständnis hat für das blutige Abschlachten von Rehen und Wildschweinen, das damals zu einer herrschaftlichen Jagd gehörte.

Am 19. Februar 1785 bringt Amalie Zephyrine einen Sohn zur Welt, Karl, den langersehnten Stammhalter. Aber aus ihrer Abneigung gegen alle und jedes macht sie keinen Hehl; der Schwiegervater läßt sie streng überwachen, um zu verhindern, daß sie das Land verläßt. Er fordert den Verzicht auf Besuche in Paris und verlangt ultimativ die endgültige Umsiedlung des Erbprinzenpaares nach Sigmaringen oder Haigerloch. Wenige Wochen nach der Geburt ihres Sohnes überlistet Amalie Zephyrine ihre Bewacher. In Männerkleidung erreicht sie die nahegelegene Stadt Mengen, die bereits im Ausland liegt; von dort fährt sie sofort weiter nach Riedlingen. Vier Tage nach ihrer abenteuerlichen Flucht aus Sigmaringen erreicht sie Kirn, das Schloß ihres Bruders, der ihr einen Wagen entgegengeschickt hatte.

Im Dezember 1785 stirbt ihr Schwiegervater, sie ist Fürstin von Hohenzollern-Sigmaringen. Nun besteht die Möglichkeit (und in Grenzen auch die Bereitschaft), den Lebensstil in Sigmaringen wenigstens teilweise zu ändern. Aber Amalie Zephyrine weigert sich strikt, zurückzukehren. In den folgenden Jahren unternimmt ihre Schwägerin eine Reihe von Versöhnungsversuchen zwischen den Eheleuten. Aber Anton Aloys verlangt von seiner Frau, die in Paris in vollen Zügen das Leben an der Seite ihres Bruders genießt, sie müsse einige Monate in ein Kloster gehen, von wo er sie abholen und nach Sigmaringen bringen würde. Sie müsse bereuen und »künftig mit ihrem Gemahl nach seinem Willen in Einigkeit leben.«

Fürstin Amalie Zephyrine von Hohenzollern-Sigmaringen (1760–1841), Ölgemälde von Auguste François Laby, Paris 1828

Für Amalie Zephyrine ist das völlig inakzeptabel. Sie organisiert rauschende Feste im Palais ihres Bruders. Die Geschwister sind Teil der Pariser besseren Gesellschaft, über ihre Eskapaden und Liebschaften berichten die Journale der französischen Hauptstadt. Zu den Gästen gehören viele wichtige Personen, darunter der spätere Außenminister Napoleons und Ludwigs XVIII., Talleyrand, damals noch Bischof von Autun. Ständige Besucher sind Vicomte Alexandre de Beauharnais und seine Frau Joséphine. Beauharnais ist einer der engsten Freunde des Fürsten Salm. Er lebt von seiner Frau getrennt (geheiratet hatte er sie ohnehin in erster Linie deshalb, weil er so vor der Zeit volljährig werden konnte) und ist der offizielle Liebhaber von Amalie Zephyrine.

Leisten können sich Amalie Zephyrine und ihr Bruder das Leben, das sie führen, in keiner Weise. 1787 reicht ein Bruder des Fürsten beim Reichshofrat ein Klage ein: Der Fürst habe zwei Millionen Gulden Schulden gemacht und deshalb unrechtmäßig Teile seines Landes verkauft. Mit seinen unmäßigen und ungerechtfertigten Abgabeforderungen treibe er die Untertanen in die Armut und das Land in den Ruin. Die Geldnöte sind auch in Paris im Palais Salm unübersehbar. In einem Brief vom August 1789 berichtet der Majordomus: »Unser Tapezier hat sich verborgen, der von Bissy donnert militärische Flüche, die Bedienten gehen auf den Zehen, um die Schuhe zu schonen, und tragen in der gestickten Livreetasche eine Kruste Brotes. Der deutsche Sekretär tröstet sich mit seinem Speck wie der Dachs in der Winterhöhle. Einen Hofmarschall hier zu einer Zeit, wo der Hunger der beste Vorleger ist; muß denn alles ins Lächerliche fallen?«

Johanna von Salm-Kyrburg, die mehrfach versucht, zwischen Amalie Zephyrine und ihrem Mann zu vermitteln, hat einen ähnlichen Kulturschock hinter sich wie ihre Schwägerin. Sie ist in Langenenslingen aufgewachsen, in beengten und altfränkischen Verhältnissen. Durch die Hochzeit mit Friedrich von Salm ist sie völlig unvorbereitet in eine weltstädtische Adelsgesellschaft geraten, deren häufig zitierter Wahlspruch lautet: »Après nous le déluge« (nach uns die Sintflut). Es ist der sprichwörtliche Tanz auf dem Vulkan, auch noch nach Beginn der Revolution. Ein Bedienter Friedrichs schreibt im Januar 1790 über seinen Herrn: »... das Predigen hilft nichts und in der Not fordert er unter 1000 Flüchen Rat. Und eben heute muß er weiter bei Verlust des Eigentums sicherer Unterpfänder ohne Barmherzigkeit 20 000 Frank zahlen. ... Seine Verlegenheit ist äußerst groß, an Geld von hier ist nicht zu denken ... dabei keine Anstalten zum Sparen, da man das etwa noch vorrätige Geld in fremde Mägen wirft. Seit 14 Tagen allein habe ich über 15 000 Frank für bloße Pracht ausgegeben und Serenissimus hat aus der Schatulle 60 000 Frank wie Spreu verjagt.« Fürstin Johanna von Salm-Kyrburg, die als junges Mädchen wie viele andere auch dem Charme ihres Ehemannes erlegen ist und ihn immer noch liebt, schreibt in einem anrührenden Brief kurz vor ihrem Tod im August 1790 in Kirn, daß sie wohl direkt in den Himmel kommen werde, denn die letzten acht Jahre bei der Familie Salm seien das reine Fegefeuer gewesen.

Als in Paris 1789 die Revolution ausbricht, gehören Fürst Salm-Kyrburg und sein Freund Beauharnais zu ihren eifrigsten Befürwortern. Fürst Friedrich wird im Oktober 1789 auf Vorschlag Lafayettes zum Bataillons-Chef der Nationalgarde gewählt. Das Palais Salm entwickelt sich zu einem der wichtigsten Treffpunkte der Linken. Salm betreibt mit Eifer einen Umsturz in Deutschland. Er liegt in ständigen Streitereien mit seinen Untertanen, die ein ums andere Mal beim Reichskammergericht in Wetzlar gegen ihn Urteile erwirken. Und wer weiß, wie es beim Reichskammergericht und beim Reichshofrat zuging, kann ungefähr ermessen, welche Zustände herrschen müssen und welche Menge an Rechtsbrüchen sich ein Herrscher zuschulden kommen lassen muß, um hier innerhalb weniger Jahre mehrfach verurteilt zu werden. Friedrich von Salm-Kyrburg hofft jedenfalls ständig auf den Tod des Kaisers, von dem er sich eine Änderung der Haltung des Wetzlarer Gerichts verspricht. Er fühlt sich geradezu verfolgt von den Instanzen des Reichs. Die Stände in Brabant (er selbst ist als Besitzer des Fürstentums Hornes dort ebenfalls Mitglied) fordert er auf, gegenüber Kaiser Leopold II. die Volkssouveränität zu erklären.

Als 1792 deutsche Truppen zur Niederschlagung der Revolution in Frankreich einfallen – als einziger deutscher Fürst hat Friedrich von Salm-Kyrburg im Reichstag gegen diesen Krieg gestimmt –, verläßt Amalie Zephyrine das unsicher erscheinende Paris; sie will nach St. Martin im Artois, wo ihr Bruder ein Schloß besitzt. Auf Bitten von Joséphine Beauharnais nimmt sie auch deren beiden Kinder Hortense und Eugène mit. Obwohl sich bald herausstellt, daß die Lage nicht so gefährlich war wie befürchtet und Amalie Zephyrine bald zurückkehrt, vergißt Joséphine diesen Freundschaftsdienst nicht.

Am 13. Germinal des Jahres II, dem 2. April 1794 des vorrevolutionären Kalenders, wird »der sogenannte Salm-Kyrburg, deutscher Fürst« verhaftet, seine Schwester unter Hausarrest gestellt. Auch Beauharnais und seine Frau sind im Gefängnis. Weil Salm angeblich im Gefängnis Almosen verteilt hat, wird ihm ein Bestechungsversuch vorgeworfen. In der Anklage heißt es dann: »Salm, auswärtiger deutscher Fürst, der unter der Maske des Patriotismus nichts anderes ist als der versteckte Agent der deutschen Koalition gegen Frankreich« – ein geradezu aberwitziger Vorwurf.

Friedrich von Salm-Kyrburg und sein Freund Alexandre de Beauharnais, der Liebhaber Amalie Zephyrines, werden am 24. Juli 1794 geköpft, wenige Tage vor dem Sturz Robespierres. Salm spöttelt noch auf dem Henkerskarren: »Wir werden kein Trinkgeld geben; sie haben uns zu langsam gefahren«. In seinen Taschen findet man zwei Briefe an seine Schwester, die er abgöttisch geliebt hat und die er flehentlich bittet, sich um seinen kleinen Sohn zu kümmern.

Seine Leiche wird zusammen mit 1313 anderen in eine Grube geworfen. Amalie Zephyrine, die in größter Geldnot ist, weil sie, um nicht ins Gefängnis zu kommen, ihren Hausarrest finanzieren muß, also ihre Wächter selbst besoldet und verpflegt, beschafft unter den Bedingungen des extremsten Terrors innerhalb eines Tages genug Geld, um von Bauarbeitern das Massengrab öffnen zu lassen. Einen ganzen Tag lang sucht sie bei hochsommerlichen Temperaturen nach ihrem Bruder; sie ist sicher, daß sie den Körper an drei kleinen Narben erkennen kann. Es ist vergeblich. Einige Monate später kauft sie den blutgetränkten Hinrichtungsplatz, läßt ihn mit einer Mauer umgeben und errichtet ein Monument.

Die wirtschaftlichen Verhältnisse der Fürstin von Hohenzollern-Sigmaringen sind desolat. Von ihrem Mann erhält sie keinen Pfennig. Die privaten Besitztümer ihres Bruders in Paris und im Artois sind verpfändet und völlig überschuldet. Das linksrheinische Fürstentum Salm-Kyrburg ist besetzt. Nun beginnt Amalie Zephyrine ein neues Leben: Sie kämpft um die Entschädigung für ihren Neffen, den dreijährigen Erben von Salm-Kyrburg, für den sie seit dem Tod seiner Mutter sorgt. Mit dem Aufstieg ihrer Freundin Joséphine zur Gattin des mächtigsten Generals Frankreichs und späteren Kaisers wachsen ihre Einflußmöglichkeiten. General Bonaparte läßt ihretwegen im geheimen Teil des Friedensvertrages von Campo

Formio auch Salm-Kyrburg unter die Fürstentümer einreihen, die entschädigt werden sollen.
Napoleon rät ihr auch, die Interessen von Salm-Kyrburg, also ihre eigenen und die ihres Mündels, direkt beim Rastatter Kongreß wahrzunehmen. Sie wohnt, um Geld zu sparen, in einer Meierei bei Baden-Baden. Zu ihrer Entourage gehört nicht nur eine Ehrendame, sondern auch Charles de Voumard, Erzieher des kleinen Fürsten Friedrich IV. von Salm-Kyrburg, ein sehr belesener Mann, ehemaliger Offizier, Schweizer von Geburt, der fortan ihr ständiger Begleiter ist. Die finanzielle Lage Amalie Zephyrines ist immer noch sehr schlecht. Die Einkünfte aus allen Besitzungen ihres Bruders sind aus den unterschiedlichsten Gründen beschlagnahmt. In einem Brief schreibt sie im Juli 1798: »Stellen Sie sich vor, daß ich seit 14 Tagen von 8 Louis lebe, die mir Herr de Voumard lieh, und seit fast 8 Tagen von 2 Louis. Ich mußte heute meine Juwelen verpfänden.«
Von Rastatt aus bietet sie ihrem Mann an, sich auch um seine Angelegenheiten zu kümmern und bittet um einen Besuch ihres Sohnes. Aber der gedemütigte Anton Aloys lehnt ab.
Im Frühjahr 1801 beginnen nach dem Frieden von Lunéville die eigentlichen Entschädigungsverhandlungen für die Länder, die auf dem von Frankreich annektierten linken Rheinufer Besitzungen verloren haben. Davon ist auch Hohenzollern betroffen, wegen seiner wertvollen Besitzungen in Holland. Nun akzeptiert Anton Aloys schweren Herzens das Hilfsangebot seiner Frau. Er hat lange gezögert, weil der Bruder Amalie Zephyrines genau diese Besitzungen als Erbe seiner verstorbenen Frau für die Familie Salm beansprucht hatte.
Ein sachlicher Briefwechsel zwischen Amalie Zephyrine und ihrem Mann beginnt. Anton Aloys skizziert, was er sich als Ausgleich für den holländischen Besitz wünscht: Zwiefalten,

Obermarchtal, Aufhebung der Lehensbindung an Österreich. Amalie Zephyrine antwortet, sie wolle sofort selbst nach Paris fahren. Dorthin solle der Fürst auch den Erbprinzen schicken, damit sie ihn der Frau des Ersten Konsuls vorstellen könne, also Joséphine Beauharnais, die inzwischen Madame Bonaparte ist. Diese sei seit Jahren ihre Freundin und kenne ihre zärtliche Liebe für ihren Sohn.
Nun muß Anton Aloys notgedrungen den Besuch des Erbprinzen zusagen. Zunächst allerdings schickt er einen Berater nach Paris, der die Fürstin unterstützen soll. Ihr jüngerer Bruder Moritz hatte einmal geschrieben: »Sie weiß keinen Unterschied zwischen der Pfalz oder Westfalen zu machen, sie weiß nicht, was ein Land ist, wo Stände sind, sie kennt den Charakter von den Preußen nicht, in einem Wort: man muß ihr genau sagen, was sie sagen soll, und dann ist sie vortrefflich, um zu begehren.«
Die Suche nach einem geeigneten Hofmeister für den Erbprinzen hat sich hingezogen. Schließlich findet der Sigmaringer Hof durch Vermittlung der fürstenbergischen Beamten Laßberg und Kleiser in Franz Xaver Fischler den geeigneten Mann, und im Sommer 1801 kommt es in Isque bei Brüssel zur ersten Begegnung zwischen Mutter und Sohn.
Anton Aloys bietet seiner Frau für den Fall, daß sie ihn wieder in den Genuß der Einkünfte aus den verlorenen holländischen Besitzungen bringt, eine jährliche Zahlung von 4000 Francs. Amalie Zephyrine antwortet im August 1802: Die einflußreichen Persönlichkeiten in Paris – in erster Linie ist Talleyrand gemeint – hätten mehr Anteil an ihr genommen als sie erwartet hatte. Auf ihre Bitten um Entschädigung für ihren Mann sei ihr erklärt worden, eine Dame von ihrem Rang könne unmöglich dauernd von so geringen Einkünften leben, wie sie ihr zur Verfügung stünden. Wenn ihr der Fürst, ihr Gatte, nicht aus

den Entschädigungen, die sie für ihn reklamiere, eine jährliche Rente von 25 000 Livres fest zusage, dann müßten eben die Entschädigungen an sie gegeben werden. Sie würden ja später ohnehin dem Erbprinzen und damit dem Haus Hohenzollern zufallen. Wenig später schreibt sie, Anton Aloys solle einfach in einen offiziellen Brief an sie einen Passus einrücken: »Ich bin bereit, Madame, Ihnen eine lebenslängliche Rente von 25 000 Livres zu bezahlen, wenn Sie durch Ihre Bemühungen die Herausgabe meiner Besitzung Boxmeer in Holland und eine kleine Entschädigung für alle Verluste, die ich in Holland hatte, in Deutschland erwirken, und wenn Sie dazu durch die Freunde, die Sie im französischen Gouvernement haben, gelangen.« Anton Aloys stimmt sofort zu; er macht lediglich die Bedingung, daß die Entschädigung ebenso hohe Einkünfte abwerfen müsse.

Nach langen Verhandlungen wird Hohenzollern für seine Verluste in Holland in Schwaben entschädigt, unter anderem mit Beuron und Inzigkofen, beides säkularisierte Klöster. Der ursprünglich als Hofmeister für den Erbprinzen angestellte sigmaringische Abgesandte Fischler berichtet: »Ich bin weit entfernt mir zuzueignen, was wir dero gnädigster Gemahlin zuschreiben müssen; das französische Gouvernement erklärte zu bestimmt, daß die Freundschaft für diese Dame seine Schritte leite«.

Nach den Siegen Napoleons bei Ulm und Austerlitz 1805 ist für Hohenzollern Gefahr im Verzug; Baden und besonders Württemberg beginnen rigoros mit der Besetzung der Nachbarländer. Am 6. März besetzen württembergische Truppen Hohenzollern. Amalie Zephyrine hält sich gerade in Westfalen auf und kann nicht eingreifen; jetzt zahlt sich die Vorstellung des Erbprinzen Karl beim französischen Kaiserpaar aus. Kaiserin Joséphine, die ihrem Mann nachreist, empfängt ihn in

Karlsruhe und München. Auf ihren Wunsch nötigt Talleyrand dem württembergischen Minister Normann-Ehrenfels eine Erklärung ab, derzufolge Württemberg auf seine Ansprüche in Hohenzollern verzichtet. Normann schreibt in einem Bericht: Der Anstoß zu diesem Vertrag sei nicht von Napoleon ausgegangen, vielmehr handle es sich um »eine Empfehlung der Kaiserin Josephine aus besonderer Gunst für die Mutter des Erbprinzen von Hohenzollern.« Der wütende König Friedrich zieht allerdings auch auf Befehl Napoleons kein Besitzergreifungspatent zurück. Französische Truppen müssen einrücken und die Patente entfernen.

Anschließend besetzt Hohenzollern einige fürstenbergische Städte und Dörfer, die zur vertraglich vereinbarten Entschädigung für die linksrheinischen Gebiete gehören. Immerhin bringt Anton Aloys gegenüber seinen weniger glücklichen Nachbarn sein Unbehagen zum Ausdruck: »Da es der Vorsehung gefallen hat, durch den Staatsvertrag vom 12. Juli 1806 meinem fürstlichen Hause Vergrößerungen und erweiterte Hoheitsbezirke zuzuwenden, so rückt jetzt der Zeitpunkt der Besitznahme heran. Übrigens kann ich hierbei die aufrichtige Versicherung abzugeben nicht entstehen, daß wenn die höhere Politik es verstattet hätte, mein Herzenswunsch gewesen wäre, das meinem Hause widerfahrene Schicksal auch auf dero fürstliches Haus ausgedehnt zu sehen.«

Im Juli 1806 nämlich hat Fischler, der sich bei den Verhandlungen sehr hervorgetan hatte, endlich den Rheinbundvertrag für beide Hohenzollern unterzeichnet. Auch die beiden Fürstentümer Salm-Salm und Salm-Kyrburg vertritt er bei der Zeremonie. Trotz seiner Verdienste fällt Fischler wenig später in Sigmaringen in Ungnade, weil er gegen den Willen des Fürsten dessen Schwester, Gräfin Kreszenz, heiratet, als die von ihm ein Kind erwartet. Er tritt in die Dienste des Herzogs von Sachsen-Coburg und wird dessen Gesandter beim Wiener Kongreß.

Aber die Zugehörigkeit zum Rheinbund ist keine Bestandsgarantie für ein schwaches Land wie Hohenzollern. Mit einer Heirat läßt sich die Position des Landes verbessern. Denn Napoleon will seine Familie als europäische Dynastie etablieren durch vielfältige Heiratsverbindungen zum europäischen Hochadel. Schon der fürstenbergische Minister Kleiser hatte das Scheitern der Bemühungen um die Erhaltung Fürstenbergs ganz realistisch auch darauf zurückgeführt, daß das Haus keinen heiratsfähigen Prinzen aufzuweisen hatte. Vor diesem Hintergrund sind die Bemühungen Amalie Zephyrines zu sehen, ihren Sohn mit einer Verwandten Napoleons zu verheiraten, nämlich mit der Nichte von Joachim Murat, dem König von Sizilien, verheiratet mit Napoleons Schwester Caroline. Gegen den Willen des Fürsten fädelt Amalie Zephyrine diese Ehe ein. Weil die Braut erst 13 Jahre alt ist, wird die Trauung nach Abschluß des Ehevertrags noch um zwei Jahre verschoben. Bei der Hochzeit vertritt Amalie Zephyrine offiziell das Haus Hohenzollern, weil Fürst Anton Aloys nicht nach Paris reisen will und eine Krankheit vorschützt.

Karl dient als Adjutant von Murat in Spanien. Erst nach längerer Zeit erhält er Urlaub. Seine junge Frau lebt bei seiner Mutter, und er will mit beiden nach Sigmaringen reisen. Fürst Anton Aloys will unter allen Umständen verhindern, daß seine Frau mitkommt, und erst ein Ultimatum des Sohnes – sie kämen zusammen entweder jetzt oder nimmermehr – stimmt ihn um. Als das junge Paar unter Vivatrufen in Sigmaringen einzieht, fehlt der Fürst. Er war nach Bayern gereist.

Er kann auch nicht verhindern, daß Amalie Zephyrine nach Sigmaringen zieht. Die Begegnung mit ihrem Mann, die sich nicht vermeiden läßt, verläuft nach ihren eigenen Worten

»froid et embarrassé«, kühl und verlegen. Zunächst läßt sie sich das Amtshaus des ehemaligen Klosters Inzigkofen umbauen; der Ziergiebel des Gebäudes hoch über der Residenzstadt weist direkt hinunter ins Donautal, zum Schloß Sigmaringen. Einige Jahre später läßt sich die Fürstin in Sigmaringen ein repräsentatives Gebäude errichten.
Oberst Charles de Voumard, der Erzieher des jungen Fürsten Friedrich IV. von Salm-Kyrburg, kommt als Hofkavalier mit nach Sigmaringen, ebenso ein junges Mädchen namens Hélène d'Isque. Isque ist der Name des Schlosses der Familie Salm in der Nähe von Brüssel, in dem Amalie Zephyrine nach dem Tod ihres Bruders häufig wohnte. Es gibt kaum Zweifel daran, daß Hélène dic Tochter Amalie Zephyrines und Voumards ist. Fürst Anton Aloys verleiht ihr 1820 den Adel mit dem Prädikat »von Schatzberg«. 1824 heiratet sie Friedrich von Laßberg, den Sohn des Freundes von Elisabeth von Fürstenberg; beide leben in Sigmaringen bei Amalie Zephyrine, die auch hier eine kleine Schar gebildeter und kultivierter Menschen um sich sammelt. Friedrich von Laßberg ist Direktor des Fürstlichen Hofgerichts. Die Hoffnungen der Familie Laßberg, ausgesprochen in mehreren Briefen von Annette von Droste-Hülshoff, daß das viele Geld von Hélène d'Isque eines Tages zur Linderung der chronischen Geldnot beitragen würde, erfüllt sich aber nicht.
In der kleinen Residenz Sigmaringen ist die Fürstin die große Dame. Sie, die aus ihrer Verachtung für die kleine enge Stadt nie ein Hehl gemacht hat, ist nun die Sympathieträgerin des Fürstenhauses, obwohl oder vielleicht auch gerade deshalb, weil sie auf Distanz bleibt. Wenn sie zur Kur fährt, dann nicht in das einzige Bad des Fürstentums Hohenzollern, Bad Imnau, sondern nach Spa oder in andere mondäne Bäder. Auch als sie auf eigenen Wunsch in Sigmaringen lebt, fällt es ihr nicht ein, Deutsch zu lernen. Aber das alles tut ihrer merkwürdigen Be-

liebtheit keinen Abbruch. 30 Jahre lebt sie in Sigmaringen, 1841 stirbt sie dort, zehn Jahre nach ihrem Mann.

Zwei Fürstinnen in der Zeit der Revolution

Elisabeth von Fürstenberg und Amalie Zephyrine von Hohenzollern-Sigmaringen waren Angehörige des Hochadels. Das bedeutete nicht unbedingt Reichtum, wohl aber die Zugehörigkeit zu einem Stand, der sehr darauf bedacht war, seine Exklusivität zu bewahren. Äußerliches Kennzeichen dieser Exklusivität waren die für normale Sterbliche kaum überwindbaren Hindernisse beim Eintritt in diese Gesellschaft. Mindestens ebenso wichtig aber war die Erziehung. Damit ist keine Berufs- oder Schulausbildung gemeint, sondern das Aneignen einer unspezialisierten aristokratischen Bildung. Dazu gehören Umgangsformen – die ganze Vielzahl der Erkennungszeichen, die auch ohne den Blick auf die Stammbäume zeigte, wer »dazugehörte« und wer nicht. Wichtiger sind aber andere Dinge: Wenn in dem bereits zitierten Brief Prinz Moritz von Salm-Kyrburg meint, man müsse Amalie Zephyrine immer zunächst einmal aufschreiben, worum es gehe, weil sie keinerlei Ahnung von den deutschen Verhältnissen habe; wenn man es ihr aber erklärt oder aufgeschrieben habe, könne sie das Angelesene exzellent vertreten, dann ist das nicht nur die Beschreibung einer Frau, die von den komplizierten und verwickelten Verhältnissen in Deutschland nichts weiß und wohl auch nichts wissen will. Zum Ausdruck kommt hier eine Kompetenz, die heutzutage jeder Vorstandsvorsitzende oder Minister haben muß: Die Fähigkeit, zu »kommunizieren«, nach einem kurzen »Briefing« Dinge überzeugend und als eigene Anliegen zu vertreten, die »Spin-Doctors« und andere Mitarbeiter entworfen und aufgeschrieben haben.

Die sich auf Geburt und Abstammung gründende Zugehörigkeit zur führenden Klasse widersprach allen Grundsätzen der Aufklärung, und die aus der Aufklärung hervorgegangene Französische Revolution war unter anderem ein Frontalangriff auf die Adelsvorrechte. Die Hinrichtung Ludwigs XVI. und seiner Frau zeigte auch den letzten Sympathisanten der Aufklärung unter dem europäischen Adel (und es gab eine ganze Menge davon), daß hier die Existenzfrage gestellt wurde. Auch die Krönung einer ruinierten kreolischen Halbweltdame zur Kaiserin von Frankreich war für den standesbewußten europäischen Adel noch Ausfluß der Revolution. Napoleons Versuche, mit Hilfe der Heiratspolitik seine Familie im europäischen Hochadel zu etablieren, waren seinerseits zwar letzten Endes eine Anerkennung der führenden Rolle des europäischen Hochadels, aber von seiner eigenen Abkunft konnte auch die Heirat mit einer österreichischen Prinzessin nicht ablenken.

Es ist eine Ironie der Geschichte, daß einige deutsche Fürsten am Ende sehr viel revolutionärer und adelsfeindlicher waren als Napoleon selbst. Wer es verstand, sich rechtzeitig auf die Seite der neuen Vormacht Frankreich unter Napoleon zu schlagen und den französischen Kaiser ebenso rechtzeitig zu verraten, als sich seine Niederlage abzeichnete, konnte die Beute aus einem der brutalsten Raubzüge in ein legitimes Besitztum verwandeln. Der Historiker Dieter Langewiesche hat das Geschehen in deutliche Worte gefaßt: »Was wir gewohnt sind, mit dem kühlen Begriff Säkularisation zu belegen und als einen Teil des staatlichen Modernisierungswerkes zu begreifen, mit dem die ›Moderne‹ heraufzog, vollzog sich vielfach in der Form von Raubzügen, mit denen der eine Staat dem anderen im Wettlauf um die fetteste Beute zuvorzukommen suchte. (...) Man raubte aus der Konkursmasse des Alten Reiches, was zu rauben war, um es nicht dem Zugriff des konkurrierenden Nachbarn hinterlassen zu müssen.«

Den Hauptangriff auf den deutschen Adel, auf die Reichskirche und die Stände führten keine bürgerlichen Gleichmacher, keine Fremden und keine Revolutionäre, sondern Standesgenossen, Rheinbundfürsten wie die Könige von Bayern und Württemberg und der Großherzog von Baden. Einigermaßen fassungslos standen die, wie man damals sagte, »Mindermächtigen« vor der Tatsache, daß plötzlich für die Obrigkeit Recht und Herkommen nichts mehr galten, daß sich einige wenige Herrscher daran machten, die alte, in Recht und Gesetz verankerte politisch-soziale Ordnung schlichtweg zu vernichten, um an die Stelle der alten buntscheckigen Ordnung mit Gewalt einen »rechtlich und politisch nivellierten Untertanenverband« (Langewiesche) zu setzen.

1815 und 1816 wurden die meisten dieser Vorgänge sanktioniert durch den Wiener Kongreß, der zwar die Legitimität auf seine Fahnen geschrieben hatte, damit aber die Erhaltung der neuerworbenen Besitztümer der neuen Herren meinte. Darüber konnte auch die Kosmetik nicht hinwegtäuschen, die in Form von Sonderrechten der mediatisierten Herren festgelegt wurde.

Schon die Zeitgenossen haben die Rolle der Fürstin von Fürstenberg herausgehoben. Varnhagen schreibt, daß sie »auf dem Wiener Kongreß mit männlichem Mut, aber geringem Erfolg die Sache der Mediatisierten verfochten« habe. Solches Lob – daß es einer Frau gelingen könnte, wenigstens annähernd so stark und mutig sein zu können wie ein Mann – hat Elisabeth auch noch im 20. Jahrhundert geerntet. Der Historiker Karl S. Bader schildert sie als »... eine Frau von reichen Gaben – hoch gebildet, kunstsinnig, freidenkerisch und josephinischen Ideen stark zugetan, dabei zugleich energisch und von fast männlicher Klarheit und Denkschärfe.« Tatsächlich war es wohl so, daß die Umbruchszeit um 1800 auch in einer Männergesellschaft Frauen für wenige Jahre große Chancen eröffnete, Einfluß zu nehmen, und zwar nicht zuletzt deshalb, weil viele Adlige den Umbrüchen völlig verständnislos gegenüberstanden und wie paralysiert waren. In Einzelfällen geriet die herkömmliche Rangordnung zwischen Mann und Frau ins Wanken oder wurde auch, wie im Falle Elisabeths von Männern bewußt ausgehebelt. Denn nichts anderes steckte hinter dem Vorschlag Leiningens, eine Frau, die seit ihrer Prager Zeit den Kaiser Franz II. gut kannte, an die Spitze der Delegation der Mediatisierten zu stellen: Sie konnte anders reden, hatte andere Zugänge zu den Monarchen, konnte sich die bei allem Umbruch immer noch geltenden Höflichkeitsregeln gegenüber einer Dame zunutze machen.

Das gilt auch für Amalie Zephyrine. Natürlich hat sie Hohenzollern nicht allein »gerettet«. Ihre Bemühungen galten ja in gleichem Maße Salm-Kyrburg und dem Erbe ihres Bruders, der zeitlebens ihr Abgott war. Hier scheiterte sie am Ende. Im Falle Hohenzollern kam ihr zugute, daß durch die ständigen Auseinandersetzungen um die österreichische Lehenshoheit Hohenzollern von vornherein bei Napoleon besser dastand als Fürstenberg, dessen Herrscherhaus nie ein Hehl aus seiner unbedingten Loyalität zum Haus Habsburg gemacht hatte. Aber sie war durch ihre persönlichen Verbindungen und durch ihre Zugehörigkeit zur Spitze der Pariser Gesellschaft in der Lage, die Interessen und Rechte des Fürstentums in den entscheidenden Momenten zur Geltung zu bringen.

Amalie Zephyrine hat sehr viel geschrieben, nicht nur Briefe, sondern auch eine umfangreiche Autobiographie und eine Erinnerungsschrift an ihren über alles geliebten Bruder, dem sie auch in Inzigkofen einen Gedenkstein setzen ließ. Vieles ist in der Rückschau geschrieben und dient der Rechtfertigung. Insbesondere an der Rehabilitation ihres Bruders war ihr zeitlebens sehr viel gelegen. Aus der Fülle ihrer Aufzeichnungen läßt sich die rapide Veränderung im Verhältnis der Geschlechter aus Sicht des Hochadels nachvollziehen, die gegen Ende des 18. Jahrhunderts begann, mit der Promiskuität des Adels in der Zeit vor der Revolution, die in die allgemeine Freizügigkeit der Zeit bis zum Wiener Kongreß mündete und schließlich ihren Endpunkt in der von Hegel eingehend beschriebenen bürgerlichen Liebe und Ehe fand.

Diese Entwicklung war nicht auf den Adel beschränkt. Varnhagen von Ense schrieb von einer »Religion der Sinnlichkeit«, die um 1800 für einige Jahre geherrscht habe. Es gibt eine Reihe von bürgerlichen Frauenschicksalen, an denen man das belegen kann. Als Beispiel sei nur Caroline Schlegel genannt, die im von den Franzosen belagerten Mainz eine Liebschaft mit einem französischen Offizier hatte. Sie wurde schwanger, akzeptierte noch während dieser Schwangerschaft den Heiratsantrag des Schriftstellers August Wilhelm Schlegel. Dessen Bruder erregte die deutsche Öffentlichkeit mit seinem Roman »Lucinde«, der u.a. die sexuelle Freiheit auch und gerade der Frau verherrlichte. Heinrich Heine verspottete dieses Buch später als »unzüchtige Nichtigkeit«, und Schlegel nahm es Jahre später nicht mehr in seine gesammelten Schriften auf, denn für diese Art von romantischer Liebe war für den inzwischen zum katholischen Glauben übergetretenen Vertreter des jeweiligen Zeitgeistes kein Platz mehr.

Amalie Zephyrine war keine Vorkämpferin der Frauenemanzipation. Wenn sie Mann und Kind verließ, sich in das Pariser Leben stürzte, so war das ein Recht, das sie sich als Angehörige des Hochadels ebenso nahm wie die gegen den verständlichen Unwillen ihres Mannes erzwungene Rückkehr nach

Sigmaringen. Amalie Zephyrine wäre wohl nie auf die Idee gekommen, Herrn de Voumard zu heiraten; für die Pflege eines solchen späten und privaten Glücks gab es bewährte Einrichtungen an den Höfen, ebenso wie für die Versorgung eines gemeinsamen Kindes durch die Verleihung eines eigenen Adelsprädikats und einer entsprechenden Dotation im Testament. Und die freundliche Distanz von den Untertanen, die sie in Sigmaringen gepflegt hat – durch den Lebensstil ebenso wie durch die konsequente Weigerung, Deutsch zu lernen – tat ja ihrer Popularität keinerlei Abbruch. Vermutlich hätte eine unstandesgemäße Verbindung in Sigmaringen mehr Aufsehen erregt als solch eine Beziehung, die in der kleinen Stadt kein Geheimnis bleiben konnte; spätestens nach der Heirat Hélènes mit dem jungen Laßberg und der Übersiedelung des jungen Paares in das Palais der Fürstin war es auch offensichtlich geworden. Der Verzicht auf legitimiertes bürgerliches Glück macht vielleicht einen nicht unwesentlichen Teil der Sympathie aus, die viele Bürgerliche auch heute noch für den Adel hegen. Amalie Zephyrine jedenfalls war noch zu Lebzeiten und lange Jahre nach ihrem Tod in Sigmaringen und Umgebung so populär wie kein anderer Angehöriger des Fürstenhauses.

Die Beziehung der Fürstin Elisabeth von Fürstenberg zu Joseph von Laßberg gehörte bereits einer neuen Zeit an. Der Entschluß, alles aufzugeben und sich in ein privates Paradies zurückzuziehen, ist romantisch. Hier wird Liebe zu einem existentiellen Problem, und ironischerweise scheitert sie an den Schranken der bürgerlichen Ehrbarkeit des Familienvaters Laßberg. Ausgerechnet der Mann, der so stolz ist auf seine Beziehungen zum Mittelalter, der viel Geld ausgegeben hat, um auf der Ritterbank Platz nehmen zu dürfen, verzagt angesichts der Möglichkeit, wenigstens einmal in seinem armseligen Beamtenleben wirklich Ritter sein zu dürfen. Der zum Ritter geschlagene Laßberg ist ein Vertreter der neuen Zeit. Seine Mittelaltersehnsucht ist nostalgisch. Ritter sind für ihn lustige Männer, die herumreiten in bunten Rüstungen. Und solange es nicht regnet und der Weg nicht zu weit ist, reiten sie zu ihrer Dulzinea, singen sie an und weiden sich am eigenen wohlfeilen Liebesschmerz. Und sie sind entsetzt, wenn die Herrin »Ja« sagt, obwohl das in den »alten Maeren« nicht vorgesehen ist. Die Fürstin von Fürstenberg wollte mehr als eine billige Liebschaft. Aber das stand erstens nicht in den Büchern, und erfordert zweitens einen gewissen Mut und eine Gefühlslage, wie sie ein Ritter von der traurigen Gestalt, der seine Gefühle aus Büchern bezieht, eben nicht aufbringen kann. So scheiterte die romantische Forderung der Fürstin am bürgerlichen Geist ihres Liebhabers. Daß man sich späterhin arrangiert hat, ändert nichts am Charakter dieser traurigen Liebesgeschichte.

Epilog: Hohenzollern und Fürstenberg im 19. Jahrhundert

Was blieb von den Anstrengungen der beiden Fürstinnen? Der Sieg, den Amalie Zephyrine davongetragen hatte, bewahrte zwei kleine Staatswesen vor dem Anschluß an Württemberg. Aber beide waren eigentlich nicht lebensfähig. Besonders Hohenzollern-Hechingen hatte aufgrund seiner Größe und seiner Wirtschaftsstruktur keine Chancen, im 19. Jahrhundert zu überleben. Als im März 1848 die Unzufriedenheit der Bevölkerung in offenen Aufruhr überging, trat der Fürst seine Herrschaft gegen eine Entschädigung an den Verwandten in Sigmaringen ab. Dort, in Sigmaringen, hatte Fürst Karl, der Sohn Amalie Zephyrines, enttäuscht und verbittert über das Verhalten seiner Untertanen, im März 1848 zugunsten seines

Sohnes Karl Anton abgedankt, und der war sich darüber im klaren, daß auch ein vereinigtes Fürstentum Hohenzollern allein keinen Bestand haben konnte. In langwierigen Verhandlungen gelang es ihm, sein Fürstentum in das Reich der preußischen Hohenzollern eingliedern zu lassen. Im Januar 1850 nahm König Friedrich Wilhelm IV. auf der alten Burg Hohenzollern die Huldigung entgegen. Das ehemalige Fürstentum war nun der preußische Regierungsbezirk Hohenzollern, und das blieb es bis zum Ende des Zweiten Weltkriegs, und noch heute erzählen alte Leute in der Gegend empört, wie sie damals, vor dem Krieg, von den Schweizer Grenzern sehr viel strenger kontrolliert wurden, denn sie hatten nicht die Autokennzeichen der württembergischen und badischen Nachbarn, sondern preußische. Für die Fürsten selbst brachte der Anschluß an Preußen nur Vorteile. Nicht nur, daß man die täglichen Sorgen um ein bitter armes Ländchen los war. Der jeweilige Chef des Hauses erhielt den Rang eines nachgeborenen Prinzen des preußischen Königshauses, was ihm nicht nur Anspruch auf die Anrede Königliche Hoheit eintrug, sondern auch die völlige Befreiung von Steuern in Preußen (also auch in Hohenzollern). Durch die Abtretung des Fürstentums waren die Voraussetzungen auch für die wirtschaftliche Sanierung der schwäbischen Hohenzollern gegeben. Rudolf Martins »Jahrbuch der Millionäre« verzeichnet 1914 für den Fürsten Wilhelm von Hohenzollern Besitz in Höhe von 28 Millionen Reichsmark und ein jährliches Einkommen von einer Million.

Die Mediatisierung hat die Fürstenberger in den Stand gesetzt, ohne die vielfältigen Verpflichtungen als Landesherrn sich um die Verwaltung ihres Besitzes zu kümmern, denn der war ja nicht angetastet worden. 1806 hatten ihnen in Südwestdeutschland 22 791 Hektar freies Grundeigentum gehört, von denen 62 Prozent Forsten waren. In den 1850er Jahren schätzen die Fürstenbergs, daß sich der Wert ihrer Wälder in nur sechs Jahren verdoppelt habe. 1919 besaßen sie 42 000 Hektar, von denen drei Viertel Wald waren.

Die Hohenzollern waren reiche Leute; aber Fürst Max Egon von Fürstenberg, dessen Vorfahren 1806 auch Untertanen der Hohenzollern geworden waren, besaß 1914 ein Vermögen von 154 Millionen Reichsmark bei einem Jahreseinkommen von 6,5 Millionen. Zum Vergleich: König Wilhelm II. von Württemberg hatte ein Privatvermögen von 36 Millionen und ein Einkommen von 1 Million, der Stuttgarter Fabrikant Robert Bosch 20 Millionen Mark Vermögen und 4 Millionen Jahreseinkommen.

Luise Caroline Reichsgräfin von Hochberg. Von der Hofdame zur Fürstenmutter

Von Martin Furtwängler

Luise Caroline Reichsgräfin von Hochberg, die zweite Gemahlin des ersten badischen Großherzogs Karl Friedrich, war eine stets umstrittene Persönlichkeit. Positive Würdigungen blieben selten und entsprangen besonders Ende des letzten Jahrhunderts wohl nur der Ergebenheit gegenüber dem regierenden badischen Fürstenhaus. Im übrigen überwogen negative Einschätzungen. Von diesen beruhte eine Gruppe stark auf Gerüchten aus dem 19. Jahrhundert. So wurde der Gräfin unterstellt, mindestens das jüngste ihrer vier Kinder entstamme nicht der Verbindung mit ihrem alternden Gemahl Karl Friedrich, sondern einer außerehelichen Beziehung mit dessen Sohn Ludwig. Vor allem aber hielt man die Gräfin für die intrigante Initiatorin der Kaspar-Hauser-Affäre, und warf ihr vor, auf verbrecherische Weise ihren Söhnen den Weg zum badischen Thron geebnet zu haben. Für die meisten Historiker blieb sie jenseits des Kaspar-Hauser-Mythos ohne Interesse. Am deutlichsten drückt dies Willi Andreas aus, für den die Gräfin 1913

»im Grunde ihres Wesens nur Weib und nichts als Weib«, gewesen ist.

Im Hinblick auf die Frage, welche Handlungs- und Gestaltungsräume Frauen am Hof haben konnten, wirft ihr Beispiel Licht auf zwei bedeutsame Aspekte des Themas. Einmal spielte sich ihr Leben in der Übergangsphase vom Ancien Régime zum konstitutionellen Zeitalter ab. Ein Zeitabschnitt, in der auch die Institution »Hof« ihre überragende, zentrale Bedeutung für das politische und kulturelle Leben verlor. Zum anderen eröffnet ihr Fall Einblicke in ein Phänomen, das in der Adelswelt der Neuzeit immer wieder auftrat: die morganatische Eheschließung. Sie erfolgte beim hohen Adel oft bei einer Verbindung mit nichtstandesgemäßen Ehepartnern. Aus ihr ging zwar eine im christlichen Sinne vollgültige Ehe hervor, doch wurden dabei die rechtlichen Ansprüche der Braut und ihrer Nachkommen, die aus einer Heirat normalerweise folgten, zumindest teilweise außer Kraft gesetzt. Der Status solcher Ehefrauen war somit natürlich gemindert und lag, salopp gesagt, wohl irgendwo zwischen Maîtresse und Fürstin. Es ist also zu fragen, welche Konsequenzen aus dieser Sachlage für das Leben der Hochberg am Hof erwuchsen, wie sich ihre Wirkungskraft unter den Bedingungen eines derartigen Konnubiums entwickeln konnte.

Die Stellung einer Fürstengattin war von der Herkunft der Gräfin her nicht vorauszusehen. Geboren wurde sie am 26. Mai 1768 als Luise Caroline Freiin Geyer von Geyersberg in Karlsruhe. Die Familie von Geyersberg gehörte zum ritterschaftlichen Adel, und ihre Vertreter waren traditionell im Dienst bzw. am Hof größerer Herren tätig gewesen. Ihr Vater und auch ihr elf Jahre älterer Bruder standen im Dienst des Markgrafen Karl Friedrich von Baden-Durlach. Es ist somit nicht verwunderlich, daß die Familie von Geyersberg ganz auf die Welt des Hofes ausgerichtet war. Die Person des Fürsten genoß bei ihr die höchste Verehrung und Hochachtung, und seine Gunst zu erlangen, war zugleich das Ziel vielfacher Bemühungen. Schon bei der Taufe der kleinen Luise Caroline wurde dieses höfische Wechselspiel deutlich. Man erreichte es, daß der Markgraf und seine erste Frau Caroline Luise als Taufpaten fungierten und nutzte die Gelegenheit der Fürstin zu schmeicheln, indem man das kleine Mädchen nach ihr benannte.

Nach dem frühen Tod des Vaters 1772 avancierte der Markgraf für Mutter und Tochter zum Lebenserhalter. Das Erbe des Mannes hatte nur Schulden beschert und auch die Rente des Verstorbenen aus dem Dienst am badischen Hof war verschwindend gering, so daß die Familie das eigene Haus in Karlsruhe verkaufen mußte und nach Durlach zog. Die Witwe von Geyersberg schrieb ein Bittgesuch nach dem anderen an den Hof und ersuchte um Unterstützung. Markgraf Karl Friedrich gewährte schließlich ein »Gnadengeld« in Höhe von 200 Gulden im Jahr. Doch dieses Geld reichte nicht aus, und so mehrten sich die Schulden. Der Hof blieb jedoch, trotz Armut und räumlicher Distanz das Ideal, der Orientierungspunkt im Leben der Familie.

Bei einer derartigen Sozialisation mußte bei Luise Caroline geradezu zwangsläufig der Wunsch entstehen, in der Welt des Hofes zu leben. Im Jahr 1783 machte sie einen ersten Schritt in diese Richtung. Wohl auf Anregung der Erbprinzessin Amalie beschloß Markgraf Karl Friedrich ihr bei derselben die dritte Hofdamenstelle zuzuweisen. Um das junge Mädchen auf diese Aufgabe vorzubereiten, wurde es zuvor auf Kosten der markgräflichen Schatulle für insgesamt drei Jahre in das lutherische Erziehungsinstitut des Herrn Titot nach Colmar geschickt. Im Alter von 18 Jahren begann das Fräulein von

Geyersberg schließlich am 1. Juli 1786 seinen Dienst im Karlsruher Schloß.
Was war das für eine Welt, die sie nun betrat? Der Karlsruher Hof gehörte im 18. Jahrhundert allenfalls zur mittleren Kategorie in Deutschland. Markgräfin Caroline Luise hatte ihm bis zu ihrem Tod 1783 durch ihre wissenschaftlichen Aktivitäten zwar einen gewissen intellektuellen Anstrich gegeben. Man erreichte in Karlsruhe allerdings nie die Qualität eines Musenhofes, zu sehr blieben die Vertreter des Geistes doch am Rande des Hoflebens plaziert. Stärker und nachhaltiger bestimmte der lutherisch-protestantische Glauben des Fürstenhauses den Stil des Hofes. Daraus erwuchs eine gewisse Zurückhaltung und ein Maßhalten in bezug auf fürstliche Repräsentation. Gepaart mit dem Fehlen eines umfassenden geistigen Lebens resultierte daraus eine gewisse Langeweile, die schon Goethe während seines Aufenthaltes 1779 konstatiert hatte. Nach dem Tod der kunstsinnigen Markgräfin Caroline Luise verstärkte sich dieser Zustand noch, mangelte es dem Karlsruher Hof doch nun auch noch an einer eindeutigen weiblichen Leitfigur. Zwar nahm die Erbprinzessin Amalie ab 1783 die Position der ersten Dame am Hof ein, doch die Rolle einer kongenialen Partnerin für Karl Friedrich, wie es ihre Schwiegermutter gewesen war, konnte sie nicht ausfüllen. Vom Markgrafen selbst ging auch keine große Inspiration aus. Zwar galt er als das Ideal eines aufgeklärten Fürsten, doch für die Ausgestaltung eines pulsierenden Hoflebens war er von seinem Naturell her zu bedächtig, zu schwerfällig und auch zu sparsam.
Wie sich die junge Luise Caroline als Hofdame in diese Strukturen eingefügt hat, ist in den Quellen nicht zu eruieren. Ihre Zeit im Dienst der Erbprinzessin sollte allerdings auch nicht lange dauern. Denn bereits nach etwas mehr als einem Jahr trat eine Situation ein, die ihr Leben völlig veränderte. Der damals

beinahe 60 Jahre alte Karl Friedrich wollte sich nämlich mit seinem Witwerdasein nicht mehr länger abfinden und machte sich Gedanken über eine zweite Eheschließung. In einer eigenhändigen Denkschrift aus dem Jahr 1787 äußert er dazu:
»Es kommt mir schwer am Entwurfe einer zweyten Ehelichen Verbindung zu machen ... [doch] ich spüre Triebe nach dem weiblichen Geschlecht; und demdenen mögte ich auf eine erlaubte, mir, meinem Hauße und dem Lande unschädliche Art genüge thun. Eine Fürstin kann ich nicht ins Hauß bringen. Maitressen sind mir, dem Hauß, und Lande schädlich, mir eine Person zur linken Hand trauen zu lassen ist der einzige Weg den ich vor mir sehe!«
Sprachen gegen eine Maîtresse nicht zuletzt auch moralische Bedenken des biederen und sittsamen Karl Friedrich, so resultierten seine Einwände gegen die Ehe mit einer Fürstin aus pekuniären und familienpolitischen Überlegungen. Er schreckte vor der Apanage und dem Wittum zurück, welche man für eine solche Gemahlin und für die Versorgung von deren möglichen Kindern hätte aufbringen müssen. Dies hätte die Staatskasse stark belastet und den Spielraum für die Zuwendungen an die drei Söhne aus erster Ehe geschmälert. Widerstand von seiten der Familie wäre einem solchen Vorhaben schon aus diesem Grund entgegen geschlagen. Hinzu kam, daß die Erbprinzessin Amalie offenbar wenig Lust verspürte, am Hof rangmäßig wieder hinter einer Fürstin zurückzutreten. Somit blieb nur eine Ehe zur linken Hand, eben eine morganatische Ehe.
Daß die Wahl des Markgrafen bei seinem Heiratsvorhaben ausgerechnet auf die Hofdame seiner Schwiegertochter fiel, ist dabei nicht völlig überraschend. Denn Karl Friedrich wünschte sich von seiner zweiten Gemahlin, daß sie »freymüthig, offen und munter, ohne Frechheit. Modest und bescheiden« sei, ihm »in teutscher und französischer Sprache« vorlese »und selbst

Vergnügen an der Lectüre hätte, ohne den mindesten Schein oder eigene Pretention an Gelehrtsamkeit«. Er wollte also keine Partnerin und keine Ratgeberin im Regierungsgeschäft, sondern ein weibliches Wesen, das ihm angenehme und frohe Stunden bereitete. Und dafür schien eine so junge, unerfahrene Frau wie Luise Caroline die beste Gewähr zu bieten. Außerdem hatte Erbprinzessin Amalie die Verbindung des Markgrafen mit ihrer Hofdame gefördert, so gut sie konnte.

Als am 24. November 1787 die Hochzeit stattfand, konnte die fürstliche Familie zufrieden sein. Ihre finanziellen Bedürfnisse wurden berücksichtigt. Denn in der Eheabsprache fielen zum Beispiel die Apanage für Luise Caroline mit 2500 Gulden im Jahr und auch ihr Witwengeld mit jährlichen 4000 Gulden vergleichsweise gering aus. Darüber hinaus wurden auch die Statusinteressen der Verwandtschaft nicht übersehen. Denn der jungen Frau sollte es nie gestattet sein, »einen fürstlichen Titel, Rang und Nahmen zu führen«. Zum Zeichen ihrer neuen Stellung wurde ihr lediglich zugestanden, den badischen Balken in ihr Wappen aufzunehmen und von nun an den Namen einer Freiin von Hochberg zu tragen.

Die Hochzeitsfeier selbst war ebenfalls eine Demonstration für die Auffassung der Zähringer, daß die nunmehrige Frau von Hochberg am Hof und in der Familie nur eine untergeordnete Rolle zu spielen habe. Die Zeremonie erfolgte in einem Zimmer des Schlosses. Sie war schlicht und nur die markgräfliche Familie selbst sowie einige wenige Räte wohnten ihr bei. Es gab kein rauschendes Fest und auch die bei normalen fürstlichen Hochzeiten üblichen Notifikationsschreiben, mit denen man Veränderungen in der herrschaftlichen Familie den Standesgenossen anzeigte, unterblieben.

Die intendierte Zurücksetzung war denn auch im Alltag unübersehbar. So wurde der Frau von Hochberg der Einzug in das Appartement ihrer Vorgängerin im Schloß verwehrt. Sie mußte mit einem Teil der Gemächer ihres Mannes vorlieb nehmen. Was ihre Position im offiziellen Leben anlangte, so versteckte sie der Markgraf zwar nicht vor der Welt und nahm sie durchaus mit auf Reisen. Doch er achtete streng darauf, daß sie ihrem niederen Rang entsprechend auftrat und behandelt wurde. Diese Tendenz spiegelt auch der Briefwechsel zwischen Luise Caroline und Karl Friedrich in den ersten Ehejahren wider. Der Markgraf duzte seine Frau in ihnen stets, wohingegen sie ihn konsequent siezte. Eine Diskrepanz, die in der Adelswelt des 18. Jahrhunderts unter Eheleuten unüblich war. Doch gerade diese Briefe signalisieren auch einen Wandel im Binnenverhältnis des Paares und damit eine Veränderung in der Position der Hochberg. Denn trotz der prinzipiellen Beibehaltung der geschilderten Anredeformen schwand im Laufe der Ehejahre die Fremdheit, wurde der Ton vertraulicher und intimer. Ausdruck dieser Veränderung war die Anrede »Lieber Papa«, die sich bei der Hochberg nach der Geburt ihrer Kinder für Karl Friedrich einbürgerte.

Der Markgraf entwickelte wohl tiefe Zuneigung und Liebe für seine Frau und vor allem für die gemeinsamen Kinder. Im tagtäglichen Umgang rückte die Frau von Hochberg mit ihrem Nachwuchs in die Rolle der Familie des Fürsten ein. Man aß gemeinsam und oft allein, das heißt ohne den Hof und vielfach auch ohne den Rest des fürstlichen Hauses. Man unternahm Reisen, und fuhr in die Sommerfrische nach Bad Langensteinbach, Favorite oder Baden-Baden. Insgesamt zog sich Karl Friedrich in seinen späten Lebensjahren auch mehr und mehr vom Hof zurück, zugunsten eines intimeren Familienlebens. Bereits durch diese exklusive Nähe zum Fürsten mußte sich der Einfluß der Frau von Hochberg naturgemäß erhöhen. Noch weiter gestärkt wurde ihre Machtposition, als 1801 der

Erbprinz Karl Ludwig in Schweden tödlich verunglückte, und dessen Gemahlin, Erbprinzessin Amalie, an Gewicht einbüßte. Ihren Höhepunkt erreichte die Stellung der Hochberg schließlich, als die geistigen Kräfte des Markgrafen nach der Jahrhundertwende abnahmen. Ein Schlaganfall 1804 führte letztlich dazu, daß die Hochberg zur Pflegerin ihres Mannes wurde und den Zugang zu diesem praktisch monopolisierte und kontrollierte. In den Augen ihrer Umwelt beherrschte sie von da an Karl Friedrich vollkommen.

Mit dieser Entwicklung ging auch eine Veränderung in der Handlungsweise der Frau von Hochberg einher. Bei der Werbung des Markgrafen sowie bei ihrer Hochzeit hatte sie wohl nur eine passive Rolle innegehabt. Wie sie selbst später einmal schrieb, sei es eben ihr Schicksal gewesen, einem Fürsten zu gefallen. Je länger ihre Ehe dauerte, um so mehr versuchte sie, dieses Schicksal mitzugestalten. Zwar mußte sie noch öfters Zurücksetzungen für sich und ihre Kinder bei Reisen, bei Empfängen und so weiter erdulden. Doch sie nahm dies nun nicht mehr kampflos hin und hatte bei ihrem Widerstand durchaus Erfolg. Insbesondere wenn es um ihre Kinder ging. Beispielsweise setzte sie beim Empfang Napoleons in Karlsruhe 1806 gegen den Willen der vormaligen Erbprinzessin und nunmehrigen Markgräfin Amalie durch, daß ihre Kinder mit an der Tafel sitzen durften und nicht von diesem wichtigen gesellschaftlichen und politischen Ereignis ausgeschlossen wurden.

Am Hof gelang es ihr, einen Zirkel aus Günstlingen um sich zu scharen. Über das Innenleben dieses Kreises ist nur sehr wenig zu erfahren. Von den Personen her handelte es sich dabei zum einen um persönliche Vertraute und Helfer wie ihren Bruder Karl. Desweiteren gehörten ihm aber auch verschiedene Mitglieder des Hofes an, wie der Leibarzt ihres

Mannes, Dr. Schrickel. Diese Leute förderte sie, ließ ihnen Ehren, Posten und Geldmittel zukommen. Der bedeutendste ihrer Protegés war der für Baden und Karlsruhe so wichtige Baumeister Friedrich Weinbrenner. Ihm ebnete sie nach einer Unterbrechung den Weg zurück in den badischen Dienst und versorgte ihn auch mit mehreren Aufträgen.

In den späteren Jahren ihrer Ehe versuchte die Hochberg den Kreis ihrer Günstlinge auch auf die Regierungsebene auszudehnen. Der größte und politisch bedeutsamste Coup schien ihr gelungen zu sein, als sie Emmerich von Dalberg im Jahr 1808 als neuen Leiter der badischen Politik installierte. Sie proklamierte dies zwar als Tat für das »Wohl des Landes«, doch dürften dabei persönliche Nebeninteressen zumindest mitgespielt haben. Von Dalberg fügte sich jedoch nicht in die hochbergsche Patronage und wurde noch im selben Jahr zu ihrem schärfsten Kritiker. Eine dauerhafte Einwirkung auf die Regierungsgeschäfte außerhalb ihres Einflusses auf Karl Friedrich selbst gelang ihr somit nicht. Allerdings war dieser Einfluß so exklusiv, daß mitunter auch Mitglieder der fürstlichen Familie ihrer Hilfe bedurften, wenn sie eigene Ziele bei dem alten Fürsten durchsetzen wollten.

Einen Großteil des Einflusses auf ihren Mann verwandte Frau von Hochberg jedoch zur Verbesserung ihrer eigenen Position und zur Förderung der Interessen ihrer Kinder. Im Jahr 1796 wurden sie und ihre Nachkommen auf Initiative ihres Gemahls von Kaiser Franz II. zu Reichsgrafen erhoben. Desweiteren erreichte sie im Laufe der Jahre eine Verbesserung ihrer materiellen Lage. Karl Friedrich schenkte seiner Frau und ihren Söhnen mehrere Besitzungen und Güter. Zudem erhöhte der badische Fürst auch die Witwenversorgung seiner zweiten Gemahlin und die Apanagezusicherungen für deren Kinder. Das hochbergsche Witwengeld beispielsweise wuchs von 4000 fl.

Luise Karoline von Baden, Reichsgräfin von Hochberg (1768–1820), Reliefmedaillon aus Marmor im Stil der antiken Gemme, von Philipp Jakob Scheffauer, Karlsruhe, Stuttgart, um 1804

bei der Hochzeit schrittweise auf schließlich 30 000 Gulden im Jahr 1808. Der Anstieg an Zuwendungen war allerdings nicht allein das Ergebnis hochbergischer Einflußnahme, sondern muß auch als Resultat des badischen Aufstiegs zum deutschen Mittelstaat gewertet werden, der sich in der Revolutionszeit im Bündnis mit Frankreich vollzog. Dem wollte Karl Friedrich Rechnung tragen und auch seine Hochberger Familie, den neuen Verhältnissen angemessen, »anständig versorgt ... sehen«.

Welche Qualität hatte nun die Stellung der Gräfin von Hochberg im Laufe ihrer Ehe erreicht? Einerseits hatte sie Macht und Einfluß. Andererseits schaffte sie es dennoch nicht, den geminderten Status einer morganatischen Ehefrau formal zu überwinden. Dies läßt sich schon an rechtlichen Festsetzungen wie der Höhe ihres Witwengeldes ablesen. Denn jenes blieb stets geringer als das der Markgräfin Amalie, der ersten Dame des Hofes. Auch im praktischen Leben gelang es der Gräfin weder in die Rolle einer Landesmutter hineinzuwachsen noch sich als Leitfigur des Hofes zu etablieren. So mußte sie die Ausgestaltung des Hoflebens weitgehend widerum Markgräfin Amalie überlassen. Die Gründe für diese andauernde Beschränktheit ihrer faktischen Position sind vielschichtig. Sie waren zu einem Großteil in ihrer Person selbst angelegt. Sie resultierten hierbei aus einer Mischung von verschiedenen persönlichen Unzulänglichkeiten, die ihr Ansehen im Laufe der Zeit stark beschädigten und damit einen Ausbau ihrer Position verhinderten. Sie konnte hart, unnachgiebig und verletzend sein. In den Quellen wird von peinlichen öffentlichen Wutausbrüchen am Hof und von harschen verbalen Attacken berichtet, wenn ihr jemand in die Quere kam. Diese Härte mußte auch der Verwalter ihres Rotenfelser Gutes erfahren, den sie mitten im Winter mit Frau und Kind aus seiner Dienstwohnung jagte und dies mit den Worten kommentierte, »da kan Herr Schmidt doch sehen, daß ich doch was zu sagen habe, in meinem Hause, welches Er aber vor einigen Wochen nicht glauben wolte ...«

Zu dieser herrischen Attitüde gesellte sich die Unfähigkeit der Gräfin, ihre Sozialisation zum Höfling gänzlich zu überwinden. Dies zeigte sich besonders in ihrem Verhalten gegenüber dem mächtigen Napoleon. So bat sie diesen 1801 hinter dem Rücken ihres Mannes in unterwürfiger Manier, ihr bei der bevorstehenden Säkularisierung die Abtei Schuttern oder die von Gengenbach zufallen zu lassen. Durch diese schmeichlerische und letztlich erfolglose Aktion brüskierte sie jedoch den Markgrafen auf internationalem diplomatischem Parkett. Sie hatte offenkundig im Laufe der Zeit kein Fingerspitzengefühl für die Verhaltensnormen auf zwischenstaatlicher Ebene entwickelt. Die Qualität ihres Vorgehens blieb somit weit hinter dem zurück, was von einer Fürstin erwartet werden konnte. Außerdem schien sie keinen inneren Widerwillen über die eigene Unterwürfigkeit gegenüber dem korsischen Usurpator zu empfinden, was bei vielen deutschen Hochadligen in der damaligen Zeit gegenüber Napoleon der Fall war.

Zum Hauptproblem für die Reputation der Gräfin wurden jedoch ihre Schulden sowie die Art und Weise, wie sie damit umging. Bis zum Jahr 1805 hatten die persönlichen Verbindlichkeiten der Hochberg eine Höhe von rund 1 Million Gulden erreicht, deren Tilgung der Kurfürst übernahm. Doch dies mußte bei der ohnehin angespannten Finanzlage Badens die Entwicklung des Staates erheblich gefährden. Schließlich belief sich der Einnahmeetat des Großherzogtums 1808 gerade mal auf rund 2 600 000 Gulden. im Jahr. Napoleon begann deshalb um die Funktionsfähigkeit seines Verbündeten zu fürchten und ließ im Frühjahr 1806 ein Donnerwetter über

Karlsruhe ergehen. Die Warnungen aus Paris waren ernst zu nehmen, denn sie konnten in der damaligen Zeit durchaus das Vorspiel zur Zerschlagung des badischen Staates sein.
Die Gräfin selbst versuchte sich noch im Mai 1806 gegenüber Napoleon zu verteidigen. In einem Brief an den Kaiser gab sie zwei Gründe für ihre hohen Verbindlichkeiten an, die trotz ihrer Entschuldigungsabsicht letztlich doch zu den Ursachen ihrer Finanzprobleme hinführen. Einmal verwies sie auf ihre geringe Apanage in Höhe von nur 2500 Gulden im Jahr. Diese sei seit ihrer Hochzeit nicht aufgestockt worden, obgleich die Bedürfnisse und Anforderungen mit der Zunahme des Ranges unweigerlich gestiegen wären. Daß dieses Budget knapp bemessen war, ist nicht zu bestreiten. Daß es von der Gräfin so großzügig und mit der obigen Begründung überschritten wurde, zeigt, wie dominant ihr Bedürfnis gewesen ist, standesgemäß zu leben. Aspekte der Rücksichtnahme auf die eigenen wirtschaftlichen Bedingungen oder gar auf das Wohl des Staatsbudgets spielten bei ihrem Finanzgebahren offensichtlich keine Rolle.
Mit dem Vordringen des aufgeklärten Absolutismus und erst recht mit der Etablierung des modernen Staates gründete die Legitimität des fürstlichen Regiments stetig mehr auf der Leistung des Monarchen für das Wohl des Staates und immer weniger auf der Durchführung eines prächtigen und standesgemäßen höfisch-adligen Lebens. Die aus dem Lebensstil der Fürstenfamilie herrührenden Schulden konnten deshalb immer weniger gerechtfertigt werden. Somit macht dieser Bereich einerseits deutlich, wie stark die Gräfin in der Vorstellungswelt des absolutistischen höfischen Lebens verwurzelt war. Andererseits erklärt der Paradigmenwechsel des 18. Jahrhunderts hin zum aufgeklärten Absolutismus, warum ihre Schulden nun als so problematisch empfunden wurden, daß sie ihr Renommee per se minderten.

Als zweiten Grund für die eigene Finanzmisere verwies die Gräfin von Hochberg auf ihre Unerfahrenheit, als sie die Gemahlin Karl Friedrichs geworden war. Dieser Umstand hätte sie dazu verleitet, Wohltaten zu großzügig zu gewähren. Sie gestand damit individuelle Fehler und Versäumnisse ein. Doch diese entsprangen letztlich nicht nur jugendlicher Unerfahrenheit, wie die Hochberg Glauben machen wollte. Sie waren zu einem Großteil auch das Resultat von einem anhaltenden Hang zur Sorglosigkeit sowie der Unfähigkeit zu planvollem Handeln. Diese charakterliche Konditionierung war wohl dafür verantwortlich, daß zum Beispiel ihre Wirtschaftsunternehmungen, allen voran ihr Gut Rotenfels, wesentlich mehr verschlangen als sie einbrachten.
Diese Charakterzüge gepaart mit einer gewissen Naivität kennzeichneten auch die Versuche der Gräfin von Hochberg, ihrer andauernden Finanzprobleme selbst Herr zu werden. Schon das Unterfangen der Gräfin mittels der Fälschung der Unterschrift ihres Mannes auf Wechseln, Geld zu beschaffen, legt dies nahe. Den Gipfel stellte allerdings ihre stillschweigende Beteiligung an einem dilletantischen Staatsstreichversuch im Jahr 1808 dar. Mit ihm sollte eine Verfassung nach französischem Vorbild in Baden eingeführt werden. Diese war so ausgestaltet, daß sie sowohl die Gewähr dafür bot, die Schulden der Gräfin auf den Staat zu übertragen, als auch die Möglichkeit enthielt, der Hochberg für die Zukunft ein gesteigertes Einkommen zu sichern.
Das Unternehmen scheiterte allerdings kläglich. Großherzog Karl Friedrich zog schließlich die Konsequenzen aus der ganzen Misere und erließ noch im selben Jahr eine Schuldenpragmatik, nach der »Schulden volljähriger Mitglieder aus der Familie des Regenten namentlich ihrer Gemahlinnen und Witwen...bloße Privatschulden« seien, also nicht von der Staats-

kasse zu tragen waren. Nicht ganz zu Unrecht konnte deshalb Großherzogin Stéphanie später insgesamt über das Verhalten der Gräfin von Hochberg bemerken, daß sie »in das Haus Baden die ganze Schande und die ganze Unordnung getragen [habe], von denen eine Fürstin wenigstens versucht hätte, den äußeren Schein zu vermeiden«.

Daß sich die Gräfin von Hochberg als morganatische Ehefrau nicht doch zur Landesmutter entwickelt hat, war allerdings nicht allein Ausfluß ihrer Sozialisation und ihrer Charaktereigenschaften. Dazu trug wesentlich auch das ausgeprägte Standesbewußtsein des deutschen Hochadels bei, mit dem die Gräfin von Anfang an zu kämpfen hatte. Denn man mied in diesen Kreisen den Kontakt mit der aus niederem Adel stammenden Gemahlin Karl Friedrichs, so gut es ging. Doch schwerer noch als die Vorbehalte des Standes im allgemeinen wogen die Standesdünkel in der Familie ihres Mannes. Selbst hier blieb sie Zeit ihres Lebens eine Außenseiterin. Lediglich zum jüngsten Sohn Karl Friedrichs, zu Prinz Ludwig, entwickelte sich ein persönliches Verhältnis. Diese ständischen Ressentiments der Zähringer hatten sich ja bereits zu Beginn der Ehe in der Ausgestaltung der Eheabsprache manifestiert. Im Laufe der Zeit schraubten sie sich zu einem tiefgreifenden Gegensatz auf, weil sich die einstige Hofdame von der ihr zugedachten untergeordneten Stellung zumindest teilweise emanzipierte. So schrieb die Gräfin nicht ganz zu Unrecht 1809 an Napoleon: »Man verargt mir, daß ich nicht als Prinzessin zur Welt kam und daß ich dem Großherzog drei Söhne geschenkt habe...Man verargt es mir ebenso, daß ich die einzige Vertraute des Großherzogs bin ... « Von dieser Entwicklung war besonders das Verhältnis zwischen der Gräfin von Hochberg und der standesbewußten Markgräfin Amalie, ihrer ehemaligen Herrin, betroffen. Sie wurde für Luise Caroline und auch für ihre Kinder immer mehr zur schärfsten Feindin. Und diese Gegnerschaft war eine schwere Hypothek. Denn selbst Napoleon konnte der auch ihm feindlich gesonnenen Markgräfin seinen Respekt nicht versagen, und nannte sie einmal den »einzigen Mann« am Karlsruher Hof. Markgräfin Amalie empfand den zunehmenden Einfluß der Hochberg an sich schon als Demütigung, und sie bekämpfte ihn, wo immer es ging. Besonders sensibel war im Rahmen dieser Auseinandersetzung der Aspekt von Standeserhöhungen für die Hochberger. Schon bei der Erhebung von Luise Caroline zur Reichsgräfin 1796 hatte es Einwände des damaligen Erbprinzenpaares gegeben.

Zum Kernproblem avancierte allerdings die Frage, ob die Söhne der Gräfin von Hochberg beim Aussterben der fürstlichen Linie thronfolgeberechtigt sein sollten und dafür in den Rang von Prinzen des Hauses Baden zu erheben wären. Karl Friedrich, Prinz Ludwig und große Teile der Beamtenschaft waren aus staatspolitischen Gründen zumindest für eine Eventualsukzession der Hochberger. Diese wurde in zwei Hausgesetzen 1796 und 1806 denn auch festgeschrieben. Der Rest der Familie mit Markgräfin Amalie an der Spitze verharrte dagegen erwartungsgemäß in strikter Ablehnung. Diese Faktion argwöhnte wohl nicht zu Unrecht, daß infolge einer Eventualsukzession die Hochberger letztendlich doch irgendwann mit den Zähringern auch vom Rang her gleichgestellt würden. Und dies war für ihre altfürstliche Gesinnung nicht akzeptabel. Um die nötige internationale Bestätigung der badischen Hausgesetze entspann sich dann ein jahrelanger Kampf zwischen den verschiedenen Parteien. Markgräfin Amalie nutzte dabei ihre weitreichenden verwandtschaftlichen Beziehungen und spannte über ihre Tochter, die Zarin Elisabeth von Rußland, selbst den Zaren für ihre Zwecke ein. Die Gräfin von Hochberg wiederum för-

derte natürlich im Rahmen ihrer Möglichkeiten alle Aktionen, die der internationalen Anerkennung der badischen Hausgesetze dienten. Dies wurde zu ihrem wichtigsten politischen Ziel. Doch was steckte an persönlichen Wünschen und Ambitionen hinter diesem Einsatz? Wollte sie selbst im Zuge dieser Angelegenheit zur Fürstin erhoben werden, wie ihr dies gerade von Markgräfin Amalie und ihrer Umgebung immer wieder unterstellt wurde? Wenngleich über ihre diesbezüglichen Absichten nichts Definitives zu erfahren ist, scheint sie dahingehende Gelüste zumindest nicht aktiv betrieben zu haben. Wohl war ihr klar, daß dafür die Widerstände zu groß gewesen wären, denn hierbei hätte sie nicht einmal auf die Unterstützung ihres Mannes rechnen können. Auf der anderen Seite wäre es verkürzt, ihre Bemühungen nur als ein selbstloses Streben für das Wohlergehen ihrer Söhne, rein als Ausfluß ihrer mütterlichen Fürsorge zu betrachten. Zur treibenden Kraft ihres Engagements dürfte für sie nicht zuletzt die Sorge geworden sein, was mit ihr nach dem Tod ihres Mannes geschehen würde.
Sie besaß als morganatische Ehefrau ja nur eine Stellung von geringem eigenem Gewicht am Hof und war fast alles durch ihren Mann. Bereits in den 1790er Jahren ist in ihren Briefen an Karl Friedrich die Furcht vor dem Leben nach seinem Tod gegenwärtig. Je älter der Fürst dann wurde, je mehr wuchs auch ihre Sorge. Im Jahr 1809 bat sie gar Napoleon um Schutz, »damit meine Stellung entsprechend geregelt werde, wenn ich das Unglück haben sollte, Witwe zu werden«. Wären die Söhne nun Prinzen des badischen Hauses und thronfolgeberechtigt, so mochte sie hoffen, würde man sie als deren Mutter nicht ganz abschieben können. Das Engagement für die Erbfolge ihrer Söhne diente also durchaus der Überwindung ihres Status als morganatische Ehefrau, wenngleich auf eine indirekte Art und Weise.

Aber wie bei so vielem, was sie anvisiert hatte, blieb ihren eigenen Bemühungen, die Thronfolgeberechtigung ihrer Söhne vor dem Ableben ihres Mannes durchzusetzen, der Erfolg versagt. Der Tod von Großherzog Karl Friedrich am 10. Juni 1811 markierte dann einen wesentlichen Einschnitt im Leben der Gräfin von Hochberg, denn er beendete – wie von ihr befürchtet – ihre Wirkungsfähigkeit am Karlsruher Hof. Danach verfiel sie in einen Zustand erzwungener Passivität. Aus dem Schloß mußte sie ausziehen. Von der ohnehin reichlich trostlosen Hofwelt in Karlsruhe wurde sie weitgehend ausgeschlossen. Selbst zu offiziellen Anlässen zog man sie nur recht sporadisch hinzu. Daß die schützende Hand ihres Mannes nun fehlte, verspürte die Gräfin allerdings noch an weiteren Punkten. Zum einen gelangte der Klatsch über die angeblich außereheliche Herkunft der Hochbergkinder in dieser Zeit zu einem ersten Höhepunkt. Zum anderen machte sich der fehlende Beistand auch in bezug auf ihr Schuldenproblem bemerkbar, das im Laufe der Zeit wieder angewachsen war. Im Jahr 1816 wurde sie entmündigt, das heißt, sie durfte keine Kredite mehr aufnehmen. Ihre Güter gab sie gegen die Zahlung einer Rente in Höhe von 10 000 Gulden im Jahr an ihre Söhne ab.

Erst in ihren letzten Lebensjahren erfuhr sie wieder eine gewisse Aufwertung. Durch das drohende Aussterben der Zähringer Linie des Hauses Baden hatte sich Großherzog Karl dazu durchgerungen, die Thronfolge der Hochbergsöhne und ihre Erhöhung zu Prinzen des großherzoglichen Hauses in einem Hausgesetz 1817 zu sanktionieren. Es erhielt auf dem Aachener Kongreß 1818 seine internationale Anerkennung. Dies erhöhte auch die gesellschaftliche Beachtung der Hochberger. So konnte Luise Caroline noch miterleben, wie ihr Sohn Leopold 1819 eine Enkelin ihrer ärgsten Gegnerin Amalie heiratete und damit deren Standesdünkel besiegte. Doch erst im Tod entwuchs die Gräfin der Stellung einer Fürstengattin zweiten Ranges. Sie wurde in der Fürstengruft des Hauses Baden in Pforzheim beigesetzt, und insgesamt 56 Notifikationsschreiben kündigten ihren Tod der ganzen europäischen Staatenwelt an. Damit trug man der Tatsache Rechnung, daß am 23. Juli 1820 nicht nur die zweite Frau des hochangesehenen Zähringerfürsten Karl Friedrich gestorben war, sondern vor allem die Mutter der künftigen Großherzöge von Baden.

Hoher Rang und »glänzendes Elend«. Hofdamen im 19. Jahrhundert

Von Christa Diemel

»Frauen bei Hof« – dabei denkt man vor allem an Kaiserinnen, Königinnen, Fürstinnen und Mätressen, an Herrscherinnen und Frauen also, die am Hof herausragende Positionen einnahmen. An den Höfen lebten oder verkehrten aber auch viele andere Frauen, »einfache« Adlige, Baroninnen und Gräfinnen, die zusammen mit ihren Männern die Hofgesellschaft bildeten. Zu diesen Frauen gehörten auch die Hofdamen, die adligen Dienerinnen der Herrscherinnen. Sie konnten innerhalb der Hofgesellschaft äußerst einflußreich sein und genossen zum Teil hohes Ansehen. Als Hüterinnen der Etikette prägten sie die adlig-höfische Kultur entscheidend mit. Andererseits wird an ihrem Beispiel aber auch die Kehrseite des Hoflebens deutlich: Langeweile, ständige Selbstbeherrschung und Abhängigkeit prägten einen großen Teil ihres Lebens. Das Dasein der Hofdamen wurde deshalb von Zeitgenossen häufig als »glänzendes Elend« bezeichnet. Im folgenden werde ich die Situation von Hofdamen vor allem am Beispiel des württembergischen Hofes beschreiben.[1]

Welche Hofämter gab es überhaupt für Frauen? Jedes weibliche Mitglied der Herrscherfamilie hatte eine oder mehrere Hofdamen. Königinnen und Kronprinzessinnen hatten außerdem jeweils eine Oberhofmeisterin, die ihrem Hofstaat vorstand. Die Aufgabe einer Hofdame bestand in erster Linie darin, ihrer Herrin Gesellschaft zu leisten und sie bei Promenaden, Spazierfahrten, Besuchen in Schulen und Krankenhäusern und auf Reisen zu begleiten. Sie trug zur Unterhaltung der königlichen Familie und eventueller Besucher bei und fungierte als Sekretärin, etwa wenn sie im Auftrag der Königin Briefe schrieb oder Einladungen verschickte. Der letzte und vielleicht wichtigste Aufgabenbereich einer Hofdame war die Repräsentation. »Sie vergrößern und verherrlichen den Hof durch ihre Erscheinung bei allen Feierlichkeiten«, schrieb der Verfasser eines Buches über die Hoforganisation.[2]
Eine Oberhofmeisterin mußte neben den üblichen Aufgaben einer Hofdame den gesamten Tagesplan der Königin überblicken und regeln und die Dienstpläne der übrigen Hofdamen und anderen Bediensteten einteilen. Außerdem hatte sie den Schmuck und die Garderobe ihrer Herrin zu beaufsichtigen. Bei einigen repräsentativen Anlässen erfüllte sie besondere Aufgaben. Eine der wichtigsten Pflichten einer Hofdame war es, die Etikette aufrechtzuerhalten. Bei Audienzen der Königin mußte sie stets darauf achten, daß das Zeremoniell eingehalten wurde. In Zweifelsfragen entschied die Oberhofmeisterin, welches Verhalten der Etikette angemessen war. Als Spezialistinnen für Zeremoniell und Etikette leisteten Hofdamen und Oberhofmeisterinnen deshalb einen wesentlichen Beitrag zur Erhaltung adlig-höfischer Kultur.
Der Amerikaner Thorstein Veblen hat die Arbeit von Hofdamen in seinem 1899 erschienen Buch »Theorie der feinen Leute« als eine Tätigkeit bezeichnet, bei der – wie er sagte –

»in demonstrativer Weise möglichst viel Zeit und Mühe für nichts vergeudet wird«. Ein Herr, der in der Lage sei, eine Dienerschaft mit unproduktiven und deshalb überflüssigen Arbeiten zu beschäftigen, ließe sie »stellvertretende Muße« ausüben und demonstriere damit seinen hohen Rang und seinen Reichtum.[3] Veblens Sicht ist allerdings die eines Bürgerlichen der Jahrhundertwende. Nicht-produktive Arbeit war für ihn keine Arbeit. Dieser Standpunkt verkennt die Rationalität des höfischen Lebens. Die repräsentativen Pflichten einer Hofdame waren keine überflüssige Tätigkeit, sondern notwendig, um dem sogenannten »Glanz der Majestät«[4] Wirklichkeit zu verleihen. Dieser »Glanz« kam von den Adligen, die dem König dienten, und je mehr adlige Bedienstete eine Herrscherfamilie um sich scharte, desto glanzvoller und mächtiger erschien sie.

Repräsentation war für Hofdamen außerdem nicht müßige Beschäftigung, sondern Arbeit, die zum Teil sehr anstrengend sein konnte. Ein Hofamt war ein Beruf, und die am Hof angestellten Frauen wurden dafür bezahlt. Ihre Besoldung richtete sich nach ihrer Stellung. Am Stuttgarter Hof bekamen Hofdamen in der ersten Jahrhunderthälfte um die 800 Gulden im Jahr. Oberhofmeisterinnen erhielten aufgrund ihres hohen Ranges und ihrer anspruchsvolleren Aufgaben ein noch wesentlich höheres Gehalt, nämlich 3000 Gulden.[5] Zu den Gehältern kamen zahlreiche andere Vergünstigungen: Freie Wohnung im Schloß, freies Essen und bestimmte Mengen an Naturalien wie Tee, Kandis, Brot, Rahm oder Wein. Darüber hinaus bezahlte die Hofkasse für ihre Bedienung in der Regel eine Kammerjungfer oder auch ein bis zwei Lakaien, zum Teil mit eigener Livree.[6]

Heiratete eine Hofdame, dann erhielt sie vom König eine bestimmte Summe für ihre Ausstattung. Viele Hochzeiten fanden in der Schloßkirche und in Anwesenheit des Hofes statt. Einigen Hofdamen zahlte der König auf ihre Bitte hin nach ihrer Heirat eine Pension aus, da die Verdienste ihrer Gatten für den standesgemäßen Unterhalt einer Familie nicht ausreichten. Als ehemalige Angehörige des Hofes hatten Hofdamen anscheinend ein Anrecht auf fortgesetzte angemessene Versorgung. Auch wenn eine Königin starb, erhielten ihre Hofdamen eine Pension in der Höhe ihres früheren Gehaltes.[7]

Ein Hofamt war eine ehrenvolle Stellung, mit der sich großer Einfluß und hohes Ansehen verbinden konnten. Unter welchen Voraussetzungen kamen Frauen an ein solches Amt? Auch im sogenannten »bürgerlichen« 19. Jahrhundert konnten nur adlige Frauen Hofdamen werden. Das Bürgertum blieb – wie von allen anderen Hofämtern – ausgeschlossen. Die meisten Hofdamen kamen aus dem niederen Adel, waren also Gräfinnen und Baroninnen. In Baden und Württemberg hatten viele Familien des niederen Adels mit wirtschaftlichen Schwierigkeiten zu kämpfen. Eine Mitgift für ihre Töchter konnten sie sich nicht leisten – Heiraten blieb damit ausgeschlossen. Ein Hofamt stellte eine wichtige Versorgungsmöglichkeit für die Töchter des Adels dar – schließlich war es praktisch der einzige standesgemäße Beruf für adlige Frauen. Viele Hofdamen blieben deshalb bis an ihr Lebensende im Dienst ihrer Herrin. Der Landesherr unterstützte also seinen bedürftigen Adel, indem er für seine unverheirateten Töchter Hofdamenpositionen zur Verfügung stellte.

Manche Frauen benutzten ihr Hofamt aber auch nur als Überbrückungszeit bis zur Verehelichung. Der Dienst am Hof sollte ihnen den letzten Schliff in ihrer Erziehung geben. Außerdem hofften adlige Eltern, daß ihre Töchter am Hof geeignete Heiratskandidaten kennenlernten. Diese Hofdamen waren meist nur zwei bis drei Jahre lang in ihrem Amt tätig. Mit ihrer

Heirat beendeten sie in der Regel ihren Dienst, denn Ehe und Kinder waren für Frauen auch im Adel nicht mit einer Berufstätigkeit vereinbar.

Offiziell wählte der König die Hofdamen aus. In der Regel nahm er aber auch auf die Wünsche seiner Familie Rücksicht. Häufig ernannte er Töchter von verdienten Beamten oder Offizieren zu Hofdamen, um deren Vätern seine Gunst zu bezeugen. Der württembergische Herzog Friedrich machte zum Beispiel die Baronin Pauline von Maucler nach dem Tod ihrer Eltern zur Hofdame seiner Frau. Paulines Vater war der Erzieher und enge Freund des Herzogs, Friedrich von Maucler, gewesen. Pauline von Maucler heiratete später den Kammerherrn und Staatsminister Graf Ferdinand Ludwig von Zeppelin. Auch ihre Brüder wurden mit Ämtern bedacht: Eugen von Maucler wurde Zeremonienmeister, Wilhelm von Maucler später Oberstallmeister. Außerdem erhielten beide lebenslängliche Pensionen.[8]

Wie die Mauclers genossen auch andere Familien die besondere Protektion des Herrscherhauses. Manchmal waren Frauen und Männer mehrerer Generationen hintereinander im Hofdienst tätig. Dazu gehörte zum Beispiel die Familie der Grafen von Zeppelin. Sowohl die Tochter als auch die Nichte von Pauline von Maucler bzw. Zeppelin waren Hofdamen am Stuttgarter Hof, ihr Mann erhielt neben seinem Ministerposten das Amt des Oberstkammerherrn und ihr Neffe wurde Kammerherr und Zeremonienmeister. Aus der Familie der Grafen von Uxkull stammten im 19. Jahrhundert vier Hofdamen, die freiherrliche Familie von Röder stellte vier Hofdamen und zwei männliche Hofbeamte, und aus der weit verzweigten Familie von Seckendorff waren mindestens fünf Frauen und vier Männer in württembergischen Hofdiensten.[9]

Aber auch die eigenen Beziehungen adliger Frauen zum Hof konnten eine Rolle spielen. Nicht selten erhielten sie ein Hofamt, weil sie in ihrer Jugend mit einer Prinzessin des Herrscherhauses befreundet gewesen waren. Die Baronin Karoline von Freystedt zum Beispiel verkehrte als Freundin der Töchter der Markgräfin Amalie von Baden häufig am Hof. Als sie 16 Jahre alt war, wurde sie zur Hofdame der Markgräfin ernannt, bei der sie dann auch über 30 Jahre lang blieb.[10]

Mit einem Hofamt verband sich für Frauen aber nicht nur die Sicherung des Lebensunterhalts oder die Möglichkeit, eine »gute Partie« zu finden, sondern auch ein hoher Rang innerhalb der Hofgesellschaft. Die höfischen Rangordnungen geben Auskunft über den Rang jedes Mitglieds der Hofgesellschaft. Danach nahm eine Frau in der Regel den Rang ihres Gatten oder ihres Vaters ein. Hofdamen hatten jedoch einen eigenständigen Rang. Am Stuttgarter Hof folgte die Oberhofmeisterin der Königin im Rang unmittelbar nach den Damen der königlichen Familie. Dadurch stand sie über allen anderen Frauen der Hofgesellschaft und war im Rang den obersten Beamten des Landes gleichgestellt. Nur die Gattinnen der ausländischen Botschafter nahmen den gleichen Rang ein. Außerdem erhielt die Oberhofmeisterin wie alle anderen ranghöchsten Hofbeamten den Titel »Exzellenz«. Auch die Hofdamen hatten eigene Positionen in der Rangordnung.[11] Durch ein eigenes Hofamt erhielt eine Frau demnach eine höhere Position in der höfischen Hierarchie, als sie möglicherweise über den Rang ihres Gatten oder Vaters jemals erreicht hätte. Hofdamen wurden wie verheiratete Frauen angesehen. Dies war wichtig, denn nur verheiratete Frauen genossen im Adel – wie auch im Bürgertum – gesellschaftliches Ansehen. Die Ausstattung einer Hofdame wurde dementsprechend als Trousseau – französisch für Aussteuer – bezeichnet.[12]

Hofdamen gewannen Ansehen und Einfluß aber nicht nur aufgrund ihrer Position in der höfischen Rangordnung, sondern auch wegen ihrer ständigen Nähe zur königlichen Familie. Im engen Zirkel um die Herrscherfamilie fand im 19. Jahrhundert eine gewisse »Verbürgerlichung« des Hoflebens statt. Des Abends saß das königliche oder kronprinzliche Paar oft mit seinen Adjutanten, Hofdamen und einigen Gästen im trauten Kreis zusammen, führte Gespräche oder lauschte literarischen und musikalischen Vorträgen. In dieser zurückgezogenen Sphäre spielte das Zeremoniell meist eine untergeordnete Rolle. Hier wurden vertrauliche Gespräche geführt und wichtige Informationen ausgetauscht. Der Zugang zu diesem Bereich war auf den exklusiven Kreis um die Herrscherfamilie beschränkt, zu dem auch die Hofdamen zählten.[13]

Oft hatten sie Einblicke in die »Intimsphäre« des Hofes, die anderen Adligen verwehrt blieben. Die badische Markgräfin Amalie nahm sich, als sie allmählich erblindete, vor Fremden zusammen. »War sie hingegen allein mit mir oder ihrer übrigen Umgebung«, erinnerte sich ihre Hofdame Karoline von Freystedt, »so überließ sie sich einer wahren Verzweiflung«.[14] Obwohl der Klatsch an den Höfen beinahe sprichwörtlich war, bewahrten die meisten Hofdamen in ihren Aufzeichnungen über die intimeren Momente im Leben der königlichen Familie Schweigen.[15]

Manche Hofdame wurde zur engen Vertrauten ihrer Königin, und wer geschickt war, konnte seinen Einfluß nutzen, um Verwandten und Freunden Ämter und Titel zu verschaffen. Häufig konnten Hofdamen auch politischen Einfluß gewinnen. Baronin Eveline von Massenbach, die Hofdame der Königin Olga, zählte zum Beispiel in den 1860er Jahren zum Kern einer antipreußischen Gruppe am württembergischen Hof, die sich – letzlich erfolglos – gegen die Reichseinigung einsetzte.[16]

Gesellschaftlichen Einfluß erlangten viele Hofdamen auch durch caritatives Engagement. Caritas, die traditionelle Adelstugend, entwickelte sich im 19. Jahrhundert zu einer spezifisch weiblichen Aufgabe. Frauen des Adels und des gehobenen Bürgertums engagierten sich in wohltätigen Vereinen. Die Protektion über solche Vereine übernahm oft die Königin als »Landesmutter«. Häufig ernannte sie eine ihrer Hofdamen zum Vorstandsmitglied. Eveline von Massenbach war im Vorstand des »Frauenvereins für christliche Armenpflege in Stuttgart«. Auch in der Zentralleitung des berühmten Wohltätigkeitsvereins, den Königin Katharina 1817 gegründet hatte, fand sich unter den weiblichen Mitgliedern immer eine Staatsdame der Königin.[17] Daneben fanden auch Frauenvereine die Unterstützung von Hofdamen. Gräfin Olga von Uxkull, die Hofdame der Königin Charlotte, war eine der Mitbegründerinnen des Vereins »Frauenbildung – Frauenstudium«.[18] Durch ihre Mitgliedschaft in solchen Vereinen gewannen nicht nur die Hofdamen Einfluß, sondern sie verschafften umgekehrt auch den Vereinen höheres gesellschaftliches Ansehen.

Der hohe Rang und die ökonomische Sicherheit hatten aber auch eine Kehrseite. Das Leben am Hof zeichnete sich durch vielfältige Zwänge und Einschränkungen aus, denen Hofdamen in besonderem Maße ausgesetzt waren. Norbert Elias hat die spezifische Verhaltensweise, die das Hofleben hervorrief, mit dem Begriff der »höfischen Rationalität« belegt. Elias bezeichnet damit ein Verhalten, das von der Beherrschung der eigenen Gefühle geprägt war. Der Konkurrenzkampf um Rang und Macht an den Höfen zwang die Adeligen zu genau kalkuliertem Benehmen gegenüber den anderen Mitgliedern der Hofgesellschaft, da ihr Verhalten sich auf ihre gesellschaftliche Stellung auswirken konnte. Demgemäß bildete der Adel die Beobachtung und Behandlung von Menschen zu einer besonderen Fähigkeit aus. Haltung, Gebärden und Sprache wurden jederzeit genauestens berechnet und abgewogen. Die

Baronin Eveline von Massenbach (1837–1903), Hofdame der Königin Olga von Württemberg, Lithgraphie von C. Pfann, 1851

»spezifische Affektkontrolle«, die die höfische Rationalität von den adeligen Frauen und Männern forderte, zwang sie zu ständiger Selbstdisziplin.[19] Entsprechend galt »Selbstbeherrschung« bis ins 20. Jahrhundert als Tugend des Adels, die ihn vom Rest der Bevölkerung unterschied. In der Erziehung adliger Mädchen war sie eines der wichtigsten Prinzipien.

Zu den wichtigsten Eigenschaften einer Hofdame gehörte demgemäß auch die Beherrschung der eigenen Gefühle – die berühmte Contenance des Adels. Noch mehr wurden diese Qualitäten einer Oberhofmeisterin abverlangt, da sie nicht zuletzt als Vorbild für die Königin oder Prinzessin und die jungen Hofdamen dienen sollte. Deshalb bevorzugte man auch ältere verwitwete Damen für dieses Amt. Sie sollten über einen gewissen Erfahrungsschatz verfügen und der Königin in allen Lebensfragen zur Seite stehen.

Wichtige Voraussetzungen für eine Einstellung als Hofdame waren auch körperliche Eigenschaften wie Schönheit und Anmut sowie Geschmack in Bezug auf Kleidung und Schmuck. Schließlich sollten die Hofdamen auch äußerlich zum »Glanz der Majestät« beitragen. Damit sie der Königin angenehme Gesellschafterinnen waren, mußten sie über Unterhaltungstalent, Witz, Verstand und Bildung verfügen. Angesichts der ständigen Kontakte mit anderen Souveränen und ausländischen Diplomaten waren gute Sprachkenntnisse, vor allem im Französischen, von hoher Bedeutung. Dazu kamen gutes Benehmen, Taktgefühl und würdiges Auftreten sowie ein heiteres und freundliches Wesen, das von Güte, Sanftmut und Bescheidenheit geprägt war.[20] Wichtig war es, wie eine Hofdame betonte, »daß man bei Zeiten lernen müsse, sich mit Anstand zu langweilen«.[21]

Diesen Anforderungen stets nachzukommen war schwer. Viele Hofdamen litten unter dem ständigen Zwang zur Verstellung.

Eine Hofdame klagte deshalb in ihren Erinnerungen: »Das Leben am Hofe ist nicht leicht, auch wenn der betreffende Fürst noch so gut und gerecht ist. Man hat das Zünglein zu wahren, die Lippen mit sieben Schlössern zu verschließen, alles zu sehen und doch nichts zu sehen. Man muß, mag man sich auch noch so schwach oder innerlich bedrückt fühlen, stets gesund und den mancherlei Anforderungen gewachsen sein, stets liebenswürdig lächelnd sich bewegen. Immer glattes Parkett und immer glatte Mienen – dabei sich selbst treu zu bleiben und wahr und ehrlich, das ist keine Kleinigkeit.«[22]
Darüber hinaus war das Hofleben auch körperlich anstrengend. Theaterbesuche, Bälle, Musik, Tanz, das stundenlange Stehen bei Empfängen – da wurde der höfische Luxus schnell zur Last. Ebenso waren die maskierten Vorführungen und Laientheaterdarstellungen, die der Adel häufig am Hof aufführte, kein reines Vergnügen. Nicht immer nahmen die Adligen freiwillig an ihnen teil. Wenn die Regenten jedoch ihre Mitwirkung wünschten, war dies als Befehl zu verstehen. Die erforderlichen Proben nahmen viel Zeit in Anspruch und die Aufführungen wurden oft sehr ernst genommen. Fehler wurden nicht toleriert. Die badische Hofdame Karoline von Freystedt erinnerte sich voll Schrecken an eine Theatervorstellung am Karlsruher Hof im Jahr 1807. Einige Damen waren in ihrem Text steckengeblieben und brachen in verlegenes Gelächter aus. Daraufhin wurden sie von der Markgräfin Amalie öffentlich für ihr unschickliches Verhalten gerügt.[23] Das Prestige dieser Damen, das von der Gunst der Herrscherfamilie abhing, war im Anschluß daran wohl für einige Zeit demoliert.
Ein anderes großes Problem war für die Hofdamen der Kleiderluxus, den die höfischen Adligen auch im 19. Jahrhundert zur Schau stellen mußten. Mit ihrer luxuriösen Kleidung und der glanzvollen Ausstattung bei den höfischen Festlichkeiten

brachten die adligen Frauen und Männer ihren Rang und Stand zum Ausdruck. Demonstrativer Konsum von Luxusgütern war für den Hofadel keine Verschwendung, sondern Mittel zum Prestigegewinn. Ohne standesgemäßen Konsum konnten die adligen Frauen und Männer ihren Status am Hof nicht aufrechterhalten.[24] Für jeden Auftritt in der Hofgesellschaft war deshalb angemessene Kleidung zu beschaffen. Vor allem die adligen Frauen spielten hier eine wichtige Rolle, denn in erster Linie trugen sie die prachtvolle Kleidung und den wertvollen Familienschmuck. In Berichten über Hoffeste war oft die Rede vom »Glanz« der anwesenden weiblichen Gäste.[25]

Die Gehälter und Vergünstigungen der Hofdamen reichten vielfach nicht aus für die hohen Kosten, die die höfische Repräsentation erforderte. Teilnahme an den Hofbällen war Pflicht, und für die Ballsaison waren jedes Jahr neue, aufwendige Toiletten zu beschaffen. Da die Hofdamen ständig der höfischen Öffentlichkeit ausgesetzt waren, mußte ihr Äußeres immer präsentabel sein. Die Königinnen und Prinzessinnen unterstützten die Angehörigen ihrer Hofstaaten deshalb oft mit kleineren Geschenken wie Schmuck, Kleidern oder Geldbeträgen.[26] Für viele Hofdamen bedeuteten diese Zulagen eine große Erleichterung.

Eine finanzielle Belastung waren auch die Todesfälle in der Herrscherfamilie. Je nach Rang des oder der Verstorbenen mußte mehrere Tage, Wochen oder sogar Monate bestimmte Trauerkleidung angelegt werden. Zusätzlich zu ihrer normalen Toilette mußten Hofdamen deshalb stets über die vorgeschriebene Trauerkleidung verfügen, und diese sollte natürlich immer der herrschenden Mode angepaßt sein.[27] Angesichts dieser vielfachen Belastungen wundert es nicht, daß der Vater einer Hofdame feststellte: »Es mag ein Irrtum sein, doch ich bin es bisher gewohnt gewesen, das Los einer Hofdame nur für ein

glänzendes Elend anzusehen, und ich habe niemals begreifen können, wie Eltern eifrig bemüht sein konnten, dies Ziel für ihre Töchter zu erreichen.«[28]
Der Antritt eines Hofamtes bedeutete für die adligen Frauen aber auch, daß sie ihre Selbständigkeit aufgaben und nunmehr gänzlich von ihrer Herrin abhängig wurden. Bezeichnend dafür ist, daß Königin Olga 1851 ihre neue Hofdame Eveline von Massenbach mit dem Ausruf »Eveline! Jetzt gehören Sie mir!«[29] begrüßte. Die Baronin war sich bewußt, daß sie ihre Unabhängigkeit aufgab, als sie das Hofamt antrat. Sie unternahm diesen Schritt jedoch gerne, da sie die Kronprinzessin sehr verehrte. Ihre Mutter, die aus einer wohlhabenden Familie stammte, bedauerte, daß ihre Tochter unbedingt in den Hofdienst treten wollte, nachdem sie so viel für ihre Erziehung geopfert hatte. Sie hatte wohl auf eine gute Partie für sie gehofft und sah ein Hofamt als die schlechtere Alternative zu einer Ehe an. Eveline wollte jedoch unbedingt Hofdame bei der von ihr so sehr verehrten Kronprinzessin werden und konnte sich schließlich durchsetzen.
Das Hofamt verschaffte ihr dann auch einen hohen Rang in der Hofgesellschaft, und im Gefolge Olgas unternahm sie Reisen durch halb Europa und vor allem nach St. Petersburg, zu den russischen Verwandten der Prinzessin. Aufgrund ihres Amtes sah sie mehr von der Welt als die meisten ihrer Zeitgenossinnen. Aber trotz ihrer Verehrung für Olga litt auch Eveline von Massenbach unter den Intrigen des Hofadels und der Langeweile des Hoflebens. Dennoch schlug sie einen Heiratsantrag aus, um bei Olga bleiben zu können. Voller Stolz auf ihr ausgeprägtes Berufsethos hielt sie in ihrem Tagebuch eine Anekdote fest, die sich im September 1852 während eines Aufenthalts in Darmstadt abgespielt hatte: »Von dort datiert sich der immer wieder aufgewärmte Spaß der Migränesuppe,

die ich, nach der Tafel zu meiner an Migräne leidenden Kronprinzessin zurückkehrend, ihr zu Gefallen aufessen mußte, weil sie schlecht war und meine Herrin die Hofküche nicht beleidigen wollte. Dieser Akt von Ergebenheit wurde hoch gepriesen!«[30]

Da sich die Baronin von Massenbach ihrer Königin gegenüber so ergeben zeigte, war das gegenseitige Verhältnis ungetrübt. Verhielt sich eine Hofdame jedoch nicht den Erwartungen ihrer Herrin entsprechend, konnte dies ganz schnell das Ende ihrer Stellung zur Folge haben. Dies zeigt der Fall der Gräfin von Sontheim, einer Hofdame der Prinzessin Katharina von Württemberg. Sie wurde nach mehr als 20 Jahren Hofdienst im Juli 1868 plötzlich entlassen. Grund dafür war, daß die Prinzessin sie der Indiskretion verdächtigte – wohl nicht zu Unrecht. Sie entwickelte eine starke Abneigung gegen die Gräfin und beschloß schließlich, ihr zu kündigen. Das Leben der Gräfin von Sontheim veränderte sich mit ihrer Entlassung vollständig. Ein Beobachter äußerte mitleidig: »Es ist nun wohl nicht zu bezweifeln, daß die Herrschaften mit ihren Suiten wechseln können und daß es ihnen freistehen muß, jemanden, der ihnen mißliebig ist, auf geeignete Weise zu entfernen, aber die Gräfin dauert mich jetzt doch von Herzen. Sie gehört zu denjenigen Hofleuten, welche den Verführungen des Hoflebens, diesen Bequemlichkeiten des Theaters, der Equipagen, des geselligen Lebens u.s.w. sich hingegeben haben und nun auf einmal, und zwar wie durch einen Blitz aus heiterem Himmel, den Rest ihres Lebens in ganz entgegengesetzten Verhältnissen zubringen müssen.«[31]

Das Leben der meisten Hofdamen scheint dem geflügelten Wort vom »glänzenden Elend« entsprochen zu haben. In ihren Aufzeichnungen finden sich immer wieder Klagen über den Prestigekonsum und die ständige Selbstbeherrschung, die das

Hofleben von ihnen forderte. Aus den Briefen und Erinnerungen vieler Adliger wird deutlich, wie sehr sie sich nach einem ruhigen Leben in zurückgezogener Häuslichkeit sehnten. Das bürgerliche Frauenideal der in Haus und Familie liebevoll waltenden Gattin und Mutter scheint für einige Hofdamen attraktiver gewesen zu sein als das luxuriöse, aber steife Leben am Hof. Dennoch gelang es nur wenigen adligen Frauen, sich ihren standesgemäßen Verpflichtungen zu entziehen. Im Gegensatz zu Eveline von Massenbach, die sich aus Zuneigung zu ihrer Herrin für diese Karriere entschieden hatte, war ein Hofamt für die meisten Hofdamen eine ökonomische Notwendigkeit. Die meisten Frauen waren wie die badische Hofdame Karoline von Freystedt froh, ein »ehrenvolles Unterkommen«[32] gefunden zu haben und nicht auf die Barmherzigkeit von Verwandten oder befreundeten Familien angewiesen zu sein.

Angesichts der finanziellen Sicherheit und des hohen Ansehens, das mit einem Hofamt verbunden war, zeigten sich die meisten bereit, die vielen Unannehmlichkeiten des Hoflebens in Kauf zu nehmen. Einzelne Hofdamen konnten zwar hohes Ansehen und Einfluß gewinnen. Die meisten führten jedoch ein Leben, das von Abhängigkeit, Langeweile und ständiger Selbstdisziplin geprägt war. Der Glanz der Bälle und Empfänge war matt für diejenigen, die ständig an ihnen teilnehmen mußten. Wer nicht – so ein Hofdame – »feste Nerven, gute Gesundheit, Mut und Selbstverleugnung«[33] mit sich brachte, litt unter den Anforderungen der »höfischen Rationalität«. Diese blieb auch im 19. Jahrhundert für das Leben der Frauen in der Hofgesellschaft bestimmend.

Zwischen Almosengeben und Sozialpolitik. Die wohltätige Wirksamkeit der Königin Catharina von Württemberg

Von Ulrich Fellmeth

Bevor ich auf die wohltätige Wirksamkeit Königin Catharinas in Württemberg zu sprechen komme, möchte ich zuerst die außergewöhnliche Lebensgeschichte dieser außergewöhnlichen Frau kurz vorstellen.[1] Am 21. Mai 1788 wurde Catharina in Zarskoje Selo als sechstes von zehn Kindern des Großfürsten Paul von Rußland und der württembergischen Prinzessin Maria Feodorowna geboren. Die Großmutter, Zarin Katharina die Große und Maria Feodorowna, die Mutter, hatten maßgeblichen Einfluß auf die Erziehung des Kindes. Sie legten die Grundlagen für das politische und das sozialpolitische Interesse der jungen Großfürstin Catharina. Catharina erhielt auch eine solide und auf politisches Denken zielende Ausbildung: neben Geschichte, Geographie, Mathematik und Französisch stand eben auch Staatswissenschaft auf ihrem Lehrplan. Nach der Ermordung des geisteskranken Vaters, Zar

Paul, im Gefolge einer Offiziersverschwörung im Jahre 1801, förderte dessen Nachfolger Zar Alexander I. seine Lieblingsschwester Catharina, die er bald als seine enge politische Beraterin heranzog.

Als Catharina im heiratsfähigen Alter war, galt es eine finanziell und politisch günstige Ehe zu arrangieren. Nach ergebnislosen Verhandlungen mit Österreich platzte die Brautwerbung Napoleons um Catharina ins Zarenhaus. Die 20-jährige lehnt im Jahre 1808 entrüstet ab. Für sie war Napoleon nichts anderes als ein revolutionärer Emporkömmling. Aus der Verlegenheit heraus, in die der russische Hof durch die prominente Werbung geraten war, heiratet Catharina statt dessen kurzerhand den Prinzen Georg von Holstein-Oldenburg. Diese ungleiche Verbindung zwischen dem nachgeborenen Georg, der keine Chance zur Thronfolge hatte, und der russischen Großfürstin führte allerdings zu einer sehr glücklichen Ehe.

Georg trat in russische Dienste und wirkte als Generalgouverneur in Twer, dem heutigen Kalinin, nördlich von Moskau. In Twer unterstützte sie ihren Mann in der politischen und in der Verwaltungsarbeit, nahm aber auch immer wieder Einfluß auf die große Politik. Obwohl Catharina oftmals in sehr kritischer Distanz zur kaiserlichen Politik stand, schätzte Zar Alexander nach wie vor den Rat seiner Schwester. Außerdem gelang es Catharina und Georg in Twer, einen politisch-kulturellen Kreis um sich zu sammeln: Der Generalgouverneur von Moskau Rostoptschin, der Historiker und Literat Karamsin und der preußische Reichsfreiherr vom und zum Stein gehörten zu den prominentesten Mitgliedern des »Twerer Kreises« um Georg und Catharina. Auch über die Freunde dieses Kreises gelang Catharina manche politische Einflußnahme.

Der gemäßigt konservative Kreis in Twer bildete auch den Hintergrund für Catharinas Rolle im Befreiungskrieg gegen

Napoleon. Die französischen Armeen unter Napoleon waren 1812 in Rußland eingebrochen und hatten anfänglich große Erfolge, sie drangen bis Moskau vor. Erst allmählich formierte sich der russische Widerstand, auch in Form einer allgemeinen Landwehr aus einfachen Leuten. Diese an sich revolutionäre Idee eines »Volks-Befreiungskrieges« stammte aus dem Twerer Kreis und wurde von Catharina tatkräftig vorangetrieben. Mit ihrem kriegerischen Engagement im russsischen Befreiungskrieg hatte Catharina endgültig die Grenzen des damals für adlige Damen Schicklichen durchbrochen. Andererseits bleibt festzuhalten, daß Catharina während ihrer Twerer Zeit in Politik und Verwaltung, besonders aber in der Organisation des russischen Widerstandes gegen Napoleon wichtige Erfahrungen sammeln konnte. In Twer trifft sie aber auch der schlimmste Schicksalsschlag ihres Lebens: Vermutlich bei einem Lazarettbesuch steckte sich Georg mit einem Nervenfieber an. Der geliebte Gatte Catharinas und Vater der beiden Söhne aus dieser Ehe stirbt am 27. Dezember 1812. An Zar Alexander schreibt Catharina »Mein Bruder, *er* ist tot und ich habe alles verloren.« Die Trauer übermannte sie völlig: Ohnmachten und Krämpfe aufgrund ihrer Trauer um Georg schwächten sie noch lange Zeit. Auch später beklagte sie immer wieder, die glücklichste Zeit ihres Lebens sei mit dem Tod Georgs zu Ende gegangen.

Um Abstand von ihrem Kummer zu gewinnen, unternimmt Catharina zwischen 1813 und 1815 ausgedehnte Reisen durch Europa. Dabei macht sie sich intensiv mit neueren Entwicklungen in der westeuropäischen Kultur vertraut, besucht die wichtigsten Höfe Europas, nicht ohne sich dabei ungeniert in die hohe Politik bei der Neuordnung Europas nach Napoleon einzumischen, so etwa in London 1814 oder auf dem Wiener Kongreß 1814/15.

Ein Zitat von einer Zeitgenossin, der Gattin des russischen Botschafters in London, soll deutlich machen, mit welcher Distanz, aber auch mit welchem Respekt die Persönlichkeit Catharinas damals beurteilt wurde: »Ich habe niemals eine Frau gesehen, die in diesem Grade das Bedürfnis besaß Unruhe zu stiften, Eindruck zu machen und andere in den Schatten zu stellen. Sie trat mit verführerischer Sicherheit auf, hatte eine souveräne, mit Grazie gepaarte Haltung, keine klassischen Züge, aber einen frischen, strahlenden Teint, leuchtende Augen und das schönste Haar der Welt. Sie verstand es, sich knapp und elegant auszudrücken, sprach aber stets im Kommandoton«.

Soweit die spätere Fürstin Lieven. Catharina wurde von ihren Zeitgenossen vielleicht nicht immer geliebt, aber durchaus ernst genommen – auch wenn sie die üblichen Handlungsspielräume adliger Frauen deutlich überschritt. Und wir heutigen tun gut daran, sie auch als württembergische Königin ernst zu nehmen.

Damit ist schon der Bogen gespannt zu Württemberg. Auf ihren Reisen durch Europa lernt sie den württembergischen Kronprinzen Friedrich Wilhelm kennen und lieben – am 24. Januar 1816 ist in St. Petersburg die Hochzeit. Noch im selben Jahr stirbt der württembergische König Friedrich I. und das Paar besteigt am 30. Oktober 1816 den Thron.

In den zweieinviertel Jahren bis zu ihrem allzufrühen Tod im Januar 1819 entwickelt Catharina nun eine atemberaubende Aktivität: Sie gründet den Wohltätigkeitsverein, den Vorläufer des heutigen Wohlfahrtswerks Baden-Württemberg; sie gründet die württembergische Sparkasse, das Vorläuferinstitut der heutigen Landesgirokasse; sie gründet ein Mädchen-Erziehungsinstitut, das heutige Königin-Katharina-Stift; sie plant noch die Gründung des späteren Katharinenhospitals; sie wirkt mit bei der Einrichtung des Landwirtschaftlichen Vereins in Württemberg und bei der Gründung des landwirtschaftlichen Instituts, der heutigen Universität Hohenheim, und es wird von ihr schon eine Einrichtung zur Gewerbeförderung angedacht – was 1848 zur Gründung der Zentralstelle für Gewerbe und Handel, der Vorläuferin des heutigen Landesgewerbeamtes führte.

Alles in allem eine beeindruckende Bilanz in dieser kurzen Zeit als Königin von Württemberg[2] – für uns also an sich schon Grund genug, uns mit ihrer Wirksamkeit etwas näher zu befassen.

Wenden wir uns zunächst den äußeren Handlungsspielräumen zu, also den politischen, personellen und institutionellen Gegebenheiten und Möglichkeiten, die Catharinas Aktivitäten begrenzten. Das zentrale Problem, mit dem sich das junge Herrscherpaar auseinanderzusetzen hatte, war die katastrophale Hungerkrise 1816/17. Diese Teuerungskrise war agrarischen Ursprungs, verursacht durch schlechte Ernten und traf ein Land, das durch die napoleonischen Kriege ausgezehrt war. Der rapide Rückgang des Nahrungsmittelangebots führte zu überproportionalem Preisanstieg bei den Grundnahrungsmitteln und ganz besonders beim Getreide. Die geringere Ernte und die Konzentration der Kaufkraft auf Lebensmittel setzte zudem viele Arbeitsplätze frei: Gesinde und Tagelöhner auf dem Lande, aber auch Dienstpersonal, Handwerksgesellen und Kleinhändler in der Stadt verloren ihre Arbeit. Die Mittelschicht geriet in arge ökonomische Bedrängnis, die Unterschicht wurde geradezu ins Elend gestoßen.[3] Was verbreitet fehlte, war Nahrung und Arbeit für die Ärmsten. Und daß eine solche kritische soziale Situation, je länger sie andauerte, in gefährliche soziale und politische Unruhen umschlagen kann, ist aus früheren Krisen wohlbekannt gewesen. Eine rasche

Abhilfe war also geboten, zumal das junge Herrscherpaar eben erst die Regierung übernommen hatte, und noch keineswegs sicher im Sattel saß.
Es war aber durchaus nicht so, daß in Württemberg überhaupt keine staatlichen Einrichtungen zur Armenfürsorge vorhanden waren. Seit dem 17. Jahrhundert hatten sich diverse regionale Unterstützungsformen entwickelt – so gab es Spitäler, es gab die drakonischen Zucht- oder Arbeitshäuser, es gab Waisenhäuser und in fast allen Gemeinden existierten Armenkassen.[4] Daneben gab es diverse regionale philanthropische Initiativen – etwa die 1803 in Stuttgart gegründete Privatgesellschaft freiwilliger Armenfreunde, eine pietistisch inspirierte Initiative von Kaufleuten, Beamten und Geistlichen, die sich besonders der Armenkinder annahm.[5] Diese bereits bestehende Armenfürsorge war jedoch nicht landesweit koordiniert und überdies zu vereinzelt, um die Hungerkatastrophe von 1816/17 bewältigen zu können. Deshalb strebte Catharina eine zentral geleitete und flächendeckende Organisation der Armenfürsorge an, um den bestehenden Fürsorgeeinrichtungen ergänzend und intergrierend die erforderliche Wirkung zu verschaffen.
In welcher Rechtsform sollte nun diese landesweite Armenfürsorge organisiert werden?[6] An eine Organisation über die staatliche Verwaltung ist offenbar nicht nachgedacht worden. Es scheint so, also ob eine Frau, auch eine Königin, zumindest offiziell nicht in den Geschäftsbereich des Gemahls einzugreifen hatte – und das schon gar nicht während des zu dieser Zeit tobenden Verfassungskampfes. Überdies war der staatliche Apparat viel zu schwerfällig, um die erforderliche schnelle Hilfe leisten zu können. So blieb Catharina nur das Ausweichen auf einen privaten Zusammenschluß – einen Wohltätigkeits-*Verein*.
Zuerst war für Catharina die Frage zu klären, wie der Wohltätigkeits-Verein im Inneren organisiert sein sollte?[7] Vorbild wa-

ren für sie die in den Wirren der napoleonischen Kriege in vielen deutschen Ländern entstandenen vaterländischen Frauenvereine. Die bei verschiedenen einflußreichen Persönlichkeiten und Staatsbeamten Württembergs eingeholten Gutachten[8] erbrachten aber den folgenden, schließlich so realisierten Zuschnitt des Armenunterstützungsvereins in Württemberg: Es sollte kein reiner Frauenverein nach dem Vorbild anderer Länder sein. Cotta, der Verleger, meinte, Frauen seien im öffentlichen Leben oft zu zurückhaltend und schüchtern, auch fehlten ihnen die notwendigen Verwaltungskenntnisse. Deshalb sollten Beamte, Geistliche und die Vorsteher der bisherigen Armenanstalten in die Zentralleitung des Vereins berufen werden. Schließlich saßen in der Zentralleitung des gegründeten Wohltätigkeitsvereins in Württemberg mehrheitlich Männer[9], und diese waren in dem Gremium tonangebend.[10]
Weitere Gutachten verlangten, es nicht bei einer Zentralleitung in Stuttgart und Bezirks-Vereinen in den Oberamtsstädten zu belassen, sondern die Organisation bis in die Gemeinden hinein zu treiben, jeder Ort sollte seinen Lokalverein erhalten.[11]
Wichen die Gutachten also deutlich von Catharinas ursprünglichem Vorhaben ab, so mag uns auch die Frage interessieren, wie sie mit ihren vorwiegend männlichen Kollegen in der Zentralleitung ausgekommen ist. Bei den Sitzungen der Zentralleitung gab es durchaus echte Meinungsverschiedenheiten.[12] Als es etwa darum ging, eine Stiftung von jährlich 2000 Rubel von Maria Feodorowna, der Mutter Catharinas, zu verwenden, standen konträre Ansichten im Raum: Catharina wollte mit der großzügigen Spende ein Krankenhaus, genauer eine Versorgungsanstalt für Blinde in Verbindung mit einer Augenheilanstalt finanzieren. Ihre Kollegen in der Zentralleitung wollten die Mittel lieber als Berufsunfähigkeitskasse für Handwerker oder für die allgemeine Gewerbeförderung ver-

Königin Catharina von Württemberg (1788–1819), die mildtätige Organisatorin, Ölgemälde von Franz Seraph Stirnbrand, 1819

wendet sehen. Die Verhandlungen darüber zogen sich solange hin, daß Catharina die Inangriffnahme ihres Krankenhausprojekts, des heutigen Katharinenhospitals nicht mehr erlebte – es wurde an ihrem 9. Todestag, am 9. Januar 1828 eröffnet.[13] Dennoch: Cotta, Hofrat Pistorius und der Kaufmann Lotter baten Catharina eindringlich, das Präsidium der Zentralleitung des Wohltätigkeitsvereins zu übernehmen. Denn erst dann erführe der Verein von den Staatsbürgern und von den Staatsbeamten die notwendige Achtung und Unterstützung. Catharina übernahm am 6. Januar 1817 die Präsidentschaft. Doch konnte solch ein privater Verein tatsächlich zu landesweitem Einfluß gelangen? Der württembergische Wohltätigkeitsverein hatte alleine schon durch Catharinas Präsidentschaft und durch die Unterstützung König Wilhelms einen gewissermaßen halbstaatlichen Charakter erhalten. Von besonderer Bedeutung war aber, daß ein königliches Reskript alle Beamten des Landes zur Mitarbeit im Wohltätigkeitsverein verpflichtete.[14] Deshalb konnte der Verein in einem dreigliedrigen System die Beamten der Residenzstadt, der Oberämter und der Gemeinden in seine Arbeit einbeziehen. Allzu begeistert waren die Beamten über diese unbezahlte zusätzliche Arbeit offenbar nicht – sehr häufig finden sich in den Akten Hinweise, nach denen Catharina mit größtem Nachdruck die oberamtlichen und gemeindlichen Beamten zu ihrer Pflichterfüllung drängen mußte.

Schließlich bleibt noch die Frage: Was konnte Catharinas Wohltätigkeitsverein unter diesen Rahmenbedingungen überhaupt leisten?[15] Die eigentliche Unterstützungstätigkeit des württembergischen Wohltätigkeitsvereins bestand in der Hauptsache aus dem Sammeln von beträchtlichen öffentlichen Mitteln und von Spenden[16], die dann einer möglichst flächendeckenden und effizienten Nutzung zugeführt wurden. Nur in

gravierenden Fällen wurden Mittel direkt bereitgestellt. Eher boten die Kassen der Oberämter zinsfreie Kredite an, um dem Wucher entgegenzuwirken. Normalerweise wurden die Mittel aber zur Verteilung von Nahrungsmitteln, zur Armenspeisung, und zur Versorgung der Ärmsten mit Heizmaterial im Winter verwendet. In nahezu jeder Gemeinde konnten die Armen über die sogenannten Lokalvereine an diesen Segnungen des Wohltätigkeitsvereins teilhaben.[17]
Ein weiterer Schwerpunkt der Arbeit war die *Hilfe zur Selbsthilfe*: Arbeitsmaterial wurde beschafft, Heimarbeit wurde organisiert oder es wurden Beschäftigungsanstalten und Industrieschulen aufgebaut. Mädchen und Jungen wurden in diesen Schulen in einfache Handarbeiten eingewiesen. Die Erwachsenen arbeiteten hauptsächlich in der Hanf- und Flachsspinnerei und in der Weberei. Die Produkte dieser Armenarbeit wurden in einem Magazin verkauft und erbrachten wiederum zum Teil die Löhne der Arbeiter. Diese Industrieschulen und Beschäftigungsanstalten waren im Königreich so dicht verteilt, daß es jedem Armen prinzipiell möglich war, eine dieser Einrichtungen zu nutzen.
In diesem Zusammenhang – Hilfe zur Selbsthilfe – ist auch die Gründung der »Sparkasse für die ärmeren Volksklassen« zu sehen.[18] Die Zentralleitung des Wohltätigkeitsvereins konnte sich auch hierbei wieder auf Erfahrungen bereits bestehender solcher Sparkassen im norddeutschen Raum und in England stützen. Wiederum Cotta, Präsident Hartmann und der Bankier Rapp in der Zentralleitung unterstützten Catharina in ihrem Plan, durch die Sparkasse den Armen die Möglichkeit zu geben, selbst Vorsorge gegen die Verarmung zu treffen. Am 12. Mai 1818 wurde die Sparkasse mit einem gestifteten Betriebskapital von 2000 Gulden vom König eingerichtet. Die Sparbedingungen waren günstig, kleinste Beträge konnten ge-

gen einen Zins von 5% angelegt werden. Recht schnell erfuhr diese Selbsthilfeeinrichtung unter der Leitung von Bankier Rapp einen regen Zulauf von seiten der anvisierten »ärmeren Volksklassen« also von Dienstboten, Tagelöhnern, einfachen Soldaten, Witwen und Waisen.

Die *äußeren* Handlungsspielräume Catharinas sind nun grob umrissen:

1. Die wirtschaftliche und soziale Notlage zwang zu sehr schnellem und wirksamem Handeln.

2. Um ihre Initiativen in der Armenfürsorge realisieren zu können, war ihr ein Rückgriff auf den staatlichen Verwaltungsapparat nicht möglich. Sie mußte auf die Organisationsform eines Vereins zurückgreifen, wenngleich dieser durch die königliche Präsidentschaft und durch die Unterstützung Wilhelms einen gewissermaßen halbstaatlichen Charakter gewann.

3. Sie war außerdem auf die Mitarbeit von Männern des öffentlichen Lebens angewiesen, die ihr in der Zentralleitung nicht selten offen widersprachen und konkurrierende Ideen durchsetzten – das will meinen, in der Zentralleitung hatte sie eher den Rang einer Gleichen unter gleichen und nicht den Vorrang einer Königin.

Wenn man bedenkt, wie Catharina einerseits zu schnellem und wirksamem Handeln und gleichzeitig zum politischen Taktieren in der Zentralleitung und gegenüber den staatlichen Stellen gezwungen war, so erscheint ihre Leistung, allein im sozialen Bereich atemberaubend. Und die von ihr geleistete Verwaltungsarbeit war beachtlich. Jeder Untertan, jeder Lokalverein hatte Eingaben und Anfragen direkt an die Präsidentin Catharina zu richten. Wenn man sich mit den Akten des Zentralvereins beschäftigt, erkennt man schnell an der so häufigen Randnotiz »genehmigt C.« welches Pensum Catharina ableistete.[19]

Mehr als einmal kam mir dabei das Bild von Catharina als Managerin auf dem Königsthron in den Sinn.
Damit ist nun der Bogen gespannt zu dem nächsten Bereich, den ich noch näher untersuchen möchte, nämlich die gewissermaßen inneren Spielräume der Königin Catharina. Welche Rahmenbedingungen waren ihr etwa durch ihre persönliche, politische und soziale Haltung oder durch ihr Rollenverständnis als Königin gesetzt? Ihre Lebensgeschichte zeigt uns eine Frau, die mit einem ungewöhnlichen Engagement und Durchsetzungsvermögen begabt war. Überdies hatte sie sich bis zu ihrer Zeit als württembergische Königin immer wieder ungeniert in die von den Männern dominierte Politik eingemischt. Sie war ein höchst politischer Mensch und sie war für viele ihrer Zeitgenossen eine *zu* politische Frau. Um so auffälliger ist es dann aber, wenn sie sich als württembergische Königin aus dem politischen Tagesgeschäft eher fernhielt. Nur zur Erinnerung: in Württemberg tobte zu dieser Zeit der Kampf um die Verfassung – und Catharina hätte dazu gewiß manches beizutragen gehabt.
Freilich wissen wir nichts über die Inhalte der Gespräche zwischen Catharina und Wilhelm, etwa bei den regelmäßigen mittäglichen Spaziergängen.[20] Doch aus ihrer Zeit als württembergische Königin kennen wir keine von den vorher doch so häufigen Versuchen direkter politischer Einflußnahme. War es ihr Rollenverständnis als Königin, das ihr diese politische Abstinenz auferlegte? Es scheint fast so, als ob sie sich tatsächlich der klassischen Rolle der Königin neben einem amtierenden König fügte – eine Rolle die sie aus der Politik und der staatlichen Verwaltung ausschloß.
Ganz in die Tradition dieser Königinnen-Rolle paßt auch, wenn sie sich um die Bereiche Soziales und Bildung kümmerte. Hatten nicht schon ihre Mutter Maria Feodorowna in

Rußland und viele deutsche Landesfürstinnen in den Wirren der napoleonischen Kriege diese Felder vor ihr besetzt?[21] Freilich zeigt sich auch in Catharinas württembergischem Modell der Armenfürsorge ihre ganze Energie und ihre Bereitschaft zu radikal Neuem, so daß sie auch hier die Dimensionen des Althergebrachten sichtbar sprengte. Um ihre Projekte voranzubringen, scheute sie sich nicht, auf die Mitarbeit von zum Teil regierungskritischen großbürgerlichen Kreisen zurückzugreifen.[22] Sie schaffte es mit eisernem Willen, der Privatinitiative einen halbstaatlichen Charakter zu verleihen. Sie plante und entwickelte eine zentral organisierte und flächendeckende Armenfürsorge im ganzen Land. Sie legte ihre Initiativen von vornherein auf Dauer an. Sie wollte nicht bloß eine vorübergehende Krise kurzfristig mildern, sondern sie wollte die Volkswohlfahrt dauerhaft heben und sichern. Auffällig scheint bei all den Initiativen des Wohltätigkeitsvereins aber besonders ein Zug zu sein: Die Absicht, den Armen längerfristig die Perspektive zur Selbsthilfe zu eröffnen. Dies ist nun, gegenüber den Aktivitäten von Catharinas Kolleginnen in Deutschland, ein ganz neuer Gedanke in der Wohltätigkeitspolitik. Bislang waren die Wohltätigkeitsaktivitäten vorwiegend von christlich-karitativen Vorstellungen geprägt, weshalb sie auch meist nur von kurzer Dauer waren – eben solange die Not herrschte.

Bei Catharina scheint schon etwas von bürgerlich-liberalen Vorstellungen durch. Der Gedanke »Hilfe zur Selbsthilfe« etwa oder auch die Absicht, dauerhafte nichtstaatliche Einrichtungen zu schaffen, sind Kinder des protestantischen Arbeitsethos und bürgerlich-liberalen Denkens. Ein von Catharina oft ausgesprochener Kernsatz ihrer Arbeit lautete: »Arbeit verschaffen hilft mehr als Almosengeben.« Dahinter steckt die in bürgerlichen Kreisen verbreitete Überlegung, daß planloses

Almosengeben die Armut im Grunde nicht bekämpft, sondern im Gegenteil sie nur bestärkt.[23]

Nicht mehr nur solches Almosengeben war offenbar das Ziel Catharinas, sondern es scheinen Ansätze zu einer längerfristigen Sozialpolitik im modernen Sinne auf. Woher stammen diese neuen gedanklichen Horizonte? In Twer, während des russischen Befreiungskrieges oder bei ihren Reisen durch Europa könnte Catharina aufgegangen sein, daß das absolutistische politische Regime in Zeiten der beginnenden Industrialisierung nur durch soziale Zugeständnisse und durch eine dauerhafte Sorge um die Volkswohlfahrt aufrechterhalten werden kann. Die Erfahrung in Frankreich lehrte doch, wie schreiendes soziales Unrecht zu einer, eben dann auch politischen Revolution führen kann. Zweifellos wurde sie aber auch von den gemäßigt-liberalen Großbürgern, mit denen sie sich in der Zentralleitung des Wohltätigkeitsvereins umgab, auf diese bürgerliche Linie gedrängt. Dies zeigen deren Gutachten in der Gründungsphase, dies zeigte sich auch bei manchen Meinungsverschiedenheiten in der Zentralleitung.[24]

Wenn auch Catharina diese zukunftsweisenden Gedanken wahrscheinlich eher von ihren Mitstreitern eingegeben wurden, so ist dennoch festzuhalten, daß Catharina bereit war, sich auch in dieser Dimension wesentlich weitere Grenzen zu stecken, daß sie mehr Weitblick bewies als manche ihrer Standesgenossinnen, und daß sie diese erweiterten Handlungsspielräume energisch und mit aufopferndem Engagement nutzte. Fast meint man, diese Frau war in ihren Aktivitäten überhaupt nicht zu bremsen. Ihr früher plötzlicher Tod infolge einer Gesichtsrose riß sie am 9. Januar 1819 aus dieser ihrer wohl aktivsten Lebensphase.

Es war hier nur von den sozialen Aktivitäten der Königin Catharina die Rede. Nicht vergessen werden sollen aber auch ihre Verdienste um die Mädchenbildung, um die Hebung der Landwirtschaft und der Gewerbe in Württemberg. Dauerhafte Anerkennung und geradezu mythische Verklärung im Andenken erfuhr Catharina bei den Württembergern, trotz ihrer manchmal widerspenstigen und herrischen Art, aber gerade wegen ihres Einsatzes im sozialen Bereich. Dieses, über die bis dahin üblichen Aktivitäten einer Königin deutlich hinausgehende soziale Engagement, hat sie in Württemberg weit über ihren Tod hinaus so populär und beliebt gemacht.

Großherzogin Luise. »Bürgerliche Tugenden im fürstlichen Gewand«

Von Susanne Asche

Im Jahr 1863, das war im achten Jahr ihrer Ehe, beschrieb Großherzogin Luise von Baden das Verhältnis zu ihrem Ehemann, dem Großherzog Friedrich I. von Baden: »In unserer so reichen Ehe ist es bisher immer so gewesen, daß ich alle großen Schritte, die des Großherzogs Regierung kennzeichnen, nur langsam mit meinen Überzeugungen vereinbaren konnte [...]. Ich bedarf Zeit und viel Zeit zum Erkennen und viel Geduld seitens des treuen Mannes, dem ich es so oft sehnlich wünschte, daß ihm eine wirklich tätig mithelfende, mitratende und erkennende Kraft zur Seite stünde. Nach und nach erhalte auch ich dann Einsicht und kann dann mit ganzer Seele zu ihm stehen, dessen Liebe es noch nie verlangt hat, daß ich um seinetwillen meine Ansichten ändern sollte, sondern der nachsichtsvoll und gütigen Herzens abwartet, bis ich ihm folge, wenn das Leben und die Erfahrungen mich gereift haben.«[1]

Luise war zu diesem Zeitpunkt 25 Jahre alt, ihr Mann zwölf Jahre älter. Ihre Aufzeichnungen entwerfen das auch in bürgerlichen Kreisen zeittypische Bild einer Ehe zwischen einer die Autorität ihres Mannes anerkennenden Gattin und einem sie nachsichtsvoll durch das Leben geleitenden Gatten. Sie zeigen aber auch eine Frau, die auf eigene Ansichten gegenüber der Regierungspolitik beharrt, die überzeugt werden will, um eine mithelfende, mitratende und erkennende Kraft zu sein, das heißt – modern ausgedrückt – eine Partnerin.

Die großen Schritte der großherzoglichen Regierung dieser Zeit, von der Luise schreibt, waren die der 1860 einsetzenden liberalen Ära, die dem Großherzogtum eine Vorreiterfunktion für Parlamentarismus, innenpolitischen Liberalismus und gesamtdeutsche Einheitsbemühungen bescherten. Daß es so schwer war, Luise davon zu überzeugen, deutet auf den grundlegend konservativen Zug ihres Wesens, den sie zeitlebens beibehalten sollte.

Die spätere Großherzogin von Baden kam als Luise Marie Elisabeth Prinzessin von Preußen am 3. Dezember 1838 in Berlin zur Welt. Ihre Eltern waren Prinz Wilhelm von Preußen, der spätere Kaiser Wilhelm I. und Prinzessin Augusta von Sachsen-Weimar. Luise erhielt ihren Namen nach ihrer Großmutter, der schon mit mythischem Wert beladenen Königin Luise. Als Kind von zehn Jahren erfuhr sie in Berlin – natürlich nur im Palais ihres Vaters Unter den Linden – von den Barrikadenkämpfen am 18. März 1848 und erlebte einen Tag später die Abreise nach Potsdam und die Abfahrt ihres Vaters nach England. Sie war aber auch dabei, als ihre Mutter die Kaiserdeputation der Frankfurter Nationalversammlung am 3. April 1849 empfing.

Nach der militärischen Niederschlagung der revolutionären Bewegung in Baden unter dem Oberkommando ihres Vaters ging ihre Familie nach Koblenz, da ihr Vater dort Generalgouverneur von Rheinland und Westfalen geworden war. Hier lernte Luise auf Betreiben ihrer Mutter die zeitgenössischen Bemühungen um die Errichtung wohltätiger oder auch krankenpflegender Institutionen kennen. Kurz nach ihrer Konfirmation 1855 trat ihr der Prinz Friedrich von Baden näher, der für seinen erkrankten Bruder die Regentschaft übernommen hatte. Die 1856 geschlossene Ehe wurde von beiden Häusern begrüßt, da die infolge der Revolutionskriege begonnene enge Verbindung zwischen Baden und Preußen nun auch dynastisch untermauert war.

Die Ehe war zudem noch ausgesprochen glücklich. »Sie wurde« – wie Biograph und Großherzog-Friedrich-Kenner Hermann Oncken meinte – »zu einer ausgesprochenen Geistes- und Willensgemeinschaft, die an eine Identität aller menschlichen und politischen Bestrebungen grenzte, so daß das innere Leben Friedrichs und Luises von Baden kaum voneinander zu trennen und jedenfalls nicht gesondert voneinander geschrieben werden könnte.«[2] In jungen Jahren saß Luise während der Besprechungen ihres Mannes mit seinen Ministern lauschend dabei, in späteren Jahren unterhielt sie für ihre umfangreiche Korrespondenz und Verwaltungstätigkeit ein eigenes Büro.

Luise war tief verwurzelt im evangelischen Glauben, tatkräftig und galt als ausgesprochen durchsetzungsfähig. Das drückte sich auch in den Spitznamen aus, den man im Familienkreis den beiden Eheleuten gab: Sie hieß »Tante Gott-befohlen« und er »Onkel Wie-du-willst-Luise«.[3]

Besonders im Alter kam Luises konservatives und tief religiöses Wesen zum Tragen, das sie in eigenen Schriften und von ihr veröffentlichten Gebetssammlungen zum Ausdruck brachte.[4]

Luise und Friedrich hatten drei Kinder: 1857 kam der Thronfolger Friedrich zur Welt, fünf Jahre später, 1862, die Tochter und spätere Königin von Schweden Viktoria und 1865 der zweite Sohn Ludwig Wilhelm. Das Jahr 1888 bedeutete für

Luises bis dahin durchweg harmonisch-glückliches Leben einen tiefen Einschnitt, verlor sie doch innerhalb von wenigen Monaten den jüngsten Sohn, den Vater und den Bruder, den 88-Tage-Kaiser Friedrich III. Luise überlebte ihren zwölf Jahre älteren Ehemann, der vom Volke tief verehrt und hochbetagt 1907 starb, um 16 Jahre.[5]
Doch zurück zu ihrer Bedeutung als Großherzogin: Das Karlsruher Hofleben war eher unaufwendig und bescheiden. Es blieb vor allem in der Zeit der Großherzogin Luise frei von Skandalen der Art, wie sie die Generationen vor ihr erlebt hatten. Das Kaspar-Hauser-Problem war nur eine, wenn auch die spektakulärste der dem badischen Hof nachgesagten Ungeheuerlichkeiten. Wie sehr der Ruf des badischen Hofes durch solche Verdächtigungen auch europaweit gelitten hatte, zeigte sich, als Königin Viktoria von England von dem Heiratsprojekt erfuhr und dem Vater Luises Vorhaltungen machte, wie er denn zulassen könne, daß »er seine Tochter mit einer Familie verbinde, die allgemein eines von ihr begangenen Mordes bezichtigt werde.«[6] Luise bemühte sich im übrigen in den folgenden Jahrzehnten mehrfach darum, die Spuren wie zum Beispiel Großherzogin Stephanies »Erinnerungen«, die auf eine solche Untat hätten hinweisen können, an sich zu bringen oder gar vernichten zulassen.[7]
Auf der anderen Seite mußte die Preußin Luise in Baden mit Ressentiments rechnen. Als sie am 20. September 1856, das heißt erst sieben Jahre nach Niederschlagung der Revolution 1848/49 unter Preußens Führung, den Großherzog heiratete, konnte sie bestimmt nicht mit der Liebe ihrer neuen Landsleute rechnen, war sie doch nicht nur Preußin, sondern darüber hinaus auch noch die Tochter des Mannes, der als »Kartätschenprinz« in die Geschichtsschreibung eingegangen ist. Die Chancen, in Baden »eine Königin der Herzen« zu werden,

Großherzogin Stephanie Napoleon von Baden (1789–1860), Gipsbüste in klassizistischer Klarheit, von Johann Heinrich Dannecker, 1809/1810

waren für sie denkbar schlecht, obwohl ihr jugendlich-bräutlicher Liebreiz sicherlich dem anderer Frauen am Hofe in nichts nachstand. Noch im Exil in Palästina erinnerte sich die 1880 in Karlsruhe geborene Rahel Straus, geb. Goitein, daß der alte Großherzog, »mit seinem gütigen Gesicht, seinem weißen Haar und Bart die Liebe [...] des ganzen Volkes besaß«, während die Großherzogin als »Preußin« diese Popularität allerdings nie erringen konnte.[8] Bis heute erzählt man sich, daß die Großherzogin bei Fahrten durch die Straßen Karlsruhes huldvoll nach links und rechts grüßend gedacht habe: »Ihr kriegt nichts, und Ihr kriegt nichts, und alles kommt nach Preußen.«

Dennoch wirkte sie als Großherzogin eher ausgleichend in einem Land, das in den ersten Jahren ihrer Ehe noch als Folge der Revolution zerrissen war. Die Autorität der Monarchie war untergraben, und die Bindungen an das Herrscherhaus waren gelockert, zumal seit 1860 auch konfessionelle Konflikte den gesellschaftlichen Frieden erschütterten. Der badische Kulturkampf stand in seiner Heftigkeit in nichts dem späteren in Preußen nach. Das Herrscherhaus gewann in diesen nachrevolutionären Jahrzehnten in der Person des liberal denkenden Großherzogs aber eine Integrationsfigur für das Land, die durch die Großherzogin in nochmals ganz eigener Weise unterstützt wurde. Schon die Hochzeit 1856 führte zu Feiern überall in Baden und war damit Ausdruck einer beginnenden Versöhnung zwischen Monarch und Volk.

Zwar erreichten gegen Ende des Jahrhunderts auch die badischen Städte und die Arbeiterdörfer die Ideen der damaligen Sozialdemokratie und die mit dem Begriff »Frauenfrage« benannten Konflikte. Doch wurden die Probleme nicht so hart ausgetragen wie zum Beispiel in Preußen: Die badischen Sozialdemokraten erschienen zu Beginn des 20. Jahrhunderts bei

Hofe, stimmten im Landtag dem Budget zu und zogen sich damit die harsche Kritik der deutschen Parteiführung zu. Die Frauenrechtlerin Lida Gustava Heimann mußte zu dieser Zeit verwundert feststellen, daß auch der »Krieg der Geschlechter« in Süddeutschland auf friedlichere Art und Weise geführt werde als im Norden Deutschlands.[9]

An dieser eher entspannteren Lage war das Großherzogspaar nicht unwesentlich beteiligt. Luise entwickelte dabei aber eine eigene Strategie und entdeckte eigene Handlungsspielräume. Sie gewann eine vermittelnde und versöhnende Funktion – nicht nur als Landesmutter mit repräsentativen Pflichten, sondern vor allem als Protektorin des Badischen Frauenvereins. Dieser 1859 anläßlich des italienisch-österreichischen Krieges gegründete Verein, der im Falle eines badischen Kriegseintritts eine weibliche Unterstützung des Krieges gewährleisten sollte, war anfangs ein vaterländischer Verein in der Art, wie sie seit den Freiheitskriegen bekannt waren. Auch in Karlsruhe war 1814 und 1817 von Großherzogin Stephanie eine solche Organisation jeweils für einige Monate bzw. Jahre ins Leben gerufen worden.[10] Zur Zeit von Luises Hochzeit existierte bereits seit längerem ein von ihrer Vorgängerin, der Großherzogin Sophie, protektionierter weiblicher Wohltätigkeitsverein. In ihm fanden sich die Frauen der Karlsruher Oberschicht zusammen, um sich mit fürsorglichem und erzieherischem Anspruch an ihre ärmeren Schwestern zu wenden und um eine Armenpflege zu organisieren, die neben der städtischen stand. Damit betraten die Frauen ein traditionell männliches Feld. Hier knüpfte auch die Neugründung von 1859 an; in einer Selbstdarstellung des Badischen Frauenvereins hieß es zum Beispiel: »Nothleidenden beizustehen, Armen zu helfen, Kranke zu pflegen war von jeher eine der edelsten Seiten des vom Schöpfer vorgezeichneten Berufes des weiblichen Geschlechts.«[11]

Die Protektorin solcher Vereine gehörte fast schon selbstverständlich zum Tätigkeitsfeld von Landesherrinnen. Auch Luise übernahm diese Funktion sofort, zumal sie von ihrer Mutter in den Koblenzer Zeiten darauf vorbereitet worden war. In den folgenden Jahrzehnten allerdings erfüllte sie innerhalb dieser Frauenarbeit eine initiative und leitende Funktion, die nach der Reichsgründung von 1870/71 ihr eigentliches Betätigungsfeld wurde. Schon 1859 sorgte sie durch ihre Protektion und ihre Verbindung zu den Ministerien und der Landesverwaltung dafür, daß die Karlsruher Initiative zu einer landesweiten Organisation wurde. Als das Großherzogtum Baden 1864 als einer der ersten deutschen Staaten der Genfer Konvention beitrat, verpflichtete es sich, einen Landesverein mit Zweigvereinen zur »Verbesserung des Looses verwundeter und kranker Krieger« zu bilden. Doch erst nach dem Ende des preußisch-österreichischen Krieges von 1866 wurde diese Verpflichtung umgesetzt. Die Großherzogin ergriff die Initiative (das heißt sie schrieb einen Brief an den entsprechenden Minister), um den Badischen Frauenverein zum Landesverein des Internationalen Roten Kreuzes und damit zu der Institution zu machen, auf die im Kriegsfalle zurückgegriffen werden sollte.[12]

Bald schon legte sich der Landesverein wie ein Netz über das Großherzogtum, die Frauen wurden zu einer grundlegenden Stütze der badischen Sozial- und Gesundheitspolitik. Die »Statistik der Frauenorganisationen im Deutschen Reiche« aus dem Jahr 1909 nannte schon 385 Zweigvereine im Großherzogtum Baden mit zusammen 75 305 weiblichen Mitgliedern und mit einem Gesamtvermögen von 1 748 889 M.[13] Die jeweiligen Vorstände der Zweigvereine entstammten fast immer der örtlichen Oberschicht, es waren die Ehefrauen des Lehrers, des Pfarrers und des Amtmannes. Das Karlsruher Adreßbuch von 1915 nennt weit über 20 Vereinsadressen, die von Krankenhäusern über Schulen bis zu Kinderkrippen und Säuglingsfürsorgestellen, von einer Bibliothek über Koch- und Nähschulen bis zum Mutterhaus für Krankenschwestern reichen.[14] Der Badische Frauenverein baute das badische Rote Kreuz auf, das heißt er organisierte die Ausbildung von Krankenschwestern, errichtete Krankenhäuser (in Karlsruhe das Ludwig-Wilhelm-Krankenhaus) und trug in Kriegszeiten das Lazarettwesen. Zudem widmete sich der Verein sehr engagiert der Förderung der Erwerbstätigkeit »des weiblichen Geschlechts«; er gründete Haushaltungs- und Frauenarbeitsschulen, etablierte neue Berufe wie den der Kindergärtnerin und förderte durch das Angebot von Handelskursen die Ausbildung für die neuen Büroberufen wie zum Beispiel den der Kontoristin.

Zudem kümmerten sich die »Damen« des Vereins um die Schulbildung der Töchter der Unterschichten bzw. der neu entstandenen Arbeiterklasse und um die sogenannten »Armeleutekinder und die Waisenkinder«. Sie sorgten für deren Gesundheit, Erziehung und Unterbringung. »Gefallene Mädchen« konnten in ihrer Mädchenfürsorge Schutz und Unterhalt finden.

Das waren aber Arbeitsbereiche, die dem zeitgenössischen bürgerlichen Frauenbild nicht entgegenstanden und die es den Frauen besonders des Bürgertums erlaubten, auch außerhalb der Familie im öffentlichen Raum verantwortungsvoll zu agieren. Die Familie und die Privatsphäre galten ihnen als der wesensgemäße Lebens- und Arbeitsraum der Frauen, deren weiblicher Charakter jedoch in manchen gesellschaftlichen Bereichen wie der öffentlichen Armen- und Kinderpflege wohltätig wirken konnte. Der Erfolg dieses Vereins lag zum einen ganz wesentlich in der ministeriellen, amtlichen und kirchlichen Unterstützung begründet, die er von Anbeginn an genoß, zum anderen spielte aber auch eine große Rolle, daß die Frauen der lokalen und landesweiten badischen Oberschicht bedeutende Funktionen innerhalb der Vereinsorganisation übernahmen. Die Teilnahme an der Arbeit des Frauenvereins wurde fast schon zu einem gesellschaftlichen Muß für die Frauen, die sich durch den Beruf ihres Mannes zum Bürgertum bzw. zur jeweils lokalen Führungsschicht zählten. Das war ganz wesentlich das Verdienst der Großherzogin, die in allen Bereichen der Vereinstätigkeit mitarbeitete. Sie stand diesem Verband nicht nur formal als Protektorin vor, sondern wirkte sehr häufig initiativ, nahm an vielen Sitzungen des Vorstandes und der Komitees teil und förderte durch Reisen, Preisverleihungen und Stiftungen von Ehrenzeichen die Verbreitung des Vereins in ganz Baden. Ihre Anregungen und Bitten stießen sowohl in Ministerien als auch auf Amtsebene natürlich auf offene Ohren.

Die Präsidentinnen der sechs Abteilungen des Vereins, dessen Zentralkomitee natürlich in Karlsruhe war, gingen zeitweise im Schloß täglich ein und aus. Auf ihren zahlreichen Reisen durch das Land unterstrich Luise die Bedeutung, die sie der jeweiligen lokalen Vereinstätigkeit zusprach, indem sie sich regelmäßig die Einrichtungen oder Aktivitäten vorführen ließ und dafür sorgte, daß zur Begrüßung auch immer die lokalen Organisatorinnen, die Vorstandsdamen, anwesend waren. So hieß es zurecht in einer 1906 veröffentlichten Festschrift, die anläßlich des 80. Geburtstags von Großherzog Friedrich erschien: »Wie aber der Großherzog seinem Lande ein vortrefflicher Regent, seinem Volke ein wahrer Vater war, wirkte die Großherzogin durch den Badischen Frauenverein als echte Landesmutter.«[15] Weiter zitierte die Schrift den ehemaligen badischen Minister des Innern August Lamey: »Die Großherzogin hat sich ein herrliches Reich gegründet [= den Frauenverein], ein Reich, worin sie mit opferwilliger Tätigkeit und Hingebung waltet, ein Reich, das seine Segnungen in die entferntesten Täler und in die niedersten Hütten ausstrahlt, ein Reich der reinsten Liebe [...].«[16]

Luise verkörperte damit den Prototyp der bürgerlichen Gattin, die sich dem ihr als weiblich zugewiesenen Tätigkeitsfeld widmete. Als Landesherrin lebte sie bürgerliche Tugenden im fürstlichen Gewand. Gerade die Bürgerlichkeit sicherte ihr die Möglichkeit, eigene Handlungspielräume zu entdecken und innenpolitisch wirken zu können. Umgekehrt erhielten alle Bereiche, die aus bürgerlicher Sicht das weibliche Leben bestimmten und die im Badischen Frauenverein aufgegriffen wurden, über die Person der Großherzogin eine große Bedeutung. In dem Maße, in dem die Großherzogin Luise sich der Anliegen der Frauen annahm, wuchs die gesellschaftliche Anerkennung des weiblichen Geschlechts.

Die Badenerinnen empfanden darüber hinaus – wie die Frauen aus den anderen Bundesstaaten Deutschlands – ihr Tun durchaus als einen Beitrag zur Entstehung der Nation, indem sie »nach der äußeren Reichsgründung durch das Schwert der Männer, [...] durch Wohlfahrtspflege und Fürsorgetätigkeit die sozialen Gegensätze mildern und so die innere Einheit Deutschlands stabilisieren« wollten.[17] Das entsprach der 1893 von Helene Lange formulierten und von fast allen Vertreterinnen der bürgerlichen Frauenbewegung getragenen Ansicht, »daß mit dem Sinken des Frauenwerts, mit dem Schwinden eines veredelnden Fraueneinflusses ein Sinken des Volkes überhaupt verbunden« sei.[18] Der von der Großherzogin Luise nicht nur protektionierte, sondern eher schon geleitete Frauenverein war damit aber Bestandteil der sich im ausgehenden 19. Jahrhundert entwickelnden bürgerlichen Frauenbewegung. So eröffnete sie durch ihre Politik den badischen Frauen Einflußmöglich-

keiten und Tätigkeitsfelder, von denen die Generation vorher nur träumen konnte.
Der Verein stieß jedoch in manchen Gegenden auf Abwehr und Vorbehalte, besonders von katholischer Seite. Dahinter verbarg sich eine Verschärfung der konfessionellen Fronten, da sich die katholische Kirche infolge des Kulturkampfes in einer Verteidigungsstellung fühlte und mancher Pfarrer gemischt konfessionelle Verbände daher nicht schätzte. 1895 wandte sich der katholische Pfarrer von Triberg gegen die Bildung eines Zweigverein in seinem Ort. Der »Katholische Beobachter« nannte den Verein »eine verschleierte Form der protestantischen inneren Mission: Es ist sicher nicht zum geringsten Teil ein Verdienst des Frauenvereins, daß der Protestantismus bald in jedes katholische Örtchen sich verbreitet und darin festen Fuß gefaßt hat.«[19] Gegen diese Vorbehalte trat Großherzogin Luise bewußt in ihren Besuchsprogrammen an. In jedem Ort, der eine evangelische und eine katholische Gemeinde aufwies, besuchte sie nacheinander beide Gottesdienste.
Die Großherzogin versuchte, die konfessionellen Differenzen im Großherzogtum abzumildern auch im Sinne einer innenpolitischen Aussöhnung, denn immerhin stand eine protestantisch geprägte Landesregierung und ein protestantisches Herrscherhaus einer katholischen Bevölkerungsmehrheit gegenüber. Ihren Verein unterstellte sie dementsprechend dem Motto »Gott mit uns«, das Gebetsbuch für die Krankenschwestern war konsequenterweise interkonfessionell angelegt. Als für sie im hohen Alter das religiöse Denken immer bestimmender wurde, kam zeitweise und fälschlicherweise das Gerücht auf, sie wolle zum katholischen Glauben übertreten. Es ging der Großherzogin Luise mit ihrer Vereinspolitik zugleich um die Stiftung einer badischen Identität, für die sie eine spezifisch weibliche Inszenierung protegierte: In Zeiten, in denen schon lange ma-

schinell gesponnen wurde, entstanden in Baden, gefördert vom Badischen Frauenverein, Spinnkurse. An Spinnabenden trafen sich Frauen eines Dorfes, um bei »munteren Spinnliedern« dem »Surren der Rädchen« zu lauschen. Dahinter verbarg sich mehr als ein folkloristisch-nostalgisches Geschehen. In diesen Spinnkursen trafen sich Frauen unterschiedlicher Schichten, das heißt die Kurse sollten sozial versöhnend wirken. Bei der großen Spinnereiausstellung 1903 in Karlsruhe kamen 500 Spinnerinnen meist in Landestrachten aus ganz Baden.[20] Das zielte auf die Herstellung einer auf inzwischen überlebten regionalen Traditionen basierenden Landesidentität.

Darüber hinaus waren der Verein und das Wirken der Großherzogin auch für die emanzipativen Bestrebungen der Frauen grundlegend und zugleich ein integraler Bestandteil der kommunalen und landesweiten Sozial- und Fürsorgepolitik. Luises »Reich der reinsten Liebe« gewann trotz mancher Gegner gegen Ende des 19. Jahrhunderts damit eine große innenpolitische Bedeutung.

Das immense Wachstum und die mit der Industrialisierung einhergehenden sozialen Veränderungen überforderten die herkömmliche Armutspolitik. In den Städten entstanden ganze Viertel, in denen die Armut wohnte mit hoher Säuglingssterblichkeit und typischen Krankheiten armer Leute wie der Tuberkulose. Die Lebensweise und die politischen Äußerungen der dort lebenden Schicht, das heißt der Arbeiterschaft, beunruhigten die Verwaltungsbeamten und Politiker zunehmend und beschäftigten auch die Frauenvereine. Die »Deutsche Gemeindezeitung« schlug 1877 vor, daß man für »die Sorge für die Armen und die heranwachsende Jugend [...] die Mitwirkung edler Frauen in Anspruch« nehme.[21]

Da in Baden und seiner Haupt-und Residenzstadt Karlsruhe schon seit den 1870er Jahren die Frauen des Badischen Frauenvereins bei der kommunalen Armenpflege herangezogen wurden, verglich die »Gemeinde-Zeitung« die preußischen mit den badischen Verhältnissen. Im Unterschied zu Preußen, das auch einen von Luises Mutter gegründeten Vaterländischen Frauenverein wie den Badischen Frauenverein hatte, wirkten in Baden die Zweigvereine in »schönster Harmonie mit den lokalen Behörden bei Verwaltung von Krankenhäusern, Beaufsichtigung der Industrieschulen, der Haltekinder, der städtischen Waisen und so weiter« mit.[22] Die Delegierten- und Generalversammlung der Vaterländischen Frauenvereine diskutierte 1877 dementsprechend die Frage, wie erreicht werden könne, daß ähnlich wie in Baden die Vereine an den kommunalen humanitären Einrichtungen mitwirken könnten.[23] An die Arbeit des Vereins auf lokaler und landesweiter Ebene knüpfte sich die Hoffnung, disziplinierend auf die wachsende Arbeiterschaft einwirken zu können, die sich zunehmend als Klasse verstand und als Bedrohung empfunden wurde. Auf der Suche nach Möglichkeiten der Beeinflussung rückten die Arbeitertochter und die Arbeiterfrau ins Zentrum der Aufmerksamkeit. Ihnen sollte eine spezifische Erziehung zuteil werden, die vorrangig auf der Unterrichtung in textilen Fertigkeiten basierte. Großherzogin Luise war eine vehemente Verfechterin der disziplinierenden und wohltuenden Wirkungen von Handarbeiten, denen sie sich selbst dann noch unterwarf, als sie kaum noch sehen konnte. So erschien zum Beispiel 1911 die vom Frauenverein herausgegebene Schrift »Die Handarbeiten Ihrer Königlichen Hoheit Großherzogin Luise von Baden, Prinzessin von Preußen. Leitfaden zur Anfertigung von Arbeiten mittelst Strickmaschinen.« Unter dem Motto »Die Hand bei der Arbeit. Das Herz bei Gott« hoffte man, die handarbeitenden Arbeitertöchter und -frauen zu gesellschaftlichen Friedensstifterinnen zu erziehen. Das wurde explizit auch als Kampf gegen die Ideen und Thesen der Sozialdemokratie empfunden.

Dazu ein Beispiel: Am 11. Mai 1878 versuchte ein junger Mann in Berlin ein Attentat auf den Kaiser und gefährdete dabei auch die Großherzogin Luise, die sich in unmittelbarer Nähe ihres kaiserlichen Vaters befand. In den »Karlsruher Nachrichten« vom 15. Mai 1878 hieß es über den Attentäter, er sei Mitglied der sozialdemokratischen Partei, »welche durch ihre fortwährenden Hetzereien gegen alles Bestehende in Wort und Schrift einen großen Theil an dem begangenen Verbrechen mit trägt.«[24] Dieses und ein erneutes Attentat kurze Zeit danach wurden zum Anlaß genommen, das bis 1890 geltende Sozialistengesetz im Reichstag zu verabschieden. Der Großherzog reagierte auf die dem großherzoglichen Hause von der Bevölkerung der Residenzstadt entgegengebrachte Anteilnahme am 1. Juni mit einem Dankesschreiben und der Spende von 1000 M »zu einer wohltätigen Verwendung«.[25] In dem Schreiben hieß es: »Hat der 11. Mai einen traurigen Blick tun lassen in ein von Jugend an innerer Zerrissenheit zugewandtes Gemüt, so liegt in diesem Bilde eine Mahnung, überall in wachsendem Maße der Pflege der Jugend in den ärmeren Kreisen der Bevölkerung liebend und ernste Fürsorge zu widmen.«[26]

Solchermaßen aufgefordert, die großherzogliche Spende zur Entschärfung der sozialen Gegensätze zu verwenden, fiel der Blick der Stadtverwaltung auf die Mädchen der armen Klassen. Man beschloß, die Gründung einer Mädchen-Arbeitsschulstiftung vorzuschlagen.[27] Dies fand die Zustimmung der Großherzogin, die dazu meinte: »Den Sinn für Fleiß und Arbeitsamkeit und das Pflichtgefühl für richtige Verwendung von Zeit, Kraft und Fähigkeit bei den armen Mädchen zu erwecken, erachte ich mit Ihnen, für eine der wichtigsten Aufgaben.« Des weiteren wies sie auf den gerade gegründeten Flickverein für arme Mädchen hin, empfahl die Zusammenarbeit mit dem Badischen Frauenverein und schlug vor, »unter Leitung des Armenraths stehende Mädchen zum Erlernen häuslicher Arbeiten, Waschens, Bügelns und so weiter unter bestimmter Beaufsichtigung durchaus zuverlässiger Hausfrauen zu geben.«[28]

Nun regelten die »Damen« der Oberschicht im Einvernehmen mit den Verwaltungsbeamten, wie die »armen Mädchen« stricken, stopfen, sticken, nähen, kochen und so weiter lernen sollten. Zudem war dieser Hausarbeitsunterricht Teil einer reichsweit verfolgten Sozialpolitik. Die Mädchenfürsorge, die Flickvereine, die Kochschulen, die Tuberkulosebekämpfung und die Säuglingsfürsorge waren Tätigkeiten, die sich mit Ute Frevert als eine »fürsorgliche Belagerung« bezeichnen lassen, der die Arbeiterfrauen in ganz Deutschland gerade aus Kreisen der Frauen des Bürgertums ausgesetzt waren.[29] Die proletarischen Frauen wurden vorrangige Ansprechpartnerinnen für die sogenannte Hygienebewegung des 19. und frühen 20. Jahrhunderts, die besonders die Städte erfaßte und die von Ärzten, Stadtvätern und bürgerlichen Frauenvereinen, aber auch den Organisationen der Arbeiterbewegung getragen wurde.

Im Zuge der Industrialisierung und den damit besonders für die Städte verbundenen Problemen wie sprunghaftes Bevölkerungswachstum, Wohnungsmangel und durch Armut und mangelnde Infrastruktur bedingte Krankheiten wie Typhus entdeckte man den Arbeiterhaushalt und die dort herrschenden Familienverhältnisse als Objekte öffentlicher Fürsorge und Erziehung. In der Annahme, ein nahrhaft gekochtes Essen, eine gut gelüftete Wohnung, ein mit Geschick geführtes Haushaltsbuch und eine mit Umsicht genähte Kleidung würden die Lebensumstände verbessern, wandten sich besonders die Frauen

der städtischen Oberschicht an ihre armen Schwestern. Wenn diese sparsam, ordentlich und sauber ihren Haushalt führten, dann seien grundlegende soziale Probleme wenn nicht zu lösen, so doch wenigstens zu entschärfen. Wenn die Frau ein behagliches Zuhause schaffe, dann würde der Mann nicht mehr den Abend in der Wirtschaft verbringen und dort den Klassenkampfparolen des Sozialdemokraten lauschen. Zudem stünde das dort ausgegebene Geld der Familie zur Verfügung. Die Aufwertung der Hausarbeit erhöhte den Arbeitsdruck, der auf den Frauen lastete. So richtig es war, die neuen Kenntnisse über Haushaltsführung, über gesunde Ernährung und Hygiene zu vermitteln, so sehr bedeutete es für die ohnehin sehr belasteten proletarischen Frauen eine zusätzliche Beanspruchung. Nun waren sie in besonderer Weise verantwortlich für das Wohlergehen ihrer Familie, für die Arbeitsfähigkeit des Mannes und letztlich für die gesamten Lebensverhältnisse. Gleichzeitig schuf diese Politik jedoch eine Grundlage dafür, daß Hausarbeit heute als Arbeit und Beruf angesehen wird, zumindest von den Frauen. Den Bürgersgattinnen sicherte diese Mitarbeit bei der kommunalen Fürsorgepolitik und der Erziehung der Arbeiterfrauen den Zugang zur Kommunalpolitik als ersten Schritt zur politischen Gleichberechtigung. Dabei nahm Baden eine Vorläuferfunktion ein.
Gegen Ende des 19. Jahrhunderts gewann die Idee der weiblichen Teilhabe an der Kommunalverwaltung in Deutschland eine mehrheitsfähige Verbreitung. So verabschiedete im Jahr 1896 die Generalversammlung des »Deutschen Vereins für Armenpflege und Wohltätigkeit« in Straßburg eine Resolution, in der die »Heranziehung der Frauen zur öffentlichen Armenpflege [...] als eine dringende Notwendigkeit bezeichnet wurde, in erster Linie durch die Eingliederung der Frauen in die öffentliche Armenpflege mit gleichen Rechten und Pflichten

wie die Männer [...].«.[30] Fünf Jahre später, im Jahr 1901, befürwortete der Preußische Städtetag die Eingliederung der Frauen in die städtischen Verwaltungen.

In Baden wurde im September 1910 eine neue Gemeindereform erlassen, in der es unter anderem hieß: »Den [städtischen] Kommissionen für das Armenwesen, für Unterrichts- und Erziehungsangelegenheiten, für das Öffentliche Gesundheitswesen und für sonstige Aufgaben, bei denen nach der Art des Gegenstandes die Mitwirkung von Frauen wünschenswert ist, *müssen* Frauen als Mitglieder angehören; es kann bestimmt werden, daß diesen Kommissionen bis zu einem Viertel der Mitglieder Frauen mit Sitz und Stimme angehören sollen.«[31] Damit war Baden der einzige Bundesstaat des Deutschen Reiches, der vor dem Ersten Weltkrieg die gleichberechtigte Mitarbeit der Frauen in der Kommunalverwaltung auf der Ebene der Gemeinderatskommissionen vorschrieb.[32] Auch in anderen deutschen Staaten arbeiteten Frauen in den Jahren vor 1914 in den städtischen Deputationen oder als Armen- und Waisenpflegerinnen, doch war hier ihre Mitwirkung lediglich erlaubt. In manchen Gebieten des Reiches blieben die Frauen bis zum Ersten Weltkrieg aus der städtischen Verwaltung ganz ausgeschlossen.[33] Bis zum September 1913 gab es in Baden 45 Städte und Gemeinden, in denen Frauen in Kommissionen mitarbeiteten.[34] Die gesetzliche Festlegung, daß Frauen mitarbeiten müssen, war ein großer Schritt auf dem Weg zur politischen Gleichberechtigung. Auf dem großen deutschen Frauenkongreß, der 1912 in Berlin stattfand, wurde dann auch das badische Gemeindegesetz rühmend hervorgehoben und eine entsprechende Vorschrift für alle Bundesstaaten des Deutschen Reiches gefordert.[35]

Die Vorreiterrolle Badens war auch ein Verdienst der Großherzogin, deren Einfluß auf die Sozial- und Gesundheitspolitik und damit auf entsprechende Gesetzesvorlagen sehr groß war. Die bürgerliche Frauenbewegung der Kaiserzeit wußte, was sie an der badischen Großherzogin hatte, denn ihr Wirken fand daher auch weit über Badens Grenzen hinaus besonders in den Kreisen der bürgerlichen Frauenbewegung Anerkennung. So widmete Lina Morgenstern, die unter anderem als Gründerin der Berliner »Volksküchen« galt und die eine der bedeutendsten Vertreterinnen der Frauenbewegung war, ihr Buch »Das häusliche Glück der Frau« 1888 der Großherzogin.[36]

Die Vorsitzende des Bundes Deutscher Frauenvereine Marie Stritt bezeichnete 1901 die Organisation des Badischen Frauenvereins als vorbildlich.[37] Im Januar 1904 erschien in der Zeitschrift »Frauen-Rundschau«, die so prominente Frauenrechtlerinnen wie Anita Augspurg, Lily Braun, Minna Cauer, Henriette Goldschmidt und Alice Salomon als Autorinnen hatte, unter der Überschrift »Fürstin und Frauenfrage« eine Hommage an die Großherzogin und an ihr Werk.[38]

Und doch mußte Luise seit der Jahrhundertwende erleben, daß sich auch in Baden Frauenvereine gründeten wie der Verein »Frauenbildung – Frauenstudium«, die auf ihre Protektion verzichteten. Zudem vertraten sie Ideen wie die der vollen politischen Gleichberechtigung und der wissenschaftlichen Emanzipation, die ihr fremd waren.[39] Während des Ersten Weltkrieges entfalteten sie und ihr Verein eine umfassende Tätigkeit, auf die sie sich in den langen Friedenszeiten vorbereitet hatten.[40] Als Anerkennung ihrer Leistung in dieser Zeit verlieh ihr die medizinische Fakultät der Universität Freiburg den Ehrendoktor.

Doch als ihr Neffe Kaiser Wilhelm II. den Thron bestieg, gehörten sie und ihr Mann einer fast schon vergangenen Epoche an. Als Witwe mußte sie am Abend des 11. November 1918 zusammen mit ihrem Sohn, dem letzten Großherzog, ihrer zu Besuch weilenden Tochter, der Königin von Schwe-

Großherzogin Luise von Baden (1831–1923), die Landesmutter, Nachbildung einer Zeichnung von Professor Otto Propheter, Karlsruhe, 1920

den und ihrer Schwiegertochter, der Großherzogin Hilda fluchtartig durch ein Fenster das Karlsruher Schloß verlassen. Vor dessen Toren gab es eine eher dem Alkohol als dem revolutionären Zorn geschuldete Schießerei. So erlebte sie als Greisin noch den Untergang der monarchischen Tradition, die sie mit ihrem Gatten allererst wieder begründet hatte.
Großherzogin Luise war eine Frau des 19. Jahrhunderts, die im Alter – inzwischen sah sie aus wie der Alte Fritz – mit ihrem »erziehlichen« Wesen[41] auch auf Ablehnung stieß. Als sie im Schloß von Baden-Baden am 23. April 1923 starb, war ihre Welt untergegangen.

Anmerkungen

Frauen an den Höfen der Neuzeit (Sylvia Schraut)

1 Großes vollständiges Universal-Lexicon Aller Wissenschaften und Künste, hg. von *Johann Heinrich Zedler,* Artikel Hof, Bd. 13 (1735) Sp. 405.

2 Beispielsweise stellt *Volker Bauer,* Die höfische Gesellschaft in Deutschland von der Mitte des 17. bis zum Ausgang des 18. Jahrhunderts, Tübingen 1993, in seiner Typisierung der Höfe keinerlei Überlegungen an, ob sich von Frauen geleitete Höfe von Höfen mit männlichem Oberhaupt unterscheiden. Vgl. auch die Überblicksdarstellung von *Rainer A. Müller,* Der Fürstenhof in der frühen Neuzeit, München 1995, auch hier sind genderspezifische Forschungsansätze nicht berücksichtigt.

3 Der Mehrzahl der Autoren und Autorinnen, die sich bisher mit Frauen bei Hof beschäftigt haben, wählten hierzu einen personengeschichtlichen Ansatz. Auf die Vielzahl entsprechender Biographien kann hier nicht eingegangen werden. Es fehlt jedoch nach wie vor an systematischen struktur- oder gendergeschichtlichen Forschungen zur Rolle von weiblichen Angehörigen der Fürstenfamilie an neuzeitlichen Höfen. Eine rechtsgeschichtliche Studie zur weiblichen Regentschaft datiert bezeichnenderweise auf 1895.
Vgl. *Brunnemann, Erich* , Die Frau als Thronfolgerin, Regentin und Regierungsstellvertreterin in den deutschen Staaten, Diss. Greifswald 1895. Zur Rolle von Frauen am Hof des 19. Jahrhun-

derts vgl. *Diemel, Christa,* Adelige Frauen im bürgerlichen Jahrhundert, Frankfurt 1998.

4 Über die Anzahl der Höfe in der Frühen Neuzeit ist sich die Forschung derzeit nicht einig. Winterling beispielsweise geht von etwa 350 deutschen Höfen aus; vgl. *Winterling, Aloys,* Der Hof des Kurfürsten von Köln, 1688–1794, Bonn 1986, S. 1. *Bauer* beispielsweise hält die Zahl für zu hoch gegriffen und geht von einer nicht näher eingegrenzten dreistelligen Zahl aus; vgl. *Bauer, Volker,* Die höfische Gesellschaft in Deutschland von der Mitte des 17. bis zum Ausgang des 18. Jahrhunderts, Tübingen 1993, S. 2.

5 Vgl. zu Frankreich, *Burke, Peter,* Ludwig XIV., Die Inszenierung des Sonnenkönigs, Berlin 1993; *Elias, Norbert,* Die höfische Gesellschaft. Untersuchungen zur Soziologie des Königtums und der höfischen Aristokratie, Frankfurt 1983; seine Deutung des Hofes als Disziplinierungsinstrument gegenüber dem Adel ist auf Deutschland in der Frühen Neuzeit allerdings nur bedingt anwendbar, was freilich zutreffende Einzelbeispiele nicht ausschließt. So diente beispielsweise die Verpflichtung zur Hofanwesenheit des vormaligen hohen Reichsadels im Württemberg des 19. Jahrhunderts durchaus zur Disziplinierung. Dies ist wohlgemerkt ein Beispiel aus dem 19. Jahrhundert. Zur Anwendung des Elias-Modells auf Deutschland vgl. *Kruedner, Jürgen,* Die Rolle des Hofes im Absolutismus, Stuttgart 1973.

6 Vgl. zur Rolle des Zeremoniells am französischen Hof *Elias, Norbert,* Die höfische Gesellschaft; *Ehalt, Hubert Christian,* Zur Funktion des Zeremoniells im Absolutismus, in: *Buck, August / Kauffmann, Georg / Spahr, Blake Lee (Hg.),* Europäische Hofkultur im 16. Und 17. Jahrhundert, 2. Bd. Hamburg 1981, S. 411–420.

7 Zu Festkultur vgl. *Berns, Jörg-Jochen,* Die Festkultur der deutschen Höfe zwischen 1580 und 1730. Eine Problemskizze in typologischer Absicht, in: Germanisch-Romanische Monatsschrift 65, 1984, S. 295–311; *Braun, Rudolf / Gugeli, David,* Macht des Tanzes – Tanz der Mächtigen, München 1993.

8 Zu einer Typologie der Höfe vgl. *Bauer, Volker,* Die höfische Gesellschaft in Deutschland von der Mitte des 17. bis zum Ausgang des 18. Jahrhunderts, Tübingen 1993, S. 55–80.

9 *Zedler,* Artikel Hof Sp. 405 ff, hieraus auch die folgenden Zitate.

10 *Lünig, Johann Christoph,* Theatrum ceremoniale historico politicum, Leipzig 1718, S. 2 f.

11 Vgl. hierzu *Gestrich, Andreas,* Höfisches Zeremoniell und sinnliches Volk. Die Rechtfertigung des Hofzeremoniells im 17. und 18. Jahrhundert, in: *Berns, Jörg Jochen / Rahn, Thomas (Hg.),* Zeremoniell als höfische Ästhetik in Spätmittelalter und Früher Neuzeit, Tübingen 1995, S. 57–73.

12 Hier ist der Ansicht *Bauers* (Die höfische Gesellschaft S. 77), daß geistliche Höfe sich in der geschlechtsspezifischen Zusammensetzung nicht von anderen unterschieden, zu widersprechen. Dort, wo es per definitionem keine weiblichen Familienangehörigen des Fürsten als Dauererscheinung geben kann, ist auch kein fest institutionalisierter weiblicher Hofstaat vorhanden. Unterschiede zu gemischtgeschlechtlichen Höfen sind somit für die geistlichen Höfe schon im grundsätzlichen Aufbau der Hofgesellschaft zu erwarten und zu belegen. Am geistlichen Fürstenhof gibt es keine fürstliche Hausherrin, keine zu erziehenden fürstlichen Kinder und so weiter. Daß bei Festgesellschaften weibliche Verwandte und Ehefrauen von Hofangehörigen anwesend sind, widerlegt den grundsätzlichen Unterschied nicht.

13 Das Mätressenwesen gehört zu den wenigen Bereichen weiblicher Partizipation an höfischem Geschehen, das bisher intensiver erforscht worden ist. Vgl. *Dieterich, Susanne,* Mätressen in Württemberg, Leinfelden-Echterdingen 1996; *Hanken, Caroline,* Vom König geküßt: das Leben der großen Mätressen, Darmstadt 1997; *Oßwald-Bargende, Sybille,* »Alle Regierungs-Angelegenheiten gingen durch ihre Hände ...« Die Mätresse Wilhelmine von Grävenitz als politischer Faktor des absolutistischen Herzogtums Württemberg, in: *Jenisch, Susanne (Hg.),* Standpunkte, Tübingen 1993; S. 114–123 und S. 239–241 sowie den Beitrag der Autorin in diesem Band.

14 Vgl. *Dumont du Voitel, Waltraud,* Macht und Entmachtung der Frau, Frankfurt 1994, insb. S. 374.

15 *Agricola, Johannes,* Sybenhundert und fünfftzig Teutscher Sprichwörter, (1534), zitiert nach *Kiesel, Helmuth,* Bei Hof, bei Höll, Untersuchungen zur literarischen Hofkritik von Sebastian Brant bis Friedrich Schiller, Tübingen 1979, Motto.

16 *Moscherosch, Hans Michael,* Patentia, Paris (um 1627), zitiert nach

Kiesel, Helmuth, Bei Hof, bei Höll, Untersuchungen zur literarischen Hofkritik von Sebastian Brant bis Friedrich Schiller, Tübingen 1979, Motto.

17 Großes vollständiges Universal-Lexicon Aller Wissenschaften und Künste, *Johann Heinrich Zedler,* Artikel Hofmann, Bd. 13 (1735), Sp. 442.

18 *Ersch, J. S. / Gruber, J. G.*, Allgemeine Encyklopädie der Wissenschaften und Künste, Bd. 9, Leipzig 1832, Artikel Hof, S. 226.

19 Vgl. zur bürgerlichen Adelskritik *Langewiesche, Dieter,* Bürgerliche Adelskritik zwischen Aufklärung und Reichsgründung in Enzyklopädien und Lexika, in: *Fehrenbach, Elisabeth (Hg.),* Adel und Bürgertum in Deutschland 1770–1848, München 1994, S. 11–28.

20 Zu Hof und Hofgesellschaft im 19. Jahrhundert vgl. allgemein: *Möckl, Karl,* Hof und Hofgesellschaft in den deutschen Staaten im 19. und beginnenden 20. Jahrhundert, Boppard 1990; zu Württemberg *Herdt, Gisela,* Der württembergische Hof im 19. Jahrhundert, Studien über das Verhältnis zwischen Königtum und Adel in der absoluten und konstitutionellen Monarchie, Göttingen 1970.

21 Zur Integrationskraft der Höfe bezüglich der aufstiegswilligen bürgerlichen Elite vgl. die Fallstudie zu Bayern von *Max Brunner,* Die Hofgesellschaft: die führende Gesellschaftsschicht Bayerns während der Regierungszeit Maximilians II., München 1987.

22 Vgl. zur Entwicklung des Hoftheaters: *Daniel, Ute,* Hoftheater: Zur Geschichte des Theaters und der Höfe im 18. Und 19. Jahrhundert, Stuttgart 1995.

23 Vgl. die Angaben bei *Ersch / Gruber,* Artikel Hofämter S. 228–239; allein der Seitenumfang weist auf die Professionalisierung der Hofämter hin.

24 Ersch/Gruber (s. A. 23), S. 237 f.

25 Zur Rolle adeliger Frauen am Hof und in der Gesellschaft des 19. Jahrhunderts vgl. *Diemel, Christa,* (s. A. 3) sowie die dort genannte Literatur, vgl. auch den Beitrag der Autorin in diesem Band.

26 Das Tagebuch der Baronin Eveline von Massenbach, Hofdame der Königin Olga von Württemberg, herausgegeben von *Robert Uhland,* Stuttgart 1987, S. 29.

27 Ersch / Gruber (s. A. 23), S. 238.

28 Vgl. Seymour, Bruce, Lola Montez: eine Biographie, Düsseldorf 1998.

29 *Ersch, J. S. / Gruber, J. G.,* Allgemeine Encyklopädie der Wissenschaften und Künste, Bd. 9, Leipzig 1832, Artikel Höfling, S. 292.

30 Zur Adelsdebatte der Paulskirche: *Wende, Peter,* Die Adelsdebatte der Paulskirche, in: *Birke, Adolf M. / Kettenacker, Lothar (Hg.),* Bürgertum, Adel und Monarchie, München 1989, S. 37–51; *Siemann, Wolfram,* Die Adelskrise 1848/49, in: *Fehrenbach, Elisabeth (Hg.),* Adel und Bürgertum in Deutschland 1770–1848, München 1994, S. 231–246.

31 Vgl. einführend: *Paletsckek, Sylvia,* Adelige und bürgerliche Frauen (1770–1870), in: *Fehrenbach, Elisabeth (Hg.),* Adel und Bürgertum in Deutschland 1770–1848, München 1994, S. 159–186.

32 Vgl. hierzu: *Asche, Susanne,* Fürsorge und Emanzipation – oder Rassenhygiene. Die Frauenbewegung im Großherzogtum Baden (Teil 2), in: *Jenisch, Susanne (Hg.),* Standpunkte, Tübingen 1993, S. 132–142 und 242–244 sowie den Beitrag der Autorin in diesem Band; *Lutzer, Kerstin,* »... stets bestrebt, dem Vaterlande zu dienen«. Der Badische Frauenverein zwischen Nächstenliebe und Patriotismus, in: Frauen & Geschichte Baden-Württemberg (Hg.), Frauen und Nation, Tübingen 1996, S. 104–117 und 243–245.

33 Vgl. einführend zum Verhältnis Monarchie und sich entwickelnder bürgerlicher Gesellschaft: *Wehler, Hans Ulrich,* Wie »bürgerlich« war das Deutsche Kaiserreich? in: *Kocka, Jürgen,* Bürger und Bürgerlichkeit im 19. Jahrhundert, Göttingen 1987, S. 243–280.

34 4 Königreiche, 6 Großherzogtümer, 5 Herzogtümer und 7 Fürstentümer, dazu kamen noch die Freien und Hansestädte Lübeck, Bremen und Hamburg sowie das Reichsland Elsaß-Lothringen.

35 Vgl. die Angaben beispielsweise in *Kürschner, Joseph (Hg.),* Staats-, Hof- und Kommunal-Handbuch des Reichs und der Einzelstaaten, Stuttgart 1890.

36 Zum Hofstaat der deutschen Kaiserin zählten 1890: 1 Oberhofmeisterin, 2 Hofdamen, 1 Oberhofmeister, 1 Kammerherr, 2 Leibpagen, 2 Ärzte und zwei Erzieher des Prinzen, vgl. ebd. S. 851. Zum Hofstaat der Großherzogin von Baden zählten 1893: 1 Obersthofmeisterin, 2 Hofdamen, 1 Obersthofmeister und der Verrechner der Vermögensverwaltung sowie 2 Kammerfrauen und 1 Garderobefrau für den Garderobendienst. Vgl. Hof- und Staats-Handbuch des Großherzogthums Baden, Karlsruhe 1893, S. 22.

37 Vgl. *Biberstein von, Johannes Rogalla,* Adel und Revolution 1918/19, in: Mentalitäten und Lebensverhältnisse: Beispiele aus der Sozialgeschichte der Neuzeit; *Rudolf Vierhaus* zum 60. Geburtstag, hrsg. von Mitarbeitern und Schülern, Göttingen 1982, S. 243–259; *Hoyningen-Huene von, Iris,* Adel in der Weimarer Republik, Limburg 1992.

38 Vgl. zur Verbindung von Adel und Nationalsozialismus: *Kleine, Georg H.,* Adelsgenossenschaft und Nationalsozialismus, in: Vierteljahreshefte zur Zeitgeschichte Bd. 26, 1978, S. 100–143.

39 Vgl. *Dornheim, Andreas,* Adel. Selbstverständnis, Verhalten und Einfluß einer traditionellen Elite, in: *Wehling, Hans Georg* (Redaktion), Eliten in der Bundesrepublik Deutschland, Stuttgart 1990, S. 142–163.

40 »...Diese erschütternden persönlichen Tragödien vor dem Hintergrund europäischer Politik lassen ein Gesellschaftsbild entstehen, das die heutigen Skandale gekrönter Häupter als harmlose Histörchen erscheinen läßt.« So der Covertext zur populär gehaltenen Studie von *Thea Leitner,* Skandal bei Hof, Frauenschicksale an europäischen Königshöfen, München 1995.

Beatrix von Hohenstaufen (Elke Goez)

1 Die Vortragsform wurde beibehalten und um einige Literaturhinweise am Ende ergänzt. Lediglich Quellenzitate, die sich auf Beatrix beziehen, werden nachgewiesen. Eine detaillierte Studie ist in Vorbereitung.

2 Ottonis episcopi Frisingensis et Rahewini gesta Frederici seu rectius Cronica, hg. v. *Franz-Josef Schmale,* übersetzt von *Adolf Schmidt* (Ausgewählte Quellen zur deutschen Geschichte des Mittelalters, Freiherr-vom-Stein-Gedächtnisausgabe Bd. XVII) Darmstadt 1965, II/50, S. 382

3 Das Geschichtswerk des Otto Morena und seiner Fortsetzer über die Taten Friedrichs I. in der Lombardei, hg. v. *Ferdinand Güterbock,* MGH Scr. rer. Germ. NS VII, Berlin 1930 (ND Zürich-Berlin 1964),

S. 159; Die Chronik des Propstes Burchard von Ursberg, hg. v. *Oswald Holder-Egger* und *Bernhard von Simson,* MGH Scr. rer. Germ. in usum schol., 2. Aufl., Hannover-Leipzig 1916, S. 44.

4 Annales Aquenses, MGH SS XXIV, S. 38.

5 *Radulfus de Diceto,* Ymaginibus Historiarum, MGH SS XXVII, Hannover 1885, S. 270. Zur Datierung vgl. *Opll, Ferdinand,* Das Itinerar Kaiser Friedrich Barbarossas (Beihefte zu J. F. Böhmer, Regesta Imperii 1) Wien 1978, S. 71.

6 La chronique de Gislebert de Mons, ed. *Léon Vanderkindere,* Bruxelles. o.J., S. 156.

7 Friderici I Diplomata, Die Urkunden Friedrichs I., Bd. 1–5, bearb. von *Heinrich Appelt* (MGH Diplomata regum et imperatorum Germaniae, tom. X, pars I–V) Hannover 1975–1990, DF I 502.

8 Vgl. Annales, Pegavienses, MGH SS XVI, Hannover 1859, S. 265; *Gislebert von Mons,* Chronicon Hanoniense (s. A. 6), S. 156–162; *Böhmer, Johann Friedrich,* Die Regesten des Kaiserreiches unter Heinrich VI. 1165 (1190) - 1197, bearb. v. *Gerhard Baaken* (Reg. imp. IV), Köln Wien 1972, Nr. 2e, S. 5.

9 Vgl. *Georgi, Wolfgang,* Barbarossa und die auswärtigen Mächte. Studien zur Außenpolitik 1159–1180 (Europäische Hochschulschriften, Reihe III: Geschichte und ihre Hilfswissenschaften, Bd. 442) Frankfurt a.M. - Bern - New York - Paris 1990, S. 424.

10 *Acerbus Morena* (s. A. 3) S. 167 (zu 1163).

11 Radulfus de Diceto (s. A. 5) MGH SS XXVII, S. 270.

12 Annales Cameracensis, MGH SS XVI, Hannover 1859, S. 541–546.

13 DF I 191, 1157 Nov. 14.

14 DF I * 1187.

15 DF I 194, 1157 (um Nov. 8).

16 DF I 466, 1164 Okt. 5.

17 DF I 515, 1166 Juli 26: Barbarossa urkundet ausdrücklich *una cum dilectissima consorte nostra Beatrice.* Die Lehen habe Odo *a nobis et imperatrice et filiis nostris* inne.

18 *Otto von Freising,* Gesta II/50 (s. A. 2) S. 382.

19 DF I 279, 1159 Aug. 1.

20 DF I 470, 1164 Nov. 1.

21 DF I 470.

22 DF I 502.

23 DF I 647.
24 *Acerbus Morena* (s. A. 3) S. 155.
25 DF I 362.
26 DF I 648.
27 DF I 224.
28 DF I 735.
29 Burchard von Ursberg (s. A. 3) S. 26, 45. Von einem einzelnen Ritter der Kaiserin berichtet Acerbus Morena (s. A. 3) S. 148.
30 DB *1.
31 DF I 1013.
32 DF I 658.
33 DF I 625.
34 DF I 753.
35 DB 3.
36 DB 6.
37 DB 4.
38 DB 7.
39 DB 2.
40 DB 5.
41 DF I 162.
42 Alle Siegel der Kaiserin sind verloren, doch hat sich eine Nachzeichnung erhalten, vgl. *Appelt,* DF I, Bd. 4, S. 492; *Mariotte, Jean-Yves,* Le comté de Bourgogne sous les Hohenstaufen 1156–1208 (Cahiers d'Études comtoise 4; Annales littéraires de l'université de Besançon, vol. 56) Paris 1963, S. 287, Anm. 9.
43 Erwähnt in DB 4.
44 Datar von DDB 4, 7, 8, 9 und angeblich 10.
45 DDB 5, 6, *11.
46 DDB 7, 8, 9.
47 DDF I 946, 947.
48 DF I 633.
49 DDF I 670, 669, 705, 715.
50 DDF I 732, 757 (Burcard wird dabei auf der Reise über Turin nach Lyon genannt).
51 MGH Const. I, Nr. 313 (Reconciliatio Senarum 1186 Iun.); vgl. *Deibel, Gertrud,* Die italienischen Einkünfte Kaiser Friedrichs I., in: Neue Heidelberger Jahrbücher 1932, S. 21–58, Nr. 184. Zur

Beteiligung der Königin an Strafsummen und anderen Zahlungen an den Kaiser vgl. *Brühl, Carlrichard,* Fodrum, Gistum, Servitium Regis. Studien zu den wirtschaftlichen Grundlagen des Königtums im Frankenreich und in den fränkischen Nachfolgestaaten Deutschland, Frankreich und Italien vom 6. bis zur Mitte des 14. Jahrhunderts, 2 Bde., Köln Graz 1968, I, S. 649ff.

52 Wie im Falle der Unterwerfung Herzog Boleslavs, der dem Kaiser 2000 Mark, den Fürsten 1000 Mark, dem Hof 200 Mark Silber und der Kaiserin 20 Mark Gold zahlen mußte, vgl. *Otto von Freising,* Gesta III/5 (s. A. 2) S. 402.

53 *Otto von Freising,* Gesta III/15 (s. A. 2) S. 422, berichtet nämlich, daß Friedrich I. in Burgund über die Besitzungen seiner Frau *ad arbitrium suum* disponiert habe.

54 Chronica regia Coloniensis (Annales maximi Coloniensis), rec. Georg Waitz, MGH Scr. rer. Germ. in usum schol., Hannover 1880, S. 116.

55 *Acerbus Morena* (s. A. 3) S. 173.

56 *Keszycka, Felicia von,* Kaiserin Beatrix, Gemahlin Friedrichs I. Barbarossa, Diss. phil. Freiburg/Schweiz, Poznan 1923, S. 83.

57 *Keszycka, Beatrix* (s. A. 56) S. 77.

58 *Keszycka, Beatrix* (s. A. 56) S. 41.

59 Ille et Galeron, hg. v. *F. A. G. Cowper,* Paris 1956.

60 Vgl. *Bumke, Joachim,* Mäzene im Mittelalter. Die Gönner und Auftraggeber der höfischen Literatur in Deutschland 1150–1300, München 1979, S. 244.

61 Cafarus et continuatores Annales Januenses, ed. *Georg Heinrich Pertz,* MGH SS XVIII, Hannover 1863, S. 34.

Literaturhinweise:

Bislang liegt nur eine, allzu emotional abgefaßte, zudem wissenschaftlich überholte Biographie der Kaiserin vor: *Keszycka, Felicia von,* Kaiserin Beatrix, Gemahlin Friedrichs I. Barbarossa, Diss. phil. Freiburg/Schweiz, Poznan 1923.

Die Urkunden der Beatrix in: Friderici I Diplomata, Die Urkunden Friedrichs I., Bd. 1–5, bearb. von *Heinrich Appelt* (MGH Diplomata regum et imperatorum Germaniae, tom. X, pars I–V) Hannover 1975–1990; Urkunden der Beatrix in Bd. 4.

Allgemeine Literatur zur frühen Stauferzeit

Boockmann, Hartmut, Stauferzeit und spätes Mittelalter. Deutschland 1125–1517, Berlin 1987.

Engels, Odilo, Die Staufer, 6. überarb. u. erw. Aufl. Stuttgart 1994.

Engels, Odilo, Stauferstudien. Beiträge zur Geschichte der Staufer im 12. Jahrhundert, hgg. v. *Erich Meuthen* und *Stefan Weinfurter,* Sigmaringen 1996.

Haverkamp, Alfred (Hg.), Friedrich Barbarossa. Handlungsspielräume und Wirkungsweisen des staufischen Kaisers, VuF XL, Sigmaringen 1992.

Haverkamp, Alfred, Aufbruch und Gestaltung, Deutschland 1056–1273, Neue Deutsche Geschichte 2, 2. Aufl., München 1993.

Keller, Hagen, Zwischen regionaler Begrenzung und universalem Horizont. Deutschland im Imperium der Salier und Staufer 1024 bis 1250, Frankfurt a. Main Berlin 1990.

Opll, Ferdinand, Friedrich Barbarossa, Darmstadt 1990.

Zu Einzelfragen:

Appelt, Heinrich, Kaiserin Beatrix und das Erbe der Grafen von Burgund, in: Aus Kirche und Reich. Studien zu Theologie, Politik und Recht im Mittelalter, Festschrift für Friedrich Kempf zu seinem fünfundsiebzigsten Geburtstag und fünfzigjährigen Doktorjubiläum, hg. v. Hubert Mordek, Sigmaringen 1983, S. 275–283.

Baaken, Gerhard, Die Altersfolge der Söhne Friedrich Barbarossas und die Königserhebung Heinrichs VI., jetzt in: ders., Imperium und Papsttum. Zur Geschichte des 12. und 13. Jahrhunderts. Festschrift zum 70. Geburtstag, hg. v. *Karl-Augustin Frech* und *Ulrich Schmidt,* Köln Weimar Wien 1997, S. 1–29.

Fournier, Paul, Le royaume d'Arles et de Vienne (1138–1378), étude sur la formation territoriale de la France dans l'Est et le Sud-Est, Paris 1891.

Fried, Johannes, Friedrich Barbarossas Krönung in Arles, in: HJb 103, 1983.

Georgi, Wolfgang, Barbarossa und die auswärtigen Mächte. Studien zur Außenpolitik 1159–1180 (Europäische Hochschulschriften, Reihe

III: Geschichte und ihre Hilfswissenschaften, Bd. 442), Frankfurt a. M. – Bern – New York – Paris 1990.

Görich, Knut, Ein Kartäuser im Dienst Friedrich Barbarossas: Dietrich von Silve-Bénite (c. 1145–1205) (Analecta Cartusiana 53) Salzburg 1987.

Hirsch, Hans, Urkundenfälschungen aus dem regnum Arelatense. Die burgundische Politik Kaiser Friedrichs I. (Forschungen zur Geschichte der deutschen Kaiserzeit 1) Wien 1937.

Kölzer, Theo, Das Königtum Minderjähriger im fränkisch-deutschen Mittelalter, eine Skizze, in HZ 251, 1990, S. 291–323.

Lamma, P., Comneni e Staufer. Ricerche sui rapporti fra Bisanzio e l'Occidente nel secolo XII, 2 Bde., 1955–1957.

Mariotte, Jean-Yves, Le comté de Bourgogne sous les Hohenstaufen 1156–1208 (Cahiers d'Études comtoise 4; Annales littéraires de l'université de Besançon, vol. 56) Paris 1963.

Ohnsorge, W., Zu den außenpolitischen Anfängen Friedrich Barbarossas, in: QFIAB 32, 1942.

Simonsfeld, Henry, Die Jahrbücher des deutschen Reiches unter Friedrich I. (bis 1158), 1908 (ND Berlin 1967).

Zur politischen Rolle früherer Kaiserinnen

Erkens, Franz-Reiner, Die Frau als Herrscherin in ottonisch-frühsalischer Zeit, in: Kaiserin Theophanu, S. 245–259.

Hlawitschka, Eduard, Kaiserinnen Adelheid und Theophanu, in: *Schnith, K.,* Frauen des Mittelalters in Lebensbildern, Graz – Köln – Wien 1997, S. 27–71.

Jäschke, Kurt-Ulrich, Notwendige Gefährtinnen. Königinnen der Salierzeit als Herrscherinnen und Ehefrauen im römisch-deutschen Reich des 11. und beginnenden 12. Jahrhunderts, Saarbrücken 1991.

Kaiserin Theophanu. Begegnung des Ostens und Westens um die Wende des ersten Jahrtausends, Gedenkschrift des Kölner Schnütgen-Museums zum 1000. Todesjahr der Kaiserin, hgg. v. *Anton von Euw* und *Peter Schreiner,* Köln 1991.

Vogelsang, Thilo, Die Frau als Herrscherin im hohen Mittelalter. Sudien zur »consors regni«-Formel (Göttinger Bausteine 7), Göttingen – Frankfurt a. M. – Berlin 1954.

Mechthild von der Pfalz (Alexander Schweickert)

Literaturhinweise

Baum, Wilhelm: Albrecht VI., Erzherzog von Österreich. In: Der Sülzgau 31, 1987, S. 23–45 und 32, 1988, S. 25–66.

Berg, Dieter: Deutschland und seine Nachbarn. 1200–1500. München 1997.

Das Haus Württemberg. Ein biographisches Lexikon, hg. von *Sönke Lorenz, Dieter Mertens* und *Volker Press.* Stuttgart 1997.

Das Schloß sich hoch erhebend. Der Böblinger Schloßberg und seine Geschichte. Katalog. Böblingen 1997.

Decker-Hauff, Hansmartin: Frauen im Hause Württemberg, hg. von *W. Setzler, V. Schäfer* und *S. Lorenz.* Stuttgart 1997.

Eberhard und Mechthild, hg. von *Hans-Martin Maurer,* Stuttgart 1994.

Eimer, Manfred: Mechthild von der Pfalz und die Universitäten in Freiburg und Tübingen. In: Tübinger Blätter 32, 1941, S. 18–22.

Ernst, Fritz: Eberhard im Bart. Stuttgart 1933.

Fischer, Joachim: Das Testament der Erzherzogin Mechthild von Österreich vom 1. Oktober 1481. In: Eberhard und Mechthild, hg. von *Hans-Martin Maurer.* Stuttgart 1994, S. 111–163.

Handbuch der baden-württembergischen Geschichte. Band 2: Die Territorien im Alten Reich, hg. von *Meinrad Schaab* und *Hansmartin Schwarzmaier.* Stuttgart 1995.

Himmelein, Volker: Eberhard im Barte. Tübingen 1977.

Krieger, Karl-Friedrich: Die Habsburger im Mittelalter. Von Rudolf I. bis Friedrich III. Stuttgart 1994.

Kurpfalz, hg. von *Alexander Schweickert.* Stuttgart 1997.

Martin, Ernst: Erzherzogin Mechthild. Gemahlin Albrechts VI. von Österreich. In: Zeitschrift der Gesellschaft zur Beförderung der Geschichts-, Altertums- und Volkskunde. Freiburg 2, 1871, S. 145–222.

Maurer, Hans-Martin; Sauer, Paul; Fleischhauer, Werner; Himmelein, Volker, und *Klein, Ulrich:* Geschichte Württembergs in Bildern. 1083–1918. Stuttgart 1992.

Mauz, Franz: An Mechthilds Musenhof. In: Der Sülzgau, 1967, S. 33–40.

Mertens, Dieter: Eberhard im Bart und der Humanismus. In: Eberhard und Mechthild, hg. von H.-M. Maurer, Stuttgart 1994, 35–81.

Mittler, Elmar, und *Werner, Wilfried:* Mit der Zeit. Die Kurfürsten von der Pfalz und die Heidelberger Handschriften der Bibliotheca Palatina. Wiesbaden 1986.

Press, Volker: Eberhard im Bart von Württemberg als Graf und Fürst des Reiches. In: Eberhard und Mechthild. hg. von H.-M. Maurer, Stuttgart 1994, S. 9–34.

Römer, Gerhard: Bücher Stifter Bibliotheken. Buchkultur zwischen Neckar und Bodensee. Stuttgart 1997.

Schaab, Meinrad: Geschichte der Kurpfalz. Band 1: Mittelalter. Stuttgart 1988.

Schön, Theodor: Erzherzogin Mechthild von Österreich. In: Reutlinger Geschichtsblätter 14, 1903, S. 18–21, 56–59, 65–68. 15, 1904, S. 1–10, 35–40, 65–87. 16, 1905, S. 1–12, 17–38.

Stievermann, Dieter: Herzog Eberhard im Bart. In: 900 Jahre Haus Württemberg, hg. von *Robert Uhland.* 3. Auflage Stuttgart 1985, S. 82–109.

Südbaden, hg. von *Alexander Schweickert.* Stuttgart 1992.

Theil, Bernhard: Literatur und Literaten am Hofe der Erzherzogin Mechthild in Rottenburg. In »Zeitschrift für württembergische Landesgeschichte«, 42, 1983, S. 125–144.

Württemberg im Spätmittelalter. Katalog. Stuttgart 1985.

Maria Andreae (Otto Borst)

Die im Todesjahr der Mutter 1632 erschiene Gedächtnisschrift des Sohnes *Johann Valentin Andreae* (Mariae Andreana merita materna praedicata a filio Johanne Valentino Andreae, die Nr. 38 bei Mark. Phil. Burk, Vollstaendiges Verzeichnis aller in Druck genommenen Lateinischen und Teutschen Schriften des Verdienstvollen wirtembergischen Gottesgelehrten D. Joh. Valentin Andreae in 100 Nummern nach der Zeitfolge geordnet, 1793, S. 10) hat *Carl Philipp Conz* zur Grundlage seiner zwanzigseitigen Biographie »Johann Valentin Andreä's Mutter. Züge aus ihrem Leben« gemacht (in: Kleinere prosaische Schriften vermischten Inhalts, Bd. 1, Tübingen: Laupp 1821, S. 86–106). Diese Arbeit wiederum hat *Gustav Schwab* für seine Skizze »Maria Andreä« herangezogen, die im »Evang. Kalender. Jahrb. f. 1851, hrsg. v. Ferdinand

Piper. Berlin: Wiegand & Grieben o.J., S. 220–223 erschienen ist (bei Schwab finde ich erstmals den Hinweis auf Maria Andreae als die »Vorsteherin der herzogl. Hofapotheke«). Ausführlicher, aber auch auf J. V. Andreaes Nekrolog bzw. Conz sich stützend: *Joh. Philipp Glökler*, Maria Andreä, Die Stuttgarter Hofapothekerin 1550 bis 1632, in dessen: Aus der Frauenwelt. Zehn Lebensbilder aus den drei letzten Jahrhunderten. Stuttgart: Koch 1868, S. 43–67. Speziell der Stuttgarter Zeit widmet sich ein Aufsatz von *Louis Schlenker*, Maria Andreä, die Stuttgarter Hofapothekerin, in: Schwäb. Heimat 7 (1956), S. 27–8. Die Aussagen über die »Leiterin der Hofapotheke« sind als Legende entlarvt worden durch die Forschungen *Armin Wankmüllers*, s. die Beiträge zur Württ. Apothekengeschichte I (1950), S. 36 f., S. 127 (Hinweis auf die beiden Arbeiten von Anna Blos über M.A.) II (1954) S. 94 u. III (1956), S. 65 ff., abschließend in der Miszelle »Noch einmal Maria Andreä« in: Schwäb. Heimat 7 (1956), S. 75.
Über den Sohn J. V. Andreae, der eine lat. Selbstbiographie veröffentlichte (wovon zwei deutsche Übersetzungen existieren), gibt es eine fast unübersehbare Literatur. Am besten hat in neuerer Zeit *Martin Brecht* über ihn gearbeitet: Johann Valentin Andreae. Weg und Programm eines Reformers zwischen Reformation und Moderne, in: *M. Brecht* (Hrsg.), Theologen und Theologie an der Univ. Tübingen. Beiträge z. Gesch. Der Ev.-Theol. Fakultät (= Contubernium. Beiträge z. Gesch. d. Eberhard-Karls-Univ. Tübingen Bd. 15, 1977), S. 270–343, m. Lit.

Frömmigkeit – Pflicht – Ereignis (Gisela Hengstenberg)

1 *Ledderhose, Karl von:* Herzogin Henriette. Ein Lebensbild aus der Gegenwart. Heidelberg 1867, S. 135.

2 Vgl. *Dieter Langewiesche:* Bürgerliche Adelskritik zwischen Aufklärung und Reichsgründung in Enzyklopädien und Lexika. In: *Elisabeth Fehrenbach (Hg.):* Adel und Bürgertum in Deutschland. München 1994.

3 Hier zitiert nach *Sabine Rumpel-Nienstedt:* Thätige Mitarbeit an einem allgemeinen Staatszwecke. Frauen in Wohltätigkeitsvereinen

in der ersten Hälfte des 19. Jahrhunderts im Königreich Württemberg. Unveröffentlichte Magisterarbeit, Tübingen 1988, S. 26.

4 Für die Informationen zur Kleinkinderschule in Langenburg und die Bereitstellung von Archivalien aus dem Ev. Pfarramt Langenburg danke ich Pfarrer i.R. Martin Wissner und Pfarrer Ruop.

5 Aus den Statuten der Katharinenpflege in Kirchberg/Jagst 1855. Archiv der Ev. Kirchengemeinde Kirchberg.

6 *Hansmartin Decker-Hauff* hat in mehreren Veröffentlichungen auf den offenen und unkomplizierten Charakter von Henriettes Religiosität hingewiesen. Auch in seinem Festvortrag zum 75-jährigen Jubiläum des Weraheimes wird Herzogin Henriette – als Weras Urgroßmutter mütterlicherseits – ausführlich gewürdigt.

7 Zitiert nach *Antonie Kraut:* Wie groß ist die Zahl armer Kinder! Frau Bergrat Wagner. In: *Erika Stöffler:* Initiativen. Lebensbilder evangelischer Frauen. Stuttgart 1984, S. 19.

8 *Ledderhose, Henriette,* (s. A. 1) S. 139.

9 *Lothar Gall:* Adel, Verein und städtisches Bürgertum. In: Fehrenbach, Adel S. 30.

10 Vgl. Fehrenbach, (s. A. 2).

11 *Christel Köhle-Hezinger:* Weibliche Wohltätigkeit im 19. Jahrhundert. In: *Helga Merkel (Hg.):* Zwischen Ärgernis und Anerkennung. Mathilde Weber 1829–1901. Tübingen 1993, S. 202.

12 Vgl. *Christa Diemel:* Hofdame, Stiftsdame, Salondame. Frauen in der Hofgesellschaft 1800–1870. Unveröffentlichte Dissertation, Tübingen 1996, S. 105.

13 Vgl. *Sabine Rumpel-Nienstedt:* Thäterinnen der Liebe. Frauen in Wohltätigkeitsvereinen. In: *Carola Lipp (Hg.):* Schimpfende Weiber und patriotische Jungfrauen. Frauen im Vormärz und in der Revolution 1848/49. Baden-Baden 1986.

14 *Friedrich W. Hackländer:* Europäisches Sclavenleben, Bd.3. Stuttgart 1854, S. 4.

15 Siehe Fest-Nummer der Mitteilungen des württembergischen Landesvereins vom Roten Kreuz zum fünfzigjährigen Jubiläum. Stuttgart 1913.

16 Vgl. Chronik der Haupt- und Residenzstadt Stuttgart 1913–1918. Stuttgart 1918.

17 Alle Angaben über Alexandrine von Beroldingen sind der Veröffent-

lichung Eduard Theiners entnommen oder rühren von Unterlagen aus dem Gemeindearchiv Remseck her, die mir Herr Theiner freundlicherweise zur Verfügung stellte. *Eduard Theiner:* Die Gräfin und die kleinen Leute. Alexandrine von Beroldingen aus Hochberg (1843–1903). In: *Heinz Pfizenmayer (Hg.):* Remsecker Lebensbilder, Remseck 1991.

18 Schwäbische Kronik vom 20. März 1884, S. 461.

19 Hier zitiert nach *Köhle-Hezinger,* (s. A. 11), S. 45.

20 Siehe *Wilhelm Camerer,* Statistik der Fürsorge für Arme und Nothleidende im Königreich Württemberg. Stuttgart 1876.

21 Aus der Stiftungsurkunde. Zit. Nach: An Rems und Murr 7, 1977, Waiblingen 1977, S. 48.

22 Schwester *Paula Kolb:* Gottes gnädiges Walten über einer unglücklichen Mutter. Typoskript, Stuttgart o.J.

23 Siehe *Hans-Martin Decker-Hauff:* Vortrag über Herzogin Wera anläßlich des 75-jährigen Jubiläums der Stiftung Zufluchtstätten am 25.11.1983. Für die freundliche Überlassung einer Abschrift der Tonkassette und die Bereitstellung von Archivalien danke ich Frau Bode-Jacobi und Frau Elsässer-Lumpp von den kirchlichen Zufluchtstätten in Württemberg.

24 Herzogin Wera von Württemberg als Dichterin. Zum 1. Jahrestag ihres Todes. Von *Martin Lang.* In: Schwabenspiegel. 6. Jahrgang 1912/1913. Stuttgart 1913, S. 235.

25 Vgl. *Sylvia Paletschek:* Adelige und bügerliche Frauen (1770–1870). In: *Fehrenbach,* (s. A. 2).

Die maîtresse (Sybille Oßwald-Bargende)

1 *Norbert Elias,* Über den Prozeß der Zivilisation. Soziogenetische und psychogenetische Untersuchungen, Bd. 1, Wandlungen des Verhaltens in den weltlichen Oberschichten des Abendlandes, Frankfurt am Main [13] 1988, S. 252; ders., Die höfische Gesellschaft. Untersuchungen zur Soziologie des Königtums und der höfischen Aristokratie, Frankfurt/Main [5] 1990.

2 Friedrich-August von Württemberg-Neuenstadt an seinen Bruder Karl Rudolf [5. Mai 1716], HStAS, A 48 D, Büschel 45.

3 Apologie de Monsieur Forstner de Breitembourg et de Damberg (Londres MDCCXLVI), ediert in: *Ludwig Timotheus von Spittler;* Sämtliche Werke, Bd.5, Stuttgart u.a. 1828, S. 497–539.

4 *Sybille Oßwald-Bargende,* Eine fürstliche Hausaffäre. Einblicke in das Geschlechterverhältnis der höfischen Gesellschaft am Beispiel des Ehezerwürfnisses zwischen Johanna Elisabetha und Eberhard Ludwig von Württemberg, in: *Claudia Opitz u.a. (Hg.),* Ordnung, Politik und Geselligkeit der Geschlechter in der Aufklärung (in Vorbereitung).

5 »Project [:] Auff was weise der Regierende Hertzog zu Württemberg Hochfürstl. Dhl. mit dero Frau Gemahlin hochfürstl. Dhl. nach anleitung deren verschiedenen solcher materia halber zwischen dem regierenden Marggraffen zu Baden und Hochberg und dem regierenden Fürsten von Zollern Hochfürstl. Durchleuchtigkeiten, vorgegangene entrevues und concerto wider versöhnet werden möchte.« Überlieferung in zwei Exemplaren – GSAPK, 1. HA, Rep. 92, Gustav von Mardefeld, Nr. 5 – (Bl. 126a–128b und Bl. 246a–249b) Hier Bl. 126 a+b.

6 (s. A. 5)

7 *Sybille Oßwald-Bargende,* »Im Netz der Herrschaft«. Einige Anmerkungen zur Position der maîtresse régnante in der höfischen Gesellschaft Württembergs des frühen 18. Jahrhunderts, in: *Gabriele Klein* und *Katharina Liebsch (Hg.),* Zivilisierung des weiblichen Ich, Frankfurt/Main 1997, S. 100–128.

8 *Gabriele Hoffmann,* »Die vollkommenste Frau von Welt«. Die Gräfin von Cosel und andere Mätressen, in: Dies., Frauen machen Geschichte. Von Kaiserin Theophanu bis Rosa Luxemburg, Bergisch Gladbach 1991, S. 184–208.

9 Diese species facti ist in zahlreichen Exemplaren überliefert, u.a. HStAS J1, Bd. 126 c, S. 237–243.

10 *Sybille Oßwald-Bargende,* »Alle Regierungs-Angelegenheiten gingen durch ihre Hände...«. Die Mätresse Wilhelmine von Grävenitz als politischer Faktor des absolutistischen Herzogtums Württemberg, in: *Susanne Jenisch (Hg.),* Standpunkte. Ergebnisse und Perspektiven der Frauengeschichtsforschung in Baden-Württemberg, Tübingen u.a. 1993, S. 114–123, hier S. 119 f.

11 Zu den Mätressen am französischen Hof neuerdings *Caroline Hanken,* Vom König geküßt. Das Leben der großen Mätressen, Berlin 1996.

12 *Marie-Madeleine von Lafayette,* Die Prinzessin von Clèves, Stuttgart 1983, S. 18.

13 *J.T. Alexander,* Favourites, Favoritism and Female Rule in Russia. 1725–1796, in: *Roger Bartlett* und *Janet M. Hartley (Hg.),* Russia in the Age of Enlightenment. Essays for Isabel de Madariaga, London 1990, S. 106–124, hier S. 118.

14 *Norbert Elias,* Die höfische Gesellschaft.

15 *Jürgen von Kruedener,* Die Rolle des Hofes im Absolutismus, Stuttgart 1973, S.58.

16 (s. A. 15)

17 *Oßwald-Bargende,* »Alle Regierungs-Angelegenheiten gingen durch ihre Hände...«, S. 115 f.

18 Die folgende Darstellung der familiären Situation folgt *Friedrich Wigger,* Aus dem Leben der Königin Sophie Louise von Preußen (der »Princesse von Grabow«), in: Jahrbücher des Vereins für mecklenburgische Geschichte und Altertumskunde 41, 1876, S. 3–97, hier S. 27 f.

19 *Bernd Wunder,* Die Sozialstruktur der Geheimratskollegien in den süddeutschen protestantischen Fürstentümern (1660–1720). Zum Verhältnis von sozialer Mobilität und Briefadel im Absolutismus, in: Vierteljahresschrift für Sozial- und Wirtschaftsgeschichte 58, 1971, S. 145–220, hier S. 195.

20 Undatierter Brief, vermutlich November 1716, HAStAS, A 20, Bü 21.

21 Apologie de Monsieur Forstner, S. 503.

22 Darstellung nach den Akten des HStAS, A 20, Bü 20–24.

23 *Sybille Oßwald-Bargende,* Frau Landhofmeisterin Exzellenz. Wilhelmine von Grävenitz – Annäherung an einen Mythos, in: Beiträge zur Landeskunde, 1997, Heft 3, S. 1–8, hier S. 6.

24 *Oßwald-Bargende,* Eine fürstliche Hausaffäre.

25 Aus einer Denkschrift der Johanna Elisabetha von Württemberg, ediert in: Göttingisches Historisches Magazin 7, 1790, S. 664–677. (Hier allerdings unter falschem Datum. Nach einem »Extractus Actorum« betitelten Dokument vom 28. Juni 1725 schickte Johanna

Elisabetha mit Datum 26. Mai 1722 an den Reichsvizekanzler »pro Memoria eine deduction ihrer habenden klag wider die gräffin von grevenitz«, HHStAW, Württembergica, Karton 29).

26 *Hansmartin Decker-Hauff,* Eberhard Ludwig und die Damen, in: Mitteilungen des Vereins der ehemaligen Schüler des Eberhard-Ludwigs-Gymnasiums Stuttgart 19/20, 1964, S. 1–15, hier S. 9.

27 *Oßwald-Bargende,* »Im Netz der Herrschaft«, S.114 f.

28 Zum Begriff der Machtbalance s. *Elias*, (s. A. 1), S. 102 ff. und insbesondere S. 108 f.

29 *Oßwald-Bargende,* »Im Netz der Herrschaft«, S. 115. Zu dieser Erkenntnis gelangte neuerdings auch Hanken für den französischen Hof.

30 *Ludwig Timotheus von Spittler,* Geschichte Wirtembergs unter der Regierung der Grafen und Herzöge, in: Ders., Sämtliche Werke, Bd. 5, Stuttgart 1828, S. 191–576, hier S. 485.

Frauen machen Politik (Albrecht Krause)

Literatur:

Auf Einzelnachweise wurde verzichtet. Die Geschichte der beiden Protagonistinnen ist in jeweils wenigen Aufsätzen dargestellt, denen auch mein Beitrag folgt. Die Zitate aus den Briefen von Elisabeth von Fürstenberg stammen aus dem Aufsatz von Monika Kurzel-Runtscheiner.

Zu Amalie Zephyrine von Hohenzollern-Sigmaringen:

Fritz Kallenberg: Die Fürstentümer Hohenzollern im Zeitalter der Französischen Revolution und Napoleons. In: Zeitschrift für die Geschichte des Oberrheins. 111 (1963), S. 357–472.

Fritz Kallenberg: Fürstin Amalie Zephyrine von Hohenzollern-Sigmaringen. In: *Fritz Kallenberg (Hg.):* Hohenzollern. Stuttgart: Landeszentrale für politische Bildung Baden-Württemberg 1996, Seiten 452–459.

Arthur Kleinschmidt: Geschichte von Arenberg, Salm und Leyen 1789–1815. Gotha: Perthes 1912.

Zu Elisabeth von Fürstenberg:

Karl Siegfried Bader: Der Reichsfreiherr Joseph von Lassberg. Gestalt und Werk. In: Joseph von Lassberg. Mittler und Sammler. Aufsätze zu seinem 100. Todestag. Hrsg. von *Karl S. Bader.* Stuttgart 1955.

Karl Siegfried Bader: Fürstin Elisabeth zu Fürstenberg im Kampf um die Erhaltung der Rechte ihres mediatisierten Hauses. In: Schriften des Vereins für Geschichte und Naturgeschichte der Baar und der angrenzenden Landesteile in Donaueschingen, 24 (1956), S. 119–153.

Ulrich Gaier: Helmut Weidhase: Joseph Freiherr von Laßberg (1770 bis 1855). Imaginierte Lebensformen des Mittelalters. Marbach: Deutsche Schillergesellschaft 1998 (Marbacher Magazin 82/1998).

Hans Jürgen Jüngling: Fürstenberg. Von der Reichsunmittelbarkeit zur Standesherrschaft. In: Baden und Württemberg im Zeitalter Napoleons. Band 1.1. Katalog. Stuttgart: Württembergisches Landesmuseum 1987, Seiten 127–135.

Monica Kurzel-Runtscheiner: Ein Leben zwischen Politik und Liebe – Fürstin Elisabeth von Fürstenberg als Frau und als Kämpferin für die Rechte ihres mediatisierten Hauses. In: Die Fürstenberger. 800 Jahre Herrschaft und Kultur in Mitteleuropa. Herausgegeben von *Erwein H. Eltz* und *Arno Strohmeyer.* Katalog zur niederösterreichischen Ausstellung in Schloß Weitra. Kornenburg 1994, S. 78–89.

Zur Säkularisation und Mediatisierung in Südwestdeutschland:

Dieter Langewiesche:: Liberale Traditionen im deutschen Südwesten. In: Baden-Württemberg. Eine politische Landeskunde. Teil II. Stuttgart: Landeszentrale für politische Bildung Baden-Württemberg 1991, Seiten 27–42.

Hoher Rang und »glänzendes Elend« (Christa Diemel)

1 Ausführlichere Informationen zu Hofdamen im 19. Jahrhundert, die auch andere deutsche Höfe mit einbeziehen, können meinem Buch »Adelige Frauen im bürgerlichen Jahrhundert. Hofdamen, Stiftsdamen, Salondamen 1800–1870« (Frankfurt/M. 1998) entnommen werden.

2 *Friedrich Carl von Moser:* Teutsches Hof-Recht. Band 2. Frankfurt/M. 1755. S. 164f.

3 *Thorstein Veblen:* Theorie der feinen Leute. Eine ökonomische Untersuchung der Institutionen. München 1971. S. 56f., 68–70.

4 *Carl von Kaltenborn:* Hof, Hofbeamte, Hofceremoniell, Hofstaat. In: J. E. Bluntschli/K. Brater (Hg.): Deutsches Staats-Wörterbuch. 5. Band. Stuttgart/Leipzig 1860. S. 200–223, hier S. 201.

5 Vgl. Hofstaat der Königin Pauline 1820–1870, HStAS E 14 Bü 44; Prinzessinnen Marie und Sophie, Verschiedenes 1820–1872, HStAS E 14 Bü 49; Hofdamen der Prinzessin Katharina, HStAS E 14 Bü 55 D; Hofdamen der Prinzessin Auguste, HStAS E 15 Bü 55 E. Die Hofdamen-Gehälter scheinen zwischen 1837 und 1855 konstant geblieben zu sein, das Oberhofmeisterinnen-Gehalt bezieht sich auf das Jahr 1821.

6 Vgl. Hofstaat der Königin Pauline 1820–1870, HStAS E 14 Bü 44; Prinzessinnen Marie und Sophie, Verschiedenes 1820–1872, HStAS E 14 Bü 49; Hofdamen der Prinzessin Katharina, HStAS E 14 Bü 55 D; Hofdamen der Prinzessin Auguste, HStAS E 14 Bü 55 E.

7 Vgl. Hofstaat der Königin Pauline 1820–1870, HStAS E 14 Bü 44; Hofdamen der Königin: Besoldung, Gratifikationen, 1799–1824, BHStA MF 19275; Briefe der Hofdame Bertha von Truchseß, 12.5.1811 und 16.8.1811, GStA PK Rep. 49 P I Nr. 6 (M).

8 Vgl. Im Dienst des Fürstenhauses und des Landes Württemberg. Die Lebenserinnerungen der Freiherren Friedrich und Eugen von Maucler (1735–1816). Bearbeitet von *Paul Sauer.* Stuttgart 1985. S. 104f.; *L. Fromm:* Geschichte der Familie von Zeppelin. Schwerin 1876. S. 385, 388f. Gräfin Pauline von Zeppelin, geb. von Maucler (*1785), engagierte sich später für wohltätige Zwecke. So war sie von 1816 bis 1841 Mitglied der von Königin Katharina gegründeten Zentralleitung des Wohltätigkeitsvereins und 1818 Mitglied im El-

ternausschuß des Katharinenstifts. Die Großmutter des berühmten Luftschiffkonstrukteurs Graf Ferdinand von Zeppelin (1838–1917) stand unter anderem in Kontakt mit Karl August Varnhagen von Ense.

9 Vgl. Königlich Württembergisches Hof- und Staatshandbuch auf die Jahre 1807ff.; *Graf August Uexküll-Gyllenband:* Nachrichten über die Freiherrn und die Grafen Uexküll-Gyllenband in Deutschland. In: *Gottlieb Olaf Hansen:* Geschichte des Geschlechtes derer von Uexküll. 1. Band. Reval 1900. S. 245–255, hier S. 248f., 251, 254; *Gisela Herdt:* Der württembergische Hof im 19. Jahrhundert. Studien über das Verhältnis zwischen Königtum und Adel in der absoluten und konstitutionellen Monarchie. Diss. Göttingen 1970. Anhang II. S. 417–461.

10 Vgl. *Karoline Freiin von Freystedt:* Erinnerungen aus dem Hofleben. Hg. von *Karl Obser.* Heidelberg 1902. S. 13. Karoline von Freystedt (*1775) war die Tochter des badischen Oberst Karl Friedrich von Freystedt. Ihr Hofamt bei der Markgräfin von Baden hatte sie von 1801 bis 1832 inne.

11 Vgl. Ceremonial-Reglement als Supplement der ehemals publizierten Rang-Ordnung vom 12. Februar 1806, HStAS E 46 Bü 2; Auszug aus dem K. Dekret an den Oberhofrath dd. 22. November 1864 in Betreff verschiedener Fragen der Hof-Etiquette, HStAS E 46 Bü 3; Zusammenstellung der von der Commission beschlossenen Anträge auf Abänderung der Etiquette-Vorschriften vom 22. November 1864, Auszug aus dem Protokoll des K. Oberhofraths vom 21. Dezember 1864, HStAS E 46 Bü 3.

12 In einem Schlüsselroman über den württembergischen Hof Ende des 19. Jahrhunderts ließ Paul von Szczepanski einer zukünftigen Hofdame sagen: »Als Hofdame Ihrer königlichen Hoheit hat du den Rang einer verheirateten Frau.« (*Paul von Szczepanski:* Die Hofdame. Roman. Berlin 1904). Die Baronin Sophie von Scharnhorst, Hofdame in Wien, beging deshalb im August 1849 den 25. Jahrestag ihrer »Hofdamen-Vermählung« (*Richard Kühn (Hg.):* Hofdamen-Briefe um Habsburg und Wittelsbach (1835–1865). Berlin 1942. S. 226). Einige Hofdamen erhielten bei ihrem Dienstantritt ihre Aussteuer ausbezahlt, da ihre Familie davon ausging, daß sie eine lebenslange Versorgung gefunden hatten. So hatte zum Beispiel

der Onkel der preußischen Hofdame Emmy von Below, Graf Louis von Dönhoff, 600 Taler für deren Ausstattung bestimmt. Als diese beschloß, das ihr angebotene Hofamt anzutreten, zahlte er ihr die Summe aus, da er »ein Trousseau zur Hofdamenstellung für gleichbedeutend mit einem zur Verheirathung« betrachtete (Graf Louis von Dönhoff an Cecilie von Below, Friedrichstein, 19. Februar 1870, BAP 90 Be 1 Nachlaß Below 4).

13 Vgl. *Robert Uhland (Hg.):* Das Tagebuch der Baronin Eveline von Massenbach, Hofdame der Königin Olga von Württemberg. Stuttgart 1987. S. 74, 77f., 240.

14 Freystedt, (s. A. 10), Erinnerungen, S. 182

15 Vgl. *Johannes Haller:* Lebenserinnerungen. Gesehenes – Gehörtes – Gedachtes. Stuttgart 1960. S. 251; Herdt, Württembergischer Hof, (s. A. 9), S. 362f.

16 Vgl. *Albert von Suckow:* Rückschau des Königl. Württembergischen Generals der Infanterie und Kriegsministers. Hg. von Wilhelm Busch. Tübingen 1909. S. 159. Eveline von Massenbach (*1830) war die älteste Tochter des Freiherrn Hermann von Massenbach, Oberstleutnant und Flügeladjutant König Wilhelms I. von Württemberg. Von 1851 bis 1892 war sie die Hofdame der Kronprinzessin bzw. Königin Olga von Württemberg.

17 Vgl. *Uhland,* Tagebuch, (s. A. 13), S. 108, 133; *Gerhard Ihme:* Die ersten Mitglieder der Zentralleitung des Wohltätigkeitsvereins in Württemberg. In: Blätter der Wohlfahrtspflege 108 (1961) S. 11–15, hier S. 12; Vgl. *Sabine Rumpel-Nienstedt:* »Thäterinnen der Liebe« – Frauen in Wohltätigkeitsvereinen. In: *Carola Lipp (Hg.):* Schimpfende Weiber und patriotische Jungfrauen. Frauen im Vormärz und in der Revolution 1848/49. Bühl-Moos 1986. S. 206–231, hier S. 224; Jubiläums-Bericht der Centralleitung des Wohltätigkeits-Vereins im Königreich Württemberg über ihre Leistungen in den fünfzig Jahren von der Zeit ihrer Gründung 1817–1867. Stuttgart 1867. S. 55.

18 Vgl. *Birgit Janzen:* König Wilhelm II. als Mäzen. Kulturförderung in Württemberg um 1900. Frankfurt/M. 1995. S. 48; *Gerhard,* Unerhört, S. 149–153.

19 Vgl. *Norbert, Elias:* Die höfische Gesellschaft. Untersuchungen zur Soziologie des Königtums und der höfischen Aristokratie. Frank-

furt/M. 1992 (1. Aufl.: Darmstadt 1969). S. 138–143, 159–170, 355, 192f.

20 Nach einer Aufstellung der Eigenschaften verschiedener Bewerberinnen um ein Hofdamenamt, ohne Datum, BHStA GHA NL Maximilian II. 76/6/35.

21 *Paula von Bülow (geb. Gräfin von Linden):* Aus verklungenen Zeiten. Lebenserinnerungen 1833–1920. Hg. von *Johannes Werner.* Leizig 1924. S. 70. Paula von Bülow, geb. Gräfin von Linden (*1833), war Oberhofmeisterin der Großherzogin Marie von Mecklenburg-Schwerin. Ihr Vater war württembergischer Diplomat, ihre Mutter diente vor ihrer Heirat als Hofdame der Königin Pauline von Württemberg.

22 *Bülow,* Verklungene Zeiten, (s. A. 21), S. 70.

23 Vgl. *Freystedt,* Erinnerungen, (s. A. 10), S. 128f.; *Wilhelm von Kügelgen:* Bürgerleben. Die Briefe an den Bruder Gerhard 1840–1867. Hg. von *Walther Killy.* München 1990. S. 114.

24 Vgl. *Elias,* Höfische Gesellschaft, (s. A. 19), S. 63f., 85, 98f. *Veblen,* (s. A. 3), Theorie, S. 67, 81.

25 Vgl. *Kühn,* Hofdamen-Briefe, (s. A. 12), S. 53, 81, 268, 314.

26 Vgl. Hofdamen der Königin: Besoldung, Gratifikationen, 1799–1824, BHStA MF 19275; *Kühn,* Hofdamen-Briefe, (s. A. 12), S. 88.

27 Vgl. Entwurf einer Hoftrauer-Ordnung vom 14. Mai 1824, HStAS E 14 Bü 153; Anordnungen zur Hoftrauer, HStAS E 14 Bü 153, E 6 Bü 93.

28 Carl von Below an August Graf von Eulenburg, Karnitten, 13. Februar 1870, BAP 90 Be 1 Nachlaß Below 4.

29 *Uhland,* Tagebuch, (s. A. 13), S. 17.

30 *Uhland,* Tagebuch, (s. A. 13), S. 43.

31 Bericht des Hofmarschalls von Hayn, 7. Juli 1868, Hofdamen der Prinzessin Katharina, HStAS E 14 Bü 55 D. Charlotte von Sontheim (*1827) war seit ca. 1847 Hofdame der Prinzessin Katharina. Ihr Vater war der württembergische Generalleutnant und Staatsminister Graf Johann Georg von Sontheim, der wiederum ein Sohn des Herzogs Ludwig von Württemberg war. Vgl. *Herdt,* Der württembergische Hof, (s. A. 9), S. 450.

32 *Freystedt,* Erinnerungen, (s. A. 10), S. 20.

33 *Bülow,* Verklungene Zeiten, (s. A. 21), S. 104.

Wir sind neugierig ...

... was Sie von dem Buch halten, dem Sie diese Karte entnommen haben.

Titel des Buches:

Wie wurden Sie auf dieses Buch aufmerksam?

Bitte schreiben Sie uns ganz offen Ihre Meinung! Sie ist wichtig für unsere weitere Verlagsarbeit.

Im Silberburg-Verlag erscheint ***»Schönes Schwaben«*** – die farbige Monatszeitschrift zu Kultur, Geschichte, Landeskunde. Informativ und unterhaltsam, aktuell und zeitlos. Mit traumhaft schönen Fotos und interessanten Artikeln von kompetenten Autoren. Das Magazin, in dem auch die schwäbische Mundart gepflegt wird. Sollen wir Ihnen ein kostenloses Probeheft senden?

☐ Ja ☐ Nein

Der Silberburg-Verlag hat sich auf Themen aus Baden-Württemberg spezialisiert. Haben Sie dazu Vorschläge, zum Beispiel zu neuen Büchern?

... Sie auch?

Dann tragen Sie bitte umseitig Ihre Anschrift ein. Sie erhalten fortan regelmäßig Prospekte und Informationen über unsere neuen Bücher.

Zwischen Almosengeben und Sozialpolitik (Ulrich Fellmeth)

1 Zur Biographie Katharina Pawlownas: *J. Merkle,* Katharina Pawlowna, Königin von Württemberg. Stuttgart 1889; *J. Merkle,* Segensreiche Wirksamkeit durch vier Generationen – vier Lebensbilder. Stuttgart 1893, S. 53–74; *M. Rehm,* Königin Katharina von Württemberg. Stuttgart 1968; *H. Schumann,* Königin Katharina von Württemberg. Stuttgart 1993; *U. Fellmeth* und *S. Hosseinzadeh,* Catharina Pawlowna, Königin von Württemberg – Einflüsse, Leben, Leistungen. Stuttgart 1993; *W. Setzler, V. Schäfer, S. Lorenz (Hg.), Hansmartin Decker-Hauff* – Frauen im Hause Württemberg. Leinfelden-Echterdingen 1997, S. 227–238.

2 Siehe dazu besonders *U. Fellmeth, S.Hosseinzadeh,* (s. A. 1), S. 49ff.

3 Vgl. dazu *G. Ihme,* Von der Zentralleitung des Wohltätigkeitsvereins zum Landeswohlfahrtswerk für Baden-Württemberg, in: Landeswohlfahrtswerk Baden-Württemberg (Hg.), 150 Jahre Wohlfahrtspflege in Baden-Württemberg. Stuttgart 1976, S. 28ff.

4 Vgl. dazu *M. Rehm,* Soziale und wirtschaftliche Voraussetzungen der Wohlfahrtspflege in Württemberg im 19. Jahrhundert, in: Landeswohlfahrtswerk Baden-Württemberg (Hg.), 150 Jahre Wohlfahrtspflege in Baden-Württemberg. Stuttgart 1976, S.71ff.

5 Vgl. *G. Ihme,* (s. A.3), S. 29.

6 Vgl. zu diesem Aspekt *G. Ihme,* (s. A. 3), S. 30.

7 Vgl. zu diesem Aspekt *G. Ihme*, (s. A. 3), S. 30ff.

8 Die einzige Frau, von der ein solches Gutachten bekannt ist, war Leopoldine Fürstin von Hohenlohe-Waldenburg.

9 10 Männer und 7 Frauen gehörten der ersten Zentralleitung an. Vgl. hierzu: Landeswohlfahrtswerk Baden-Württemberg (Hg.), Blätter der Wohlfahrtspflege. Stuttgart 1961, S. 11ff.

10 Nach den Akten des Wohltätigkeitsvereins im Staatsarchiv Ludwigsburg waren in der Zentralleitung tonangebend: Cotta, Kaufmann Conradi, Kaufmann Lotter, Hofrat Pistorius, Geheimrat Hartmann, Oberjustizrevisionsrat Georgii.

11 Dies war besonders das Bestreben von Oberjustizrevisionsrat Georgii.

12 Vgl. hierzu *U. Fellmeth, S. Hosseinzadeh,* (s. A. 1), S. 50ff.

13 Vgl. hierzu *U. Fellmeth, S. Hosseinzadeh,* (s. A. 1), S. 58f.

14 Kgl. Reskript vom 15. April 1817. Vgl. hierzu *G. Ihme,* (s. A. 3), S. 34f.

15 Vgl. hierzu *G. Ihme*, (s. A. 3), S. 35ff.

16 Es soll hier nicht verschwiegen werden, daß Katharina zu den eifrigsten Spendern gehörte. Alleine 1818 flossen dem Wohltätigkeitsverein 14 172 fl. aus ihrer Privatschatulle zu.

17 Immerhin waren Ende 1818 1665 Lokalvereine und 64 Oberamtsleitungen im Dienst.

18 Vgl. hierzu *G. Ihme,* (s. A. 3), S. 37; *E. Kammerer,* 150 Jahre Sparen – Hilfe zur Selbsthilfe, in: Landeswohlfahrtswerk Baden-Württemberg (Hg.), 150 Jahre Wohlfahrtspflege in Baden-Württemberg. Stuttgart 1976, S. 69ff.; *U. Fellmeth, S. Hosseinzadeh,* (s. A. 1), S. 54ff.

19 Einige Belege hierfür vgl. bei *U. Fellmeth, S.Hosseinzadeh,* (s. A. 1), S. 68f.

20 Zum Privatleben Katharinas vgl. *U. Fellmeth, S. Hosseinzadeh,* (s. A. 1), S. 74ff. – dort auch einige bezeichnende Auszüge aus dem Hofdiarium von 1817 und 1818.

21 So ihre Schwester Maria in Sachsen-Weimar. vgl. hierzu auch *U. Fellmeth, S. Hosseinzadeh,* (s. A. 1), S. 49ff.

22 Hier wären Cotta oder Georgii zu nennen.

23 Stellvertretend für die Distanz des vor allem protestantischen Bürgertums gegenüber dem Almosengeben soll nur ein Zitat Goethes aus dem Götz von Berlichingen (Urgötz – WA 39 (1897), 18 – 1. Aufzug) angegeben sein. Elisabeth sagt dort mißbilligend: »Die Wohltätigkeit ist eine edle Tugend, aber sie ist nur das Vorrecht starker Seelen, Menschen, die aus Weichheit wohltun, immer wohltun, sind nicht besser als Leute, die ihren Urin nicht halten können.« In der Tat war Almosengeben in katholischen Gebieten weit verbreiteter als in protestantischen Regionen.

24 König Wilhelm I. von Württemberg hatte die altständische Partei im Lande endgültig gebrochen und aus der Landesverwaltung gedrängt. In diese Lücke drängten, wie übrigens in allen Rheinbundstaaten, akademisch gebildete bürgerliche Spezialisten, die die Landesverwaltung allmählich verbürokratisierten. Dieser bürokratische Apparat entwickelte schnell ein politisches Eigengewicht und die

dort tonangebenden bürgerlichen Kreise verfolgten eigene politische Ziele: Sie lehnten den autokratischen Absolutismus, wie etwa unter König Friedrich I., ebenso ab, wie die Revolution, wobei sie an die abschreckenden Ereignisse der Französischen Revolution dachten. Das Ziel der bürgerlichen Bürokratie war ein im wesentlichen von ihr selbst getragener und mitbestimmter Reformabsolutismus. Auf diese Kräfte mußte Wilhelm I. bei der Reorganisation des Landes zurückgreifen – auf diese Kräfte griff Katharina bei der Durchsetzung ihrer sozialpolitischen Ziele zurück.

Großherzogin Luise (Susanne Asche)

1 Aufzeichnungen der Großherzogin Luise über die politische Entwicklung von 1860 bis 1863; in: *Hermann Oncken:* Großherzog Friedrich I. von Baden und die deutsche Politik von 1854–1871. Briefwechsel, Denkschriften, Tagebücher. Hrsg. von der Badischen historischen Kommission. 2 Bde., Bd.1, Stuttgart, Berlin, Leipzig 1927, S. 359–S.391, S.371.

2 *Hermann Oncken:* Luise Marie Elisabeth, Großherzogin von Baden, in: Deutsches Biographisches Jahrbuch 1923, S. 251–261, S. 253.

3 Für diesen Hinweis danke ich *Brigitte Heck.*

4 Vgl. zum Beispiel *Luise von Baden:* Den Leidtragenden, Karlsruhe 1917.

5 Über das Leben der Großherzogin gibt es eine reichhaltige Literatur, die – abgesehen von *Hermann Onckens* Kurzbiographie (s. A. 2) und der Darstellung von *Kurt Gihring:* Ein neues Licht. Großherzogin Luise und das Rote Kreuz, Offenburg 1963 – allerdings über weite Teile einen Yellow-press-Charakter trägt. Vgl. hierzu neben vielen anderen u. a. *Heinrich Bingemer:* Eine deutsche Fürstin. Großherzogin Luise von Baden und ihr Haus. Festschrift zum Eintritte Ihrer Königlichen Hoheit Großherzogin Luise in das 75. Lebensjahr, Obernburg und Klingenberg a. M. 1912, *Friedrich Hindenlang:* Großherzogin Luise von Baden. Der Lebenstag einer fürstlichen Menschenfreundin, Karlsruhe 1925, und die Aufsätze

von *Ida Doll* und *Karl Hesselbacher* in: *Eugen Fehrle:* Die Großherzöge Friedrich I. und Friedrich II. und das badische Volk, Karlsruhe o. J., S. 47–58 und S. 59–66.

6 Zit. nach *Walther Peter Fuchs:* Studien zu Großherzog Friedrich I. von Baden, Stuttgart 1995 (Veröffentlichungen der Kommission für geschichtliche Landeskunde in Baden-Württemberg. Reihe B. Forschungen 100. Bd.), S. 16.

7 (s. A. 6), S. 16ff.

8 *Rahel Straus:* Wir lebten in Deutschland. Erinnerungen einer deutschen Jüdin 1880–1933, Stuttgart 1961, S. 11

9 Zit. nach Richard J. Evans: Feminist Movement in Germany 1844–1933, London 1976, S. 18. Zur Politik der badischen Sozialdemokratie vgl. u. a. Ludwig Frank: Sozialdemokratie und badische Landtagswahlen, Mannheim 1913 oder Wilhelm Kolb: Die Taktik der badischen Sozialdemokratie und ihre Kritik, Karlsruhe 1910 sowie Jörg Schadt: Die sozialdemokatische Partei in Baden von den Anfängen bis zur Jahrhundertwende (1868–1900), Hannover 1971 und Hans-Joachim Franzen: Auf der Suche nach politischen Handlungsspielräumen. Die Diskussion um die Strategie der Partei in der regionalen und lokalen Organisation der badischen Sozialdemokratie zwischen 1890 und 1914, 2 Bde., Frankfurt/M, Bern, New York, Paris 1987. Die Geschichte der süddeutschen Frauenbewegung wartet noch auf eine Gesamtdarstellung. Vgl. hierzu Barbara Guttmann: Weibliche Heimarmee. Frauen in Deutschland 1914–1918, Weinheim 1989, bes. S. 79ff., dies.: Der »friedliche Krieg zwischen den Geschlechtern«. Die Frauenbewegung im Großherzogtum Baden (Teil 1) und Susanne Asche: Fürsorge und Emanzipation – oder Rassehygiene. Die Frauenbewegung im Großherzogtum Baden (Teil 2), beide in: Susanne Jenisch (Hrsg.): Standpunkte. Ergebnisse und Perspektiven der Frauengeschichtsforschung in Baden-Württemberg, Tübingen 1993, S. 124–131 und S. 132–142 sowie Susanne Asche/Barbara Guttmann: Die Frauenbewegung als gesellschaftsstabilisierende Kraft. Das Beispiel Baden, in: Hypathia. Historische Frauenforschung in der Diskussion, August 1995, S. 10–19 .

10 Vgl. *Friedrich von Weech:* Karlsruhe. Geschichte der Stadt und ihrer Verwaltung. 3 Bd, Karlsruhe 1895–1904, Bd. 1, S. 328ff. und S. 370f.

11 Geschichte des Badischen Frauenvereins. Festschrift zur Feier der silbernen Hochzeit Ihrer Königlichen Hoheiten des Großherzogs Friedrich und der Großherzogin Luise und der Vermählung Ihrer Großherzoglichen Hoheit der Prinzessin Victoria mit Seiner Königlichen Hoheit dem Kronprinzen Oscar Gustav Adolf von Schweden und Norwegen am 20. September 1881, Karlsruhe 1881, S. 1 und Geschichte des Badischen Frauenvereins. Zweite umgearbeitete und stark vermehrte Ausgabe, zugleich Festschrift zur Feier der goldenen Hochzeit Ihrer Königlichen Hoheiten des Großherzogs Friedrich und der Großherzogin Luise am 20. September 1906, Karlsruhe 1906, S. XIII.

12 Vgl. zur Geschichte des Badischen Frauenvereins die Festschrift von 1881 (s. A. 11), S. 28ff. Vgl. auch *Gihring* (s. A. 5). Zur Entstehungsgeschichte des Roten Kreuzes vgl. auch *Rudolf Müller:* Entstehungsgeschichte des Roten Kreuzes und der Genfer Konvention mit Unterstützung ihres Begründers J. H. Dunant, Stuttgart 1897.

13 Vgl. Statistik der Frauenorganisationen im deutschen Reiche. Bearbeitet vom Kaiserlichen Statistischen Amte. Abteilung für Arbeiterstatistik, Berlin 1909, S. 50 f.

14 Das Karlsruher Adreßbuch von 1915 nennt: die zentrale Verwaltung des Landesvereins, die Frauenarbeitsschule, die Handelsschule und das Oberseminar für Handarbeitslehrerinnen, das »Fröbelseminar«, die Haushaltungsschule und das »Friedrichsstift«, ein Heim für alleinstehende Damen, die Kochschule der Mädchenfürsorge, das 1889 bis 1891 von der Stadt erbaute »Luisenhaus«, eine Krippe mit Kochschule und Volksküche, das 1896 ebenfalls von der Stadt errichtete »Hildahaus« , das eine weitere Kinderkrippe und Volksküche beherbergte, zwei weitere Volksküchen, die Koch- und Haushaltungsschule, die Kunststickerei-Schule, die »Luisenschule«, das Seminar zur Ausbildung von Haushaltungslehrerinnen, die Volksbibliothek, das Heim für Fabrikarbeiterinnen, das Heim für Geschäftsgehilfinnen, die Schwestern des Badischen Frauenvereins, die Säuglingsfürsorge und Milchküche für Säuglinge, weitere Säuglingsfürsorgestellen, das Stellenvermittlungsbüro und der Flickverein. Die Flickschule hatte Räume in drei Schulhäusern, die Adresse der Armen- und Krankenpflege des dem Landesverein angeschlos-

senen »Elisabethenvereins« war bei Magda von Beck. Stadtbildprägend war das 1890 eröffnete »Ludwig-Wilhelm-Krankenhaus« und das »Luisenheim«, das daran angeschlossene Mutterhaus der Rot-Kreuz-Schwestern. Die Verwaltung des Landesvereins vom Roten Kreuz hatte unter einer weiteren Adresse ihr Domizil. Außerhalb der damaligen Karlsruher Gemarkung, in Bulach, lag das Mädchenfürsorgeheim und -asyl Scheibenhardt, in Marxzell unterhielt der Frauenverein ein Mädchenerholungsheim.Vgl. zur Bedeutung des Badischen Frauenvereins in der Haupt- und Residenzstadt Karlsruhe *Susanne Asche:* Fürsorge, Partizipation und Gleichberechtigung – die Leistungen der Karlsruherinnen für die Entwicklung zur Großstadt (1859–1914), in: *Susanne Asche u. a.:* Karlsruher Frauen 1715–1945. Eine Stadtgeschichte, Karlsruhe 1992 (Veröffentlichungen des Karlsruher Stadtarchivs Bd. 15), S. 171–256, S. 206ff.

15 *Alfons Ott:* Großherzog Friedrich. Ein Gedenkblatt zur dauernden Erinnerung. An seinem 80. Geburtstag und zur Feier seiner goldenen Hochzeit der badischen Jugend gewidmet, Bonndorf 1906, S. 36.

16 (s. A. 15), S. 37.

17 *Herrad-Ulrike Bussemer:* Frauenemanzipation und Bildungsbürgertum. Sozialgeschichte der Frauenbewegung in der Reichsgründungszeit, Weinheim/Basel 1985, S. 171.

18 Die Frau. Monatszeitschrift für das gesamte Frauenleben unserer Zeit. Hrsg. von Helene Lange. 1 Jg. 1. Heft. Oktober 1893.

19 Badischer Beobachter vom 24. März 1895, 3. Bl. und Generallandesarchiv Karlsruhe (GLA) 235/12845.

20 Vgl. Geschichte des Badischen Frauenvereins von den Anfängen bis 1937. Masch. Manuskript. Archiv der Schwesternschaft des Roten Kreuzes Karlsruhe. Kopie im Stadtarchiv, S. 32. Vgl. zur Bedeutung des Handarbeitsunterrichts und des Spinnens *Heidi Müller:* Der Handarbeitsunterricht und *Brigitte Heck:* Frauentextilarbeit zwischen Gewerbeförderung und Brauchtumspflege, beide in: Zwischen Schule und Fabrik. Textile Frauenarbeit in Baden. Katalog zur Ausstellung des Badischen Landesmuseums Karlsruhe und des Museums für Volkskunde Staatliche Museen Berlin – Preußischer Kulturbesitz, Sigmaringen 1993, S. 17–72 und S. 73–84.

21 Blätter des Badischen Frauenvereins vom 15. Juni 1877.

22 (s. A. 21).
23 Vgl. Blätter des Badischen Frauenvereins vom 15. April 1877.
24 Karlsruher Zeitung vom 15. Mai 1878.
25 Stadtarchiv Karlsruhe (StadtAK) 1/H-Reg. A 2907.
26 (s. A. 25).
27 Diese Mädchenarbeitsschulstiftung bestand bis zu seiner Auflösung im November 1949. Vgl. (s. A. 25).
28 (s. A. 25).
29 Vgl. hierzu und zum folgenden *Ute Frevert:* Fürsorgliche Belagerung. Hygienebewegung und Arbeiterfrauen im 19. und frühen 20. Jahrhundert, in: Geschichte und Gesellschaft 11 1985, S. 420–446, S. 428.
30 Blätter des Badischen Frauenvereins vom 16. Januar 1914 und *Helene Lange/Gertrud Bäumer (Hrsg.):* Handbuch der Frauenbewegung. II. Teil. Frauenbewegung und soziale Frauentätigkeit in Deutschland nach Einzelgebieten, Berlin 1901, S. 43.
31 Zitiert nach: *Jenny Apolant:* Stellung und Mitarbeit der Frau in der Gemeinde, Berlin 2. Aufl. 1913, S. 16.
32 Vgl. *Agnes von Zahn-Harnack:* Die Frauenbewegung. Geschichte, Probleme, Ziele, Berlin 1928, S. 332. Zahn-Harnack nennt noch Sachsen als weiteren Staat, der ab 1913 eine Beteiligung der Frauen in der Kommissionsarbeit vorschrieb.
33 Vgl. *Apolant* (s. A. 31), S. 16.
34 Vgl. hierzu und zum folgenden Blätter des Badischen Frauenvereins vom 16. Januar 1914.
35 Vgl. Blätter des Badischen Frauenvereins vom 16. März 1912.
36 Vgl. GLA Geheimes Kabinett 69/1079.
37 Vgl. *Lange/ Bäumer* (s. A. 30), S. 25.
38 Vgl. Frauen-Rundschau. Dokumente der Frauen. 1. Januar 1904, S. 7 ff.
39 Vgl. Frauen-Rundschau, (s. A. 38).
40 Vgl. Anna Lauter: Großherzogin Luise von Baden und ihre Wirksamkeit im Weltkrieg, Lahr in Baden 1918. Vgl. auch zum Folgenden.
41 Vgl. Oncken (s. A. 2), S. 259.

Die Autorinnen und Autoren

Susanne Asche
Dr. phil., seit 1987 Historikerin am Karlsruher Stadtarchiv; im Vorstand des Vereins Frauen & Geschichte Baden-Württemberg; zahlreiche regional- und stadtgeschichtliche sowie frauen- und geschlechtergeschichtliche Publikationen, u. a.: »Die Liebe, der Tod und das Ich im Spiegel der Kunst. Die Funktion des Weiblichen in den frühromantischen Schriften und im erzählerischen Werk E. T. A. Hoffmanns«, Königstein/Taunus 1985; »Fürsorge, Partizipation und Gleichberechtigung – die Leistungen der Karlsruherinnen für die Entwicklung zur Großstadt (1859–1914)«, in: Susanne Asche u. a. »Karlsruher Frauen 1715–1945. Eine Stadtgeschichte«, Karlsruhe, 1992; zusammen mit Olivia Hochstrasser: »Durlach. Staufergründung – Residenz – Bürgerstadt«, Karlsruhe 1996.

Otto Borst
Dr. phil, Begründer des Lehrstuhl für Landesgeschichte an der Universität Stuttgart; Projektberater des Hauses der Geschichte Baden-Württemberg; seit 1974 Herausgeber der Vierteljahresschrift »Die alte Stadt«; seit seiner Tübinger Dissertation »Novalis' Wirkungen in der Deutschen Romantik« (1954) zahlr. Veröff. zur deutschen und südwestdeutschen Geistes- und Sozialgeschichte, u. a. »Alltagsleben im Mittelalter« (10. Auflage 1996, Übersetzung ins Japanische).

Christa Diemel

Dr. phil., Ausbildung zur Verlagsbuchhändlerin, Studium der Neueren Geschichte und Empirischen Kulturwissenschaft in Tübingen und St. Louis, USA. Dissertation im Fach Geschichte mit dem Thema »Adelige Frauen im bürgerlichen Jahrhundert. Hofdamen, Stiftsdamen, Salondamen 1800–1870«. Freiberuflich tätig. Zuletzt Erarbeitung eines Stadtrundgangs zur Frauengeschichte 1798–1848 in Basel, Schweiz.

Ulrich Fellmeth

Dr. phil., leitet das Archiv der Universität Hohenheim und des dortigen hochschulgeschichtlichen Museums. Nach dem Studium der Geschichte und Germanistik 1986 Promotion über ein sozialgeschichtliches Thema der Antike. Lehrbeauftragter an der Universität Stuttgart.

Martin Furtwängler

Dr. phil., geboren in Freiburg, nach dem Studium der Geschichte und Germanistik 1995 Promotion über die »Standesherren in Baden 1806–1848. Politische und soziale Verhaltensweisen einer bedrängten Elite«; Referendariat für den höheren Archivdienst 1995–1997, Archivassessor; zur Zeit wissenschaftlicher Archivar am Staatsarchiv Wertheim. Aufsätze und Rezensionen zu Themen der Adelsgeschichte, der Kirchengeschichte sowie der Geschichte der Revolution von 1848/49.

Elke Goez

Dr. phil., Studium der mittelalterlichen Geschichte sowie der Neuern Geschichte und neueren deutschen Literaturwissenschaft in Erlangen. 1994 Promotion über das Thema Beatrix von Tuszien-Canossa, ein Beitrag zur Geschichte des 11. Jahrhunderts (gedruckt Sigmaringen 1995). Gemeinsam mit ihrem Mann Professor Dr. Werner Goez Edition der Urkunden und Briefe der Markgräfin Mathilde von Canossa im Rahmen der Monumenta Germaniae Historica (Fürstenurkunden Bd. 2, erscheint Herbst 1998). Mehrere Studien zur Geschichte des 11. Jahrhunderts, u. a. eine größere Arbeit über Mathilde von Canossa und ihre Gäste, Studien zur fürstlichen Hofhaltung im 11. und frühen 12. Jahrhundert, die 1999 erscheinen sollen. Derzeit im Auftrag der Deutschen Forschungsgemeinschaft und der Gesellschaft für fränkische Geschichte Edition der Urkunden der Zisterzienser-Abtei Ebrach 1127–1307.

Gisela Hengstenberg
M. A., geboren in Gerabronn, nach dem Studium der Empirischen Kulturwissenschaft und Ethnologie in Tübingen 1993 Magisterprüfung. Mitarbeit bei der Ausstellung »Herd und Himmel – Frauen im evangelischen Württemberg« im Landeskirchlichen Museum in Ludwigsburg; derzeit Arbeit an einer Dissertation über die Stuttgarter Künstlergesellschaft »Bergwerk« im Kontext der Kultur-, Geschlechter- und Religionsgeschichte des 19. Jahrhunderts.

Albrecht Krause
Dr. phil., geboren in Donaueschingen, Studium der Germanistik und Geschichte, Promotion 1990; wissenschaftlicher Mitarbeiter im Haus der Geschichte Baden-Württemberg seit 1989.

Sybille Oßwald-Bargende
Historikerin mit dem Arbeitsschwerpunkt Frauen- und Geschlechtergeschichte. Mehrjähriges Forschungsprojekt zum Thema »Die Stellung der fürstlichen Mätresse in der höfischen Gesellschaft des 18. Jahrhunderts. Untersuchung am Beispiel der Wilhelmine von Grävenitz« im Rahmen des Förderprogramms Frauenforschung des Landes Baden-Württemberg am Historischen Institut der Universität Stuttgart, Abteilung Landesgeschichte. Zahlreiche einschlägige Publikationen.

Sigrun Paas
Dr. phil., Studium der Kunstgeschichte und Germanistik in Heidelberg und anschließende Promotion über ein Thema zum deutschen und französischen Impressionismus; stellvertretende Direktorin des Landesmuseums Mainz und dort Hauptkustos für Gemälde und Skulpturen vom Mittelalter bis zur Moderne; daneben Betreuung der Max-Slevogt-Galerie auf Schloß Villa Ludwigshöhe in der Pfalz. Zuvor in der Kunsthalle Karlsruhe, im Wilhelm-Hack-Museum in Ludwigshafen, in der Hamburger Kunsthalle und im Landesmuseum Darmstadt tätig. Viele Ausstellungskataloge und Publikationen zeigen die museale Spannweite ihrer Arbeit zwischen Goya und Beuys. Mit ihrer Ausstellung »Eva und die Zukunft«, 1986 in der Hamburger Kunsthalle, wurde erstmals umfassend ein »Frauen«-Thema im Spiegel künstlerischer Reflexion untersucht. Ihre Ausstellung »Liselotte von der Pfalz. Madame am Hofe des

Sonnenkönigs«, 1996 in Heidelberg, widmete sich der berühmten Schwägerin Ludwigs XIV. und ihrem historischen Umfeld. Zur Zeit plant sie eine deutsch-französische Koproduktion zur Napoleonischen Kunstpolitik.

Sylvia Schraut
Dr. phil., PD, geboren 1954, Studium der Geschichte und Germanistik, 1988 Promotion, 1994 Habilitation, Privatdozentin am Seminar für Neuere Geschichte der Universität Mannheim, Lehrstuhlvertretung an der Universität Tübingen. Arbeitsschwerpunkte: Eliten in der frühen Neuzeit, Industrialisierungs-, Urbanisierungs-, Nachkriegs-, Bildungs- und Geschlechtergeschichte.

Alexander Schweickert
Dr. phil., geboren in Konstanz, Promotion 1967 mit einer Arbeit über Heinrich Heine; danach im Verlagsbuchhandel tätig. Seit 1973 als Verlagsleiter im Verlag W. Kohlhammer, Stuttgart. Herausgeber der Bände »Südbaden« (Stuttgart 1992) und »Kurpfalz« (Stuttgart 1997) in der Schriftenreihe der Landeszentrale für politische Bildung Baden-Württemberg.

Personen- und Ortsregister

Stuttgarter Symposion Schriftenreihe

Band 1:

Das Dritte Reich in Baden und Württemberg

338 Seiten, 6 Abb., Theiss Verlag, Stuttgart 1988. Vergriffen.

Wesentliche Bereiche des »Dritten Reiches« spricht der Sammelband an. Für die zumindest für Baden noch ausstehende Gesamtgeschichte des »Dritten Reiches« leistet der durch ein Namens und Ortsregister erschlossene Band wertvolle Vorarbeiten, an die es anzuknüpfen gilt.
Zeitschrift für die Geschichte des Oberrheins

Band 2:

Aufruhr und Entsagung.
Vormärz 1815–1848 in Baden und Württemberg

512 Seiten, 96 Abb., Theiss Verlag, Stuttgart 1992. Vergriffen.

Bei diesem Band handelt es sich um eine der wichtigsten landesgeschichtlichen Publikationen der letzten Jahre.
Württembergisch Franken

Die künftige Vormärzforschung wird an diesem Buch nicht vorübergehen können. *Zeitschrift für Geschichtswissenschaft, Berlin*

Band 3:

Minderheiten in der Geschichte Südwestdeutschlands

280 Seiten, Silberburg-Verlag, Tübingen 1996.

Die Beiträge stammen überwiegend von einem in Stuttgart veranstalteten Sympiosium. Dennoch wurde mit diesem Buch kein trocken-wissenschaftlicher Sammelband vorgelegt, sondern eine eindrückliche, oft auch bedrückende Schilderung der rechtlichen und sozialen Lebensumstände von Minderheiten in der Geschichte unseres Landes.
Evangelisches Gemeindeblatt für Württemberg

Band 4:

Ein Jahrhundert beginnt.
Baden und Württemberg 1900 bis 1914

256 Seiten, 17 Abb., Silberburg-Verlag, Tübingen 1996.

... komplettieren diesen vorzüglichen Band, der gerade durch seine einerseits exemplarische, andererseits interdisziplinäre Betrachtungsweise ein höchst interessantes Tableau über das beginnende Jahrhundert hierzulande entwirft. Geschrieben von zwölf hoch kompetenten Autoren, so anschaulich wie wissenschaftlich stringent, so lesbar wie reflektiert wie landeskundlich unterhaltsam und interesseweckend.

Südwestfunk / Hörfunk, S 2 Kultur

Band 5:

Südwestdeutschland.
Die Wiege der deutschen Demokratie

248 Seiten, 11 Abb., Silberburg-Verlag, Tübingen 1997.

... ein spannendes Lesebuch zur Geschichte in Baden und Württemberg.

Genossenschaften in Baden

Der Band setzt sich kritisch mit den republikanischen Traditionen auseinander, die zukunftsweisend erhellen, anstatt den Blick zu verstellen. Die Autoren verzichten darauf, sich in dem Bewußtsein, in einer guten Tradition zu stehen, bequem zurückzulehnen oder gar die eigene Geschichte zu feiern. Insofern darf der Titel des Buches »Südwestdeutschland. Die Wiege der deutschen Demokratie« auch ohne ein Fragezeichen bleiben. *Staatsanzeiger für Baden-Württemberg*

Band 6:

Frauen bei Hof

288 Seiten, 16 Abb., Silberburg-Verlag, Tübingen 1998.

Bildnachweis

Umschlag:	Privatbesitz
Seite 23:	Reiss-Museum, Mannheim
Seite 35:	Stadt Gelnhausen
Seite 51:	Staatliches Vermögens- und Hochbauamt, Reutlingen
Seite 74:	Landeskirchliches Museum, Ludwigsburg
Seite 77:	Weraheim – Haus für Mutter und Kind, Stuttgart
Seite 84:	Musée Historique Lorrain, Nancy
Seite 89:	Privatbesitz
Seite 108:	Württembergisches Landesmuseum, Stuttgart
Seite 118:	Württembergisches Landesmuseum, Stuttgart
Seite 129:	Fürstlich-Fürstembergisches Archiv, Donauschingen
Seite 145:	Württembergisches Landesmuseum, Stuttgart
Seite 175:	Badisches Landesmuseum, Karlsruhe
Seite 192:	aus: Uhland, Robert (Hg.): Das Tagebuch der Baronin Eveline von Massenbach, Hofdame der Königin Olga von Württemberg, Stuttgart 1987, S. 9
Seite 206:	Württembergisches Landesmuseum, Stuttgart
Seite 218:	Staatsgalerie, Stuttgart
Seite 233:	aus: Hindenlang, Friedrich: Großherzogin Luise von Baden, 1925, S. II